本书是辽宁省教育厅2021年度科学研究经费项目（面上项目，项目编号：LJKR0349）、2021年沈阳市哲学社会科学规划课题常规课题（一般项目，项目编号：SY202113L）、沈阳师范大学学术文库出版基金、沈阳师范大学博士科研项目启动基金的阶段性成果

沈阳师范大学学术文库

# 中国农村土地经营权流转问题研究

## 基于农民工市民化视角

李淑妍 著

中国社会科学出版社

**图书在版编目（CIP）数据**

中国农村土地经营权流转问题研究：基于农民工市民化视角/
李淑妍著 . —北京：中国社会科学出版社，2023.6
ISBN 978-7-5227-0771-6

Ⅰ.①中… Ⅱ.①李… Ⅲ.①农村—土地承包制—土地流转—
研究—中国 Ⅳ.①F321.1

中国版本图书馆 CIP 数据核字（2022）第 145872 号

| | | |
|---|---|---|
| 出 版 人 | 赵剑英 | |
| 责任编辑 | 车文娇 | |
| 责任校对 | 周晓东 | |
| 责任印制 | 王　超 | |
| 出　　版 | 中国社会科学出版社 | |
| 社　　址 | 北京鼓楼西大街甲 158 号 | |
| 邮　　编 | 100720 | |
| 网　　址 | http://www.csspw.cn | |
| 发 行 部 | 010-84083685 | |
| 门 市 部 | 010-84029450 | |
| 经　　销 | 新华书店及其他书店 | |
| 印　　刷 | 北京明恒达印务有限公司 | |
| 装　　订 | 廊坊市广阳区广增装订厂 | |
| 版　　次 | 2023 年 6 月第 1 版 | |
| 印　　次 | 2023 年 6 月第 1 次印刷 | |
| 开　　本 | 710×1000　1/16 | |
| 印　　张 | 13.75 | |
| 插　　页 | 2 | |
| 字　　数 | 226 千字 | |
| 定　　价 | 76.00 元 | |

# 目　录

# 第一章　绪论

## 第一节　问题提出

中国是一个典型的二元经济国家。根据二元经济理论实现二元经济转型的主要途径是农业剩余劳动力向城镇非农产业转移。改革开放以来，数以亿计的农业劳动力转移到乡镇企业和城镇非农产业，促进了中国工业化、城镇化发展，为中国二元经济转型做出了突出的历史性贡献。但以农民工形式进行的非永久性农业劳动力转移，也存在着诸多问题，主要表现在以下几个方面。

一是农业小规模兼业化经营，农业生产率极低。改革开放以来，随着工业化、城镇化的发展，中国出现以农民工形式进行的农业劳动力转移，农业人口的非农化转移与永久性乡城迁移相脱离，使农民工大多具有兼业性质。在二元经济转型过程中，农业经营规模不仅没有随着农业转移人口的增加而扩大，反而由于农地的非农化转移等因素持续缩小。截至 2018 年，我国的耕地面积为 1432960 平方千米，排在世界第三位，仅次于美国和印度。但是由于我国人口众多，人均耕地面积排在 126 位，人均耕地仅 1.4 亩，还不到世界人均耕地面积的一半。加拿大的人均耕地是我国的 18 倍，印度是我国的 1.2 倍。目前，我国已经有 644 个市县的人均耕地在联合国确定的人均耕地 0.8 亩的警戒线以下。1997 年，中国每户农民平均拥有耕地规模是 0.67 公顷，这一数值近 20 年都没有变。世界银行把户均 2 公顷土地以下的农户定义为小土地所有者，中国农户的经营规模只有这个"小土地所有者"标准的 1/3 的水平。例如，中国农户平均土地经营面积仅相当于巴基斯坦的 1/5，印度、日本的一半,法国的 1.5%,美国的 0.4%,英国和巴西的不到一个百分点。① 虽然我国已进入工业化中后期发展阶段,但农业生产仍停留在小农经济阶段。为了提高土地利用效率,国家提倡土地经营权流转,实行规模经营,但现阶段大量的过剩农民滞留在农村使中国农业的平均经营规模没有什么变化。我们也不可能在这样的规模上实现农业现代化,也不可能把农业生产率提高到第二、第三产业的水平。农村仍然没有脱离分散的小规模兼业经营模式,农业生产率极低,不利于引进资金和技术,难以形成规模经济效率。农民进城增长缓慢,使人口密度的倍增和产业间的集聚效应发挥不出来。产业间的集聚效应是指在一个城市中,保持投入不变,生产率提高 1%,则工业部门雇用的工人数量增加大概10%。它意味着有 1000 个工人的城市变为 10000 个工人的城市,一个企业生产率的提高得益于增加的 90% 的工人②。美国通过工业倍增城市规模(提高城镇化率)使生产率提高 3%—8%。使用美国数据的文献表明人口密度的倍增使生产率大概提高了 5%,关于欧洲的文献也表明人口密度的倍增使生产率大概提高了 4.5%。这些效应在我国当前过剩的农民依然滞留在农村的现状下是不可能发挥出来的。我国农村的现实情况是长期以来实行家庭联产承包责任制,在十九大明确土地"三权分置"之前,一方面,受土地承包经营权不确定性因素的影响,农户在农业生产中存在盲目性和短期性行为,这不仅直接导致耕地利用粗放,熟练技术劳动力缺失,而且阻碍中国实现二元经济转型;另一方面,由于目前中国土地经营权流转市场没有全面形成,农户之间土地转让发生率极低,即便进行了流转,也多数是农户与农户之间的流转,难以形成土地规模经营。农村社会保障体系还不完善,土地依然是农民最后的保障和退路,不仅导致农民增收困难,而且危及中国粮食安全。在城市化过程中,农业劳动力在总劳动力的占比会不断下降,这是规律,如日本、美国等国家的这个占比仅 2% 左右。中国现在的农业增加值占 GDP比重只有 8%,按官方统计农业劳动力还占 27%。这必然导致我国农业劳动生产率低。

二是城镇化率滞后于工业化率,导致有效需求不足。改革开放前,

---

① 蔡昉:《历史瞬间和特征化实施——中国特色城市化道路及其新内涵》,《国际经济评论》2018 年第 4 期。
② 蔡昉:《哪些因素扭曲了全球供应链?》,价值中国网—财经频道,2019 年 6 月 13 日。

我国绝大部分人口居住在农村，城镇化进程缓慢。1949年，我国城镇人口5765万人，城镇化率为10.64%。改革开放前，中国城镇化率虽然有所增长，但是增长的速度比较缓慢，到1978年中国城镇化率也只有17.92%，近30年的时间仅提高了7.28个百分点。改革开放以后，中国的城镇化率有一个大幅度的提高，1978—2018年，城镇常住人口从1.7亿人增加到8.3亿人，城镇化率从17.92%提高到59.58%，提高了41.66个百分点①。到2019年年末，中国常住人口城镇化率已达到60.60%，但按户籍人口计算的城镇化率仅有44.38%②。我国大多数进城农民从形式上讲是进城了，但他们并没有市民化，还依然属于农民工。在大概4亿多城镇就业人口中，接近40%的是农民工。以打工和其他目的进城逗留，时间超过半年，但并未取得本地户口的农民工约有2亿，相当于中国总人口的14%。学术界据此认为中国的真实城市化率应该扣除36%左右的农民工份额③，那样城市化率就更低了。一般认为，城市化率与工业化率之比的合理范围为140%—250%。自2003年开始中国已经进入中等收入国家行列，根据世界银行统计，世界高收入国家城市化率为84%，中等偏上收入国家平均城市化率为65%，低收入国家为30%。2018年我国城市化率为59.58%，工业化率为33.90%，城市化率与工业化率之比为176.4%，虽然在城市化率与工业化率之比的合理区间范围之内，但与发达国家相比，我国还存在"工业化超前，城市化滞后"的问题，而且还很严重。目前，世界城市化率与工业化率之比平均是200%，七国集团是340%，我们跟他们比还差了很多。以常住人口定义的城镇化率与以户籍人口定义的城镇化率的差距在2012年就达到17.3个百分点（《国家新型城镇化规划2014—2020》），这也反映出农民工只是进城居住就业而没有获得户籍身份。所以，中国城市化进程更是远滞后于工业化进程，也滞后于国际一般标准。城镇化滞后于工业化，一方面导致消费需求不足。大多数国家都是通过城市化拉动消费需求的，各国经济发展的经验也表明，农村人口无论以何种方式向城市迁移，都会产生巨大的消费"累积效应"。据测算，以目前城乡

① http：//www.qqjjsj.com/show70a84517，2019年7月9日。
② http：//www.stats.gov.cn/tjsj/zxfb/202002/t20200228_1728913.html，2020年2月28日。
③ 文贯中：《结构性失衡、内需不振、过时的土地制度和走出困局之路》，《南开经济研究》2010年第4期。

的消费水平为标准,通常情况下 3 个农村居民的消费才相当于 1 个城市居民的消费。这就意味着,我国城市化率每提高 1 个百分点,就会有 1000 万到 1200 万人口从农村转移到城市,由于农村人口的消费大约是城市的三分之一,所以最终将拉动消费增长 1.6 个百分点,居民的消费总额也随之增加约 1200 亿元。而城市化进程的滞后,则明显阻碍了我国消费需求的扩大。2018 年 8 亿农村户籍人口只有农业生产收入和外出务工收入,其收入规模为 13.53 万亿元,其收入消费率约为 80%,消费规模在 10.84 万亿元;而 6 亿城镇户籍人口居民收入规模为 25.48 万亿元,其收入消费率 60% 左右,居民消费规模约为 15.29 万亿元。有学者测算过,中国有 2.7 亿人为没有本地户籍的居民,当把所有因素包括教育、年龄、性别、收入都控制住,只看户籍身份的差别,发现一个外来人口比本地户籍人口的消费低 17%—21%。粗略地测算一下,这个制约造成的消费损失大约是一个百分点的 GDP[1]。另一方面,不利于投资需求的扩大。城市化对拉动投资需求的潜力也十分大,据测算,在我国,如果一个农民工转化为市民,那么城市需要增加固定资产投资约 50 万元,如果城市化率提高一个百分点,带来的年投资需求将高达 6.5 万亿元。我国的现实情况是城市化率滞后使过多的农民拥挤在越来越少的土地上,劳动生产率和收入水平降低,制约了农民消费水平的提高和消费结构的升级。所以,城市化率滞后于工业化率无疑导致有效需求不足。

三是农村土地弃耕撂荒,房屋闲置,农业资源浪费严重。一方面,农业比较效益低下,农户个体种粮成本高、周期长,比较效益越来越低,与上涨较快的农民工工资相比,种地获益远不如打工获益;另一方面,农业基础设施薄弱、农业生产遭受自然灾害的变数大,农民不愿意种地。这就导致大部分农村地区青壮年劳动力外出务工经商,精力几乎都集中在城市务工,很少顾及农村的土地,而留守在农村的老弱妇孺又无力耕种,土地大量闲置,甚至弃耕撂荒,利用率锐减,造成土地资源严重浪费。随着城市化进程的不断加快,农村住房大量闲置,不仅造成土地资源严重浪费,而且阻碍村庄治理与发展,严重阻碍了新农村建设的进程。据统计,目前我国 2.4 亿亩农村宅基地有 10%—15% 是闲置

---

① 卢现祥:《为什么三农问题还是问题》,《湖北社会科学》2020 年第 2 期。

的①，这些闲置的宅基地和房屋不仅无法保障农户自身的权益，还会对我国耕地保护制度和粮食安全等造成很大的危害。

四是农村空心化与城镇边缘群体的形成，带来诸多社会问题。随着工业化、城镇化的加速发展，大量农村人口尤其是青壮年劳动力不断"外流"，农村常住人口逐渐减少，很多村庄出现了"人走房空"现象，并由人口空心化逐渐演化为人口、土地、产业和基础设施整体空心化。在农村劳动力大量转移的背景下，很多农户为改善住房条件，重新申请宅基地，建设新房屋，但他们搬入新居时，并没有拆除旧的房屋，一户多宅，一方面造成村庄布局混乱，宅基地大量闲置，村庄建设用地规模继续扩大，耕地资源减少和房屋闲置增多并存，另一方面，还有一部分村民需要建造新的房屋，但由于有些村民原有旧的房屋没有拆除，导致需要新建房屋的村民又出现无处建房的现象，长时间不让建房，而他们又急需建房，就会突破红线，把房子建到自己承包的土地上，开始违法占用耕地，同时也会使一些农民开始效仿那些"一户多宅"等多占宅基地的行为，使大量破旧的房屋闲置，增加了动迁的整体难度，使人地矛盾更加突出。同时，农村空心化也造成乡土文化趋于边缘化，家庭意识趋于淡化，恋土情节趋于弱化，延续几千年的乡土文化有逐渐消失的危险；更为严重的是由于目前农民工的收入难以维持整个家庭在城市的生存，迫于无奈只好将子女留在农村与老人居住或寄宿于亲属家。孩子长期不能和父母在一起，得不到应有的关心和爱护，使父母和留守儿童之间的亲情关系发生了很大的变化，孩子和父母之间缺乏沟通和情感交流以及心灵的沟通，留守孩子的亲情观念逐渐淡薄，长时间缺乏父母的关注和引导，家里留守的老人又极易对留守儿童溺爱或者放任不管，当这些留守儿童产生消极情绪时候，又不能及时得到疏导，所以他们极易出现焦虑自闭、缺乏自信、人际关系差、自卑等不健康的心理，这些孩子很难形成健全的人格，这种缺少父母陪伴的孩子在成年后很容易造成对父母、对社会的怨恨，容易滋生报复社会的不良心态。一些研究者对农村子女外出务工后对留守老人的影响进行了分析，结果表明，农村子女外出务工后，留守老人在居住方式上逐渐呈现出空巢化和隔代化，留

---

① 祁全明：《乡村振兴战略与农村闲置宅基地的开发利用——以休闲农业与互联网农业为例》，《理论月刊》2018 年第 7 期。

守老人不仅家务负担和农业劳动负担都有所加重，他们在精神上也极其孤独，大部分留守老人又不会使用微信，他们跟子女的交流方式也只剩下电话了。子女在城市每天都忙于生计，也很少有时间关心和问候家里的留守老人，对延续几千年的"老有所养、幼有所依"的传统家庭伦理构成了巨大的冲击。

在上述"农村病"严重存在的同时，每年数以亿计农民工"两栖"流动又使农村迁移人口边缘化。截至 2020 年，中国农民工数量已经达到2.86 亿，农民工群体作为廉价劳动力从事着城市居民不愿从事的脏、重、苦、累和低收入工作；原本是近郊的农村村落被城市包围，作为流动人口、失地农民和城市底层居民的蜗居之所的"城中村"，基础设施薄弱、环境卫生恶劣、安全隐患较多，成为城市社会治安问题的重点地区。

因此，推进农民工市民化就成为解决上述中国经济运行中诸多症结性问题和促进城乡二元经济转型的关键。但是，中国农业劳动力转移的特殊性与中国农村土地经营权流转制度有着密切关系。一方面，现有的土地经营权流转制度制约了农业劳动力永久性乡城迁移，形成了极具中国特色的农民工群体；另一方面，以农民工形式进行的非永久性劳动力转移也不利于农村土地的流转。破解这一难题需要我们从农民工市民化的角度来研究中国农村土地经营权的流转问题。目前，学术界研究土地经营权流转的成果很多，研究农民工市民化的成果也很多，但把二者联系起来，从农民工市民化的角度研究农村土地经营权流转问题的比较少，而且研究还不够深入。本书正是基于这样的背景，选择了农民工市民化视角下的农村土地经营权流转问题来研究。

# 第二节　研究意义

我国将长时期处于工业化和城市化高速发展的时期，人多地少的矛盾不可能在短时期内消除，这就决定了我国农村土地经营权流转问题在未来较长时期内都是无法回避的重大理论和现实问题，因此本书的研究对促进土地经营权流转、推进农民工市民化以及实现乡村振兴都具有重要的理论意义和现实意义。

第一，实现农业规模经营，增加农民收入。土地经营权流转可以打破一家一户分散经营的格局，提高土地集约化程度，实现农业规模经营。农业规模经营有利于促进农业技术进步，提高农业劳动生产率，从而对保障国家粮食安全具有重要意义。而且，土地经营权流转不管是对土地转入方还是对转出方都能增加收入。对于土地转入方而言，一是土地经营权形成了规模化经营，降低了平均成本，农业经营性收入得到了增加；二是获得种粮补贴、农机购置补贴等转移性收入；三是可以培育一批经营大规模土地的承包大户，这些承包大户既有资金技术，又有经营头脑，会极大提高土地的投入产出效率，获得良好的经济效益，从而保障国家粮食安全，促进农业技术进步，推进农业现代化进程。对于土地转出方而言，一是土地经营权流转可以使农民在获得土地补偿的同时，通过劳动力转移获得非农产业收入；二是利用土地租金等开展非农经营活动获得非农经营性收入；三是可以通过土地入股，使失地农民获得长期土地收益，以维护农村的社会稳定。本书在第五章将重点分析影响土地经营权流转的因素，目的就是要弄清楚究竟哪些因素导致目前土地经营权流转规模小、期限短、不规范等问题，以期为促进土地经营权流转提出切实可行的政策建议。

第二，推进农民工市民化，提高城镇化质量。由于我国城市化道路的特殊性，改革开放以来我国在城市化进程中逐渐形成了 2.86 亿农民工群体。这些农民工群体已成为我国产业工人的主体，支撑起了我国基础制造业的大国地位，却不能分享城市发展的成果，他们既不能真正融入城市社会，又失去了与农业生产及农村社区的密切联系，成为暂居于城市的边缘群体和往返于城乡之间的流动人口。同时，农民工长期低收入及传统的消费方式，不仅使农民难以通过人力资本投资走出贫穷的恶性循环，而且还直接制约了农民工及其家属有支付能力的需求。因此，推进农民工市民化是提高城镇化质量、扩大消费需求的重要途径。以农民工市民化这一视角研究中国农村土地经营权流转问题，就要深入研究农民工市民化与土地经营权流转的相互关系，重点剖析农村土地经营权流转对农民工市民化的作用，如果农民能将土地进行规模化经营，不仅仅增加了农民收入，还能提高土地的集约化程度，合理布局，在优化土地利用结构和可持续发展的基础上提高劳动生产率。农村土地经营权流转是建立在双方自愿的基础上的，也是增加农民收入的关键一步，农民工在市民化的过程中需要庞大的资金作为后盾。农民工要想在城镇实现永久性定居，成为市民，他们的日常生活费用，包括住房、医疗和教育等，一部分可以由政府的公共财政来承担，另一部分肯定由农民工家庭自己来承担，因此农民工家庭需要足够的财力支持才能顺利实现市民化。虽然近年来农民工在城镇务工的工资有所增长，社会保障体系也不断将农民工群体纳入进来，但是与庞大的市民化成本相比，农民工家庭的财产数量仍然不足，还需要一笔收入来填补空缺。如果通过土地经营权流转农民工可以获得一部分资金，同时又不用每年在农忙时候返回来种地，可以安心在城镇工作，这样农民工获得的资金将可以成为其市民化的重要支撑。实际考察中国土地经营权流转的制约因素，特别是对促进土地经营权流转、推进农民工市民化进程提出具有参考性的对策建议，显然对于推进农民工市民化、提高城镇化质量具有重要的理论与现实意义。

第三，有效利用与合理配置土地资源，实现乡村振兴战略。通过农村土地经营权流转可以对零星分散的不规则的土地进行整合，实现山、水、田、林、路的综合资源整合，改变单个农户家庭式低效率的传统农业经营模式，使土地的综合效益达到最大化，为土地的集中、集约化生产奠定基础，为农业的现代化提供条件；土地经营权流转促进了土地利用率的提高，减少了因外出打工人员过多而出现土地弃耕撂荒的现象。此外，土地经营权流转是发展现代农业的必由之路，也是乡村振兴的主要抓手。通过土地经营权流转可以积极培育各类新型农业经营主体，这些新型农业经营主体相对于普通农民来说能力与素质都会相对高一些，更容易形成改变农村落后现状的内生动力，有助于加快乡村振兴的进程。要想实现乡村振兴必须实现农业、农村的现代化，而农业的现代化首先必须实现土地的规模化经营，中国长久以来的家庭联产承包责任制的土地制度，使土地长期以来一直是碎片化经营状态，唯有通过引导和鼓励农民进行土地入股，成立股份合作社，或者将土地转租给家庭农场、种植大户，促进土地适度规模经营，进而推动农民向城镇集中，加快城乡一体化进程；通过土地经营权流转可以使农业形成规模经营模式，并使农业种养殖技术更加先进，朝着市场化经营模式发展，从而有利于农民学习先进的农业种养殖技术，改变传统农业种养殖观念；有利于培养农民市场经济意识，促进农业种养殖结构和经营方式的优化与调整；有利于促使一部分农民进入业主园区成为产业工人，平稳转移到第二、第三产业从而转化为城市居民，改变原有的生产和生活方式，从而进一步促进都市农业、品牌农业和旅游观光农业的发展，逐步实现党的十九大报告中提出的乡村振兴战略的宏伟目标。土地经营权流转必将促进现代农业发展，实现农业现代化，必将减少农民和非永久性迁移农民工的数量，推进农民工市民化；使农民更加富裕，更农村更加繁荣，呈现出生产发展、生活宽裕、乡风文明、村容整洁、管理民主的社会主义新农村景象。

# 第三节　研究方法

本书以辩证唯物主义、历史唯物主义为指导，综合运用政治经济学、西方经济学尤其是发展经济学的相关理论，以实证分析为主，实证分析与规范分析相结合。具体的研究方法主要有以下几种。

第一，抽样调查与走访调查法。《中华人民共和国民法典》落实了中央关于土地所有权、土地承包权、土地经营权"三权分置"要求，那么在当下国家土地经营权流转政策范围内，农民是否真正希望土地经营权流转？有多大比例的农民在多大程度上希望转出土地？这种土地转出意愿会在农民个体特征、家庭情况和区域条件等因素方面表现出何种差异？是哪些因素制约了农民工群体成为城镇的永久性居民？这些问题的回答将对我国土地政策和农村社会保障政策的制定与调整提供直接的现实依据。土地能否流转，能否实现规模经营最终仍要取决于农户的决策，影响农户土地转出的因素成为土地经营权流转能否发生的先决条件。如果农户不愿意转出自己手中的土地，那么无论如何都无法实现土地的规模化经营，也就无法实现农业的现代化。为了找出哪些因素会影响农户土地转出行为，或是什么原因使农户难以退出土地承包经营权，笔者以发放调查问卷和实地走访的方法，选择全国有代表性的省份，并且将辽宁省与其他省份的问卷数据区别出来，将不同类型的农业县（市）区作为此次调研的样本区，以期获取农户土地经营权流转的一手资料，弥补了现有文献资料的不足。这种方法可以深入了解目前农村土地经营权流转的真实现状、农户不愿意参与土地经营权流转的具体原因，以及影响农民工市民化的因素。

第二，逻辑演绎法。构建农民工非永久性迁移与永久性迁移的成本—收益分析模型，以农民工市民化的成本分析、收益分析及净收益分析为基础，探究土地经营权流转对于农民工市民化成本和收益的全面影响，进而讨论土地经营权流转制约/促进农民工市民化进程的逻辑机理，为后续研究提供理论铺垫。

第三，计量分析法。为了检验和支持本书基本理论结论，我们将基于前期调研数据，采用计量分析方法进行实证分析。具体来说，本书以农民工市民化的意愿为因变量，以受访者个体特征（包括年龄、文化程度、居住地与省会之间的距离）、是否了解土地承包法关于土地承包经营权的相关规定、农户家庭基本情况（包括农业收入占家庭总收入比重、在外打工人数占家庭劳动力人数比重、家庭成员是否参加新农合以外的社会保险）、地域环境（包括当地土地经营权流转价格、当地城镇失业率、城乡收入差距及农民工通过正常途径获得贷款的难易程度等）为自变量，采用二元 Logistic 模型开展实证检验，借此进一步支持全书的核心结论。

## 第四节　基本结构与主要内容

除绪论外，书的正文由三部分组成，如图 1-1 所示。

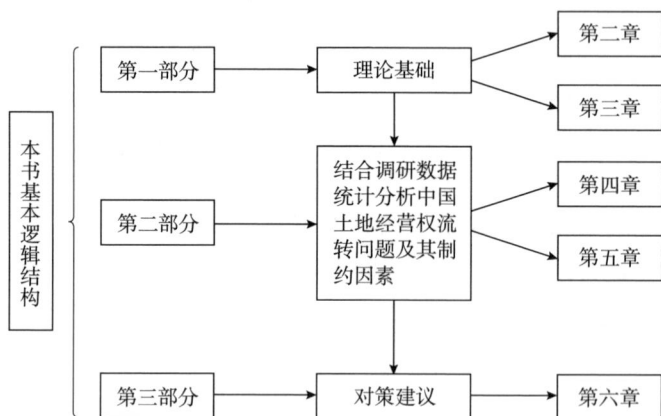

图 1-1　本书基本逻辑结构

第一部分为理论基础，包括第二章与第三章的内容。

第二章系统梳理与客观评价了国内外学者对农村土地经营权流转问题

和土地经营权流转对农民工市民化影响的研究成果。现有相关研究成果为本书研究提供知识基础和参考借鉴，现有研究的不足则是本书的研究重点。

第三章分析土地经营权流转对农民工市民化的影响机理。从分析中国农业劳动力非永久性迁移及其社会效应入手，指出农民工市民化是解决中国现阶段诸多症结性难题的关键。进一步，分析土地经营权流转与农民工市民化的相互作用，重点研究了土地经营权流转对农民工市民化的作用。在此基础上，构建农民工非永久性迁移和永久性迁移的成本—收益模型，对土地经营权流转对农民工市民化的促进作用进行了数理分析。理论与数理分析的结论是土地经营权流转可以降低农民工市民化的机会成本，包括承包地和宅基地在内的土地经营权流转收益可以补偿农民工在城市的居住费用，从而有利于推进农民工市民化进程。这一部分为后续研究奠定了理论基础。

第二部分为中国土地经营权流转的问题及制约因素分析，包括第四章和第五章。

第四章对土地经营权流转问题的调研数据进行统计分析。这部分主要是深入农村了解土地经营权流转的真实情况，针对土地经营权流转问题的问卷调查结果进行统计分析。

第五章首先结合调查问卷分析结果阐述了中国农村土地经营权流转的制度演进和存在的主要问题。中国农村土地经营权流转制度经历了禁止、尝试、合法化到规范化几个阶段，这一变迁呈现出以下三方面特征：一是诱致性变迁与强制性变迁相结合；二是具有渐进性与需求引导性变迁特征；三是具有滞后性特征。结合辽宁省调查问卷和文献资料分析目前中国农村土地经营权流转存在的主要问题，为：农村土地经营权流转总体规模比较小，不够规范，期限比较短，地区差异较大，流转过程中存在农民利益受损和改变土地农业用途的现象。其次，分析制约土地经营权流转的主要因素。主要从土地经营权流转市场不健全、配套制度不完善、政府规制行为不规范等方面进行详细分析。最后，从农民工市民化角度对农民工土地经营权流转意愿的影响进行了计量检验，借助于辽宁省农户调查问卷整理的数据，建立 Logisitc 回归模型，利用 SPSS19.0 软件进行分析，验证包括农民工土地经营权流转意愿等 12 个因素对其市民化意愿影响的显著性是否与研究假设命题相符合。

第三部分为对策建议，由第六章构成。

第六章在上述理论分析、计量检验及国内考察的基础上，提出了促进土地经营权流转、推进农民工市民化的对策建议：第一，完善法律法规，切实保护农民的土地产权。主要内容有：制定土地经营权流转专项法律法规，完善土地经营权流转的法律体系，落实新的《中华人民共和国农村土地承包法》（以下简称《农村土地承包法》），完善《基本农田保护条例》，改革完善宅基地使用权流转法律制度。第二，建立健全土地经营权流转市场，规范土地经营权流转。重点是建立土地经营权流转服务中心和完善土地经营权流转价格形成机制。第三，做好各项配套制度改革工作，促进土地经营权流转：一是完善土地经营权流转的各项配套制度；二是深化农村户籍制度改革；三是建立和完善农村土地金融制度。第四，转变政府职能，规范政府行为：一是营造良好的制度环境；二是严格做好监督管理工作；三是积极履行程序性义务；四是积极维护农民的流转主体地位。第五，建设现代农业产业基地，培育新型农业经营主体：一是发展不同特色的农业产业基地；二是充分发挥农业科技示范区的现代农业作用；三是大力培育新型农业经营主体。

本书基本研究思路见图1-2。

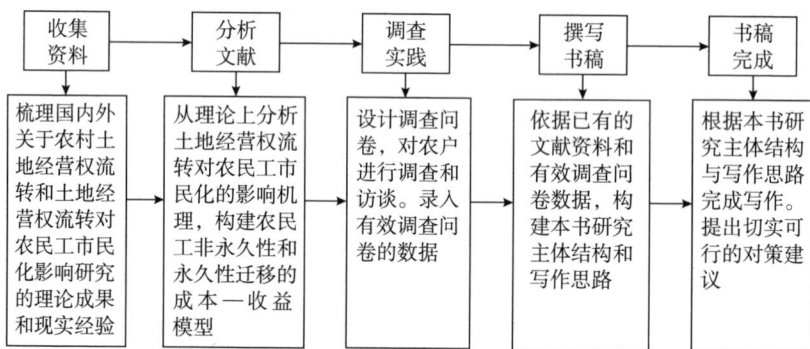

**图 1-2 本书基本研究思路**

# 第五节 主要创新与不足之处

## 一 创新之处

本书的创新主要体现在以下几点。

第一，新的研究视角。近年来，理论界对土地经营权流转问题和农民工市民化问题的研究已经是硕果累累，无论是从产权角度、农户意愿角度还是制度变迁角度都对土地经营权流转相关问题进行了比较深入的分析，提出了很多有价值的对策建议。对农民工市民化研究也是如此。但是，从农民工市民化这一视角研究农村土地经营权流转问题的成果目前还很少见到。本书主要以农民工市民化为视角研究中国农村土地经营权流转问题，为学术界研究土地经营权流转问题开创了一个新的研究视角。

第二，构建了农民工非永久性迁移和永久性迁移的成本—收益数理模型。从文献检索来看，目前研究土地经营权流转对农民工市民化影响的文献很少，更多的是研究土地经营权流转和劳动力转移关系的问题，尽管其深度还不够，但也为本书研究提供了很多参考。本书在前人研究的基础上，深入、系统地分析了土地经营权流转对农民工市民化的影响机理，通过构建农民工非永久性和永久性迁移的成本—收益模型，深入分析土地经营权流转对农民工市民化的影响机理，在一定程度上弥补了学术界在这一研究领域的不足。

第三，对辽宁省不同类型的农业县（市）区的农民工市民化意愿进行了计量检验，首次将农户家庭土地承包面积、土地延包政策、土地经营权流转市场、交通便利性等因素作为自变量引入计量分析，建立Logistic 回归模型，运用计量经济学的方法，验证上述因素对农民工市民化意愿影响的显著性是否与研究假设命题相符。

## 二 不足之处

本书研究的不足之处在于：受自身数理模型比较薄弱的限制，本书对农民工市民化意愿的影响因素进行计量检验的数据仅限于对辽宁省内不同类型的农业县（市）区调研的一手资料，并未将全国调查问卷的数据纳入计量检验的模型。辽宁省虽然有一定的代表性，笔者也从调查问卷的设计、发放、回收和录入层层把关，但本书的结论是否适合全国和其他省份土地经营权流转情况，还需要进一步通过更大范围样本的调研结果加以验证。因此，本书在分析全国农村土地经营权流转存在的主要问题时，更多的是借用二手数据和调查问卷的数据统计分析结果来反映，对于制约土地经营权流转的制度性因素的分析还仅限于逻辑推演。

# 第二章　文献综述

## 第一节　国外文献综述

### 一　农村土地经营权流转的文献综述

在国外，大部分国家土地是私有的，土地产权在这些国家是清晰的，土地可以自由地直接进入市场进行交易。由于土地制度的差异及社会制度背景的不同，"土地经营权流转"这个词汇在国外土地经济学的相关研究中很少使用，国外研究土地经济的文献中也很少出现"土地经营权流转"这一专业术语，而是更多地使用"市场机制下的土地交易"。国外土地市场交易形式主要有土地买卖、土地抵押、土地租赁及土地征用等，但以土地租赁最为普遍。所以，对国外研究而言土地交易既包括土地所有权的交易，又包括土地使用权的交易，且较多是集中在土地交易状况、土地交易的影响因素、地租地价理论等，更多的是理论层面上的研究。

（一）关于土地交易状况的研究

国外学者的研究成果多集中于土地所有权交易方面，苏联、中东欧和少数发展中国家的研究成果则侧重于土地使用权流转方面。

Wegren（2003）在对俄罗斯土地制度进行研究后，认为俄罗斯自20世纪90年代以来的土地私有制改革促进了农村土地交易市场的发展，1995年俄罗斯约有25%的农户参与土地流转。1998—2000年，短短两年私人土地交易就增长了25%，仅在2000年，农村土地交易就占所有土地交易的42%，其所占的比例最大，租赁市场占全部土地市场的 90%左右①。

Rawal（2001）通过对独立后印度农村土地制度改革的研究，发现相比较而言，印度的土地交易远不如土地租赁活跃，主要是因为 20 世纪 70 年代印度政府规定农户可以通过土地买卖、佃农登记和政府分配获得土地。土地的买卖行为主要是在小规模土地持有者和大规模土地持有者之间发生，通常情况下，小土地所有者卖出土地，大土地所有者买入土地。土地买卖的比例比较低，仅占土地流转的 1.7%左右②。Duke等（2004）对中东欧国家的土地制度改革的研究发现，虽然中东欧国家实行了土地私有制改革，但政府有权干预土地交易。如斯洛伐克的土地私有化改革并没有触及集体农场的旧体制，私有化也没有给该国的农业发展带来预期的繁荣，其土地流转的发生率在中东欧国家中最低，私人土地的租赁比率仅为 11%③。

（二）影响土地交易的因素研究

土地产权制度、土地市场交易费用、社会宏观经济环境及农村农户家庭资源禀赋等是影响国外土地交易的主要因素。

1. 产权制度对农村土地交易的影响

农村土地流转，实际上就是交易主体根据自己的需要进行土地产权交易的一种行为，从这个层面上来说，土地产权制度的安排为农村土地流转问题的核心。土地产权是影响土地交易的主要因素，土地产权的不确定性和外部性会阻碍土地交易，但是界定清楚的土地产权能够节约交易成本，提高土地流转效率。有研究进而认为土地私有和排他性的产权是制度变迁的结果，土地要想实现成功交易首先必须建立界定明确的土地产权制度。

登姆塞茨从美国印第安人的土地私有产权现象中推断出产权的起源

① Wegren, Stephen K., "Why Rural Russians Participate in the Land Market: Socio-Economic Factors", *Post Communist Economics*, 2003, 15 (4): 483-501.

② Rawal, Vikas, "Agrarian Reform and Land Markets: A Study of Land Transactions in Two Villages of West Bengal, 1977-1995", *Economic Development and Cultural Change*, 2001 (3): 611-629.

③ Duke, Joshua M., Marisova, Eleonora, Bandlerova, Anna and Slovibska, Jana, "Price Repression in the Slovak Agricultural Land Market", *Land Use Policy*, 2004, 21 (1): 59-69.

与由于资源稀缺而发生的相对价格变化有关，建立了其产权起源模型①。Alchian 和 Demsetz（1973）研究了公有权利的弊端以及公有权利转化为私人权利的产权结构发展，发现印第安人用土地的私人权利代替对猎区的自由进入，通过拥有将他人排斥出自己土地的权利来控制捕猎规模。他们还分析了 12 世纪英格兰土地价值上升导致后来的圈地运动和最后转让土地权利出现的过程，原因是圈地运动大大减少了在那些拥有使用权的人们中进行交易的成本，从而将土地资源配置到最有生产效率的地方②。North（1990）在书中提到，美国的土地所有制度比较多元化，实行公私兼有，联邦政府所有的土地约占国土总面积的三分之一，其他各级政府（如州政府）约占十分之一，除此以外的土地均为私人所有③。Feder 和 Feeny（1991）认为明确的土地产权制度安排可以降低不确定性，提高土地市场的效率，他们强调发展中国家公共基础设施对有效的土地产权制度的贡献，并通过模型分析地权稳定性对土地价格、耕作强度和信贷的影响④。Besley（1995）通过对加纳农村土地产权制度与投资激励之间关系的研究，发现在加纳某些个人所拥有的具有更稳定产权的地块上，植树、灌溉和排水等基础设施投资（长期投资）的可能性更大，从而证明农村产权越完整，农民对土地的投资就越大⑤。Ruden（1999）认为农户家庭资源禀赋及其农业生产类型影响土地产权，同时土地产权是否完善，还受资金、土地和劳动力等要素配置的影响。罗伊·普罗斯特曼等长期关注中国农村土地产权问题，由美国农村发展研究所自 1987 年发起的对中国 17 个主要农业省份的系列调查，对中国农村土地使用权进行长期追踪研讨。2008 年由美国农村发展研究所、中国人民大学以及密歇根州立大学共同完成的对中国 17 个主要农

① H. 登姆塞茨：《关于产权的理论》，载〔美〕R. 科斯、A. 阿尔钦、D. 诺斯等《财产权利与制度变迁——产权学派与制度学派译文集》，刘守英译，上海人民出版社 1994 年版，第 96—113 页。

② Alchian, Armen A. and Demsetz, Harold, "The Property Right Paradigm", *The Journal of Economic History*, 1973, 33（1）：16-27.

③ North, Douglass C., *Institutions, Institutional Change and Economic Performance*, New York, Port Chester, Melbourne, Sydney：Cambridge University Press, 1990.

④ Feder, Gershon and Feeny, David, "Land Tenure and Property Rights：Theory and Implications for Development Policy", *The World Bank Economic Review*, 1991, 5（1）：135-153.

⑤ Besley, Timothy, "Property Rights and Investment Incentives：Theory and Evidence from Ghana", *Journal of Political Economy*, 1995, 103（5）：903-907.

业省份的 1657 个村庄中的 1773 户家庭所做的全面调查表明：土地承包经营权 30 年不变政策的落实对农户投资和农村土地流转等具有显著性影响，落实了土地所有权的农民越来越多地对自己拥有的土地进行投资，并且从土地流转中获得能体现市场价值的收益。然而，卢克·埃里克森（2008）回顾了美国农村发展研究所（Rural Development Institute）及其创建者罗伊·普罗斯特曼的历史劣迹，揭露了美国农村发展研究所和卡托研究所的政治企图与意识形态根源，对新自由主义者将土地私有化作为消除贫困与社会不稳定的解决方式给予了尖锐的批评，指出其真实本质是为资本夺取中国农村土地打开方便之门。卢克·埃里克森（2008）认为解决问题的办法不是土地私有化，而是如何防止官商勾结侵吞农村土地，通过法律监控避免权贵们滥用职权破坏社会长远发展利益；土地私有化的最终结果必然是"耕者失其田"[1]。Chernina 等（2014）指出，美国建立了清晰的土地产权制度，土地私有是美国土地产权制度的基础。农场主掌握大部分农地的经营权、使用权、处置权，农民获得允许可自由买卖土地产权[2]。

2. 交易费用对农村土地交易的影响

学者通过研究世界各地的各种土地交易案例，认为交易费用的高低是影响农户进行土地交易或流转的一个主要因素。这些交易费用包括搜索及获取市场信息所付出的费用；谈判及经常性契约所消耗的费用；事后的执行、监督及变更契约等所支付的费用。Pender 和 Kerr（1999）根据印度南部两个村庄的调查数据，也得出相同结论，认为农户农业信贷、耕种决策及土地投资决策直接受土地交易费用高低的影响[3]。Bogaerts 等（2004）研究中欧国家和地区的农村土地交易市场，认为过高的土地交易费用降低了土地交易率[4]。

① ［美］卢克·埃里克森著，官进胜译：《关于中国农村土地私有化的辩论》，《国外理论动态》2008 年第 8 期。

② Chernina, Eugenia, Dower, Paul Castaneda, and Markevich, Andrei, "Property Rights, Land Liquidity, and Internal Migration", *Journal of Development Economics*, 2014, 110 (9): 191-215.

③ Pender, John L. and Kerr, John M., "The Effects of Land Sales Restrictions: Evidence from South India", *Agricultural Economics*, 1999, 21 (3): 279-294.

④ 参见［日］关谷俊作《日本的农地制度》，金洪云译，生活·读书·新知三联书店 2004 年版。

3. 宏观环境对农村土地交易的影响

宏观环境包括宏观经济环境和制度环境，均对农村土地交易产生影响，土地所有者决定买卖土地是基于理性的考虑。诺斯（1994）认为制度是一个社会的博弈规则，或更规范地说包括正规制约和非正规制约，以及这些约束的实施机制①。Macmillan（2000）认为在土地交易过程中，如果任凭土地自由交易、政府不加干预的话，就会导致市场失灵，主张政府运用财政手段干预土地市场交易②。Kung（2002）认为农户家庭劳动力转移情况和非农就业的发展情况会对农村土地租赁的需求产生影响③。Van Dijk（2003）通过对中欧国家农村土地流转的研究，认为农村土地流转市场之所以不活跃，是受经济环境的影响。因为土地所有者在做出是否买卖土地之前经过了理性的考虑，当农户认为土地流转市场存在风险时，就不会流转土地，因而阻碍了农村土地交易市场的发展④。

Duke 等（2004）通过对斯洛伐克土地制度改革的研究，认为土地市场还受到土地价格的影响，政策的制定者无法控制政府政策间接或直接的干预而导致的土地价格偏低的现象，并认为有效的制度变迁会提高土地交易效率，刺激土地交易的发生⑤。Cullingworth 和 Nadin（2006）在书中提到，英国是一个土地私有制国家，绝大部分土地为私人或法人所有，政府和公共部门所有的土地仅占很小的一部分，英国的土地产权受到法律的严格保护⑥。

4. 农户家庭资源禀赋对农村土地交易的影响

Kung（2002）通过对农户调查数据实证研究发现：农民非农就业

---

① ［美］道格拉斯·C. 诺斯：《制度、制度变迁与经济绩效》，刘守英译，上海三联书店 1994 年版。

② Macmillan, D. C., "An Economic Case for Land Reform", *Land Use Policy*, 2000, 17 (1): 49-57.

③ Kung, James Kai-Sing, "Off-Farm Labor Markets and the Emergence of Land Rental Markets in Rural China", *Journal of Comparative Economics*, 2002, 30 (2): 395-414.

④ Van Dijk, Terry, "Scenarios of Central European Land Fragmentation", *Land Use Policy*, 2003, 20 (2): 149-158.

⑤ Duke, Joshua M., Eleonóra Marišová, Anna Bandlerová and Jana Slovinska, "Price Repression in the Slovak Agricultral Land Market", *Land Use Policy*, 2004, 21 (1): 59-69.

⑥ Cullingworth, Barry and Nadin, Vincent, *Town and Country Planning in the UK*, London, UK: Routledge, 2006.

将会增加农户转出土地的可能性，但会减少农户土地转入的需求。因为，如果家中的青壮年劳动力转移到非农产业就业，就使该家庭农业劳动力不足，无法经营更多的土地，不会产生转入土地的需求，相反土地转出需求会有所增加。并指出，农业劳动力的转移和农户非农就业的发展会对农户农地租赁需求产生影响；同时他对中国农村土地租赁市场和非农劳动力市场的研究，也得出相同结论。[①]

（三）地租地价理论

1. 地租理论

国外学者较早对土地交易问题给予关注，形成了地租和地价理论。17世纪英国经济学家威廉·配第就非常关注土地问题，在其代表作《赋税论》中首次提出级差地租概念，他认为地租是土地上生产的农作物所得的剩余收入[②]。威廉·配第对地租理论做出了开拓性贡献，但其关于级差地租的观点尚未形成理论体系，甚至有混淆之处。

英国另一位著名的经济学家亚当·斯密在其著作《国民财富的性质和原因的研究》（简称《国富论》）中系统地研究了地租，他认为地租是使用土地的代价，是租地人按照土地实际情况所支付的最高价格[③]。亚当·斯密一方面承认地租是劳动的产品，另一方面又认为地租不依赖工人的劳动，而是作为独立源泉由土地产生。其理论阐述并不完整，某些观点在今天看来，比较混乱甚至前后矛盾。

英国现代地租理论真正创始人詹姆斯·安德森认为地租与土地所有权有关，土地产品价格的高低决定地租的租金水平，他指出："不是地租决定土地产品的价格，而是土地产品的价格决定地租，虽然土地产品的价格在地租最低的国家里往往最高。"[④] 詹姆森·安德森提出了土地收益递减的原理，认为统一的市场价格是形成地租的前提。

大卫·李嘉图运用劳动时间决定价值量的原理，创立了差额地租学说，并基于亚当·斯密和詹姆斯·安德森等前人提出的理论，建立了比

① Kung, James Kai-Sing, "Off-Farm Labor Markets and the Emergence of Land Rental Markets in Rural China", *Journal of Comparative Economics*, 2002, 30（2）：395-414.

② 参见毕宝德等《土地经济学》，中国人民大学出版社2011年版，第378页。

③ ［英］亚当·斯密：《国民财富的性质和原因的研究》（上卷），郭大力、王亚南译，商务印书馆1972年版，第137页。

④ 参见《马克思恩格斯全集》（第26卷第2册），人民出版社1973年版，第158页。

较完备的地租理论。李嘉图在其 1817 年发表的《政治经济学及赋税原理》一书中，提出地租产生的条件是土地的有限性和土地肥沃程度及位置的差异。李嘉图的理论虽有缺陷，即他否定绝对地租的存在，但他对级差地租理论却做出了重大贡献。

农业区位理论的创始人德国农业经济学家约翰·冯·杜能提出了区位地租理论，与李嘉图的地租理论并称为古典地租理论之双璧，杜能的区位地租理论，首次提出地租与土地位置有关，并将边际生产力概念运用在地租理论中，对级差地租的形成具有开拓意义。英国古典政治经济学家托马斯·罗伯特·马尔萨斯继承了亚当·斯密关于工资、利润和地租三种收入决定价值的观点，反对李嘉图的劳动价值论，认为地租是产品总价格中扣除劳动工资和耕种投资利润之后剩余的部分。马尔萨斯关于地租理论的主要著作是 1815 年发表的《地租的性质与发展及其支配原则的研究》，李嘉图随即发表论著对其进行猛烈批驳。马尔萨斯认为垄断并不决定地租的形成，地租增长是社会进步和繁荣的标志，因此被认为是站在土地所有者立场为地主阶级利益辩护，被称为庸俗的经济学理论。

19 世纪，卡尔·马克思、弗里德希·恩格斯在威廉·配第、李嘉图等人的理论基础上对地租理论进行了系统、深入的研究，批判地继承了前人的地租理论观点，并对级差地租理论进行了完善，提出绝对地租理论，创立了系统的地租理论。按照其形成条件和原因的不同，马克思主义地租理论将资本主义地租分为级差地租、绝对地租和垄断地租三种形式，并以严密的逻辑详细论证了地租和地价的本质关系，提出了不同的计算方法。在马克思看来，只有实现土地所有权和使用权相分离，土地所有者才能把土地租给农业资本家获得地租。如果农民既是土地所有者，又是土地使用者，即农民耕种自己的土地，那么就无须缴纳地租。只有土地所有权与使用权相分离，土地所有者才能凭借其对土地的占有，从获得土地使用权的租地农业资本家那里收取地租。马克思认为，由于存在绝对地租和级差地租，所以只要土地所有者将土地出租出去，不管土地多么贫瘠、交通条件多么差，租地资本家都要交地租，土地所有者就会获得绝对地租。在市场配置资源的经济环境下，土地所有者为了追求更高的利润，会促使土地要素不断流转，实现资源的优化配置。由于土地资源的稀缺性，农业生产资料不能像工业生产资料那样去无限创造，这就要求人们在耕种优等地的同时，也要耕种中等地与劣等地，必须充分利用土地资源。在这样的情况下便会形成级差地租。级差地租 I 是由土地的肥沃程度及位置的不同造成的，级差地租 II 是由农业资本家对土地的投入而获得的高额利润产生的。马克思主义地租理论具有社会性，从社会形态角度分析资本主义地租，指出资本主义地租是土地所有权在经济上的实现形式。马克思关于"地租是土地所有权在经济上的实现形式"的论述十分深刻，现代西方产权的兴起更加验证了这一观点。

此后，西方经济学的一些代表人物继续对地租理论进行了研究。现代资产阶级经济学的代表人物之一保罗·萨缪尔森认为，使用土地就必须付出一定的代价，这个代价就是地租。从总量上来讲，土地的供给数量应该是固定的，因而土地需求者的竞争对地租价格的高低有很大的影响因素。美国现代土地经济学家雷利·巴洛维在他所著《土地资源经济学——不动产经济学》一书中说道："地租可以简单地看作是一种经济剩余，即总产值或总收益减去总要素成本或总成本之后余下的那一部分。"他认为地租费用的多与少取决于依靠土地生产出的产品价格水平与投入成本之间的关系。

这些研究在决定地租量和影响地租高低的因素等方面取得了很多值得借鉴的成果，但却回避地租所反映的社会经济关系的本质。现代租金理论认为土地供给没有成本，但土地资源配置是有成本的。由于土地的多种用途性，地租应由机会成本与经济地租两部分组成，机会成本等于该土地可用于另一个最佳用途时应得到的纯利益，即放弃的、在别的用途中所能得到的最高价值。地租之所以能够被较高地支付，是因为土地使用的竞争抬高了土地使用价值。对于任何一种有市场需求的资源来说，它的租金由它的最高价值决定的。经济地租的实质就是一种超额利润，即生产要素的实际收益减去机会成本的余额。对于有市场需求的任何一种资源来说，它的最高价值决定了它的租金，而不是相反。

2. 地价理论

威廉·配第认为，"自然真正的地租"是耕地生产的产品扣除生产投入和维持劳动者生活必需品的余额（净报酬），并提出了不同土地位置、不同土壤肥力会导致级差地租的思想。他在《赋税论》中对土地所有权价格提出了独特的看法，认为土地价格不过是一定年数（祖、父、孙三代可以同时生活的年数，约21年）地租的总额，即地租的资本化。

亚当·斯密把土地价格视为地租资本化的比率，土地价格不再是年地租金额与年数之乘积，而等于年地租金额与利息率之商，即 $P = R/i$。斯密在《国富论》中写道："土地的普遍市场价格，取决于普通市场价格的利息率。"他根据当时的地价，指出当市场利息率为10%时，土地售价通常为年租金额的10—12倍，当利息率减至6%、5%、4%时，土地售价就升至年租金的17倍、20倍、25倍。

马歇尔主张"均衡价格论"，认为商品的价值就是商品的交换价值，即一种商品与另一种商品交换的比率，商品与货币之间的比例就是商品的价格。马歇尔指出，一种商品的价格应当由市场供给与需求双方力量共同决定，人们不能认为是供给或是需求单方面决定了商品的价格，就像不能说是剪刀的哪一片刀刃剪断布匹一样。马歇尔认为土地价格由供求双方决定，表现为供求相等时的均衡价格。

伊利，是美国土地经济学的创始人，现代西方经济学土地收益理论代表人物之一，他认为土地收益是确定土地价格的基础，把土地收益推算为资本价值的资本化过程是土地估价问题的核心。土地价格就是土地的资本价值，即把预期的土地年收益资本化。在伊利看来，土地价格就是土地收益的资本化，用公式表示为 $V = a/r$，其中 $V$ 是土地价格，$a$ 是土地收益，$r$ 是资本还原利率。

马克思在批判地继承古典政治经济学的地价理论基础上，提出了以劳动价值论为核心的地价理论，他认为土地价格是"虚幻的价格"和地租收入的资本化。马克思指出，土地价格是地租的资本化，土地价格＝地租/利息率。他认为"地租的差别比较固定，这是农业与工业不同的地方"。对投资者来说，无风险利润率就是利息率，一般利息率与企业经营风险相关，包含着风险溢价，因而利息率是投资者最低的投资回报要求。因此，马克思在土地价格公式中把地租资本化还原率定在低于平均利润率的利息率水平之上。当地租金额不变时，土地价格就会与利息率的涨跌呈反方向变动。

（四）规模经营理论

规模经营理论在我国土地研究领域的定义和经济学领域的规模经济或者是规模效益理论相似，因为农地经营也属于经济范畴，和经济理论一样，表述的仍是要素之间的组合问题。土地要素、资本要素等不同要素进行多种方式组合，获得的产品收益比较叫作规模经济研究。该理论的核心成果就是要素增加比例会少于由此产生的产出增加比例，这种现象叫作规模收益递增，在产出高比例增加的同时，每件产品的生产成本也以高比例减少。同样的道理，如果产出增加的比例小于要素增加的比例，这叫作规模收益递减。前者情况属于规模经济，后者情况属于规模不经济。提高农业生产总值有两种方法，因为在生产过程中有两种主要投入要素，一是劳动力，二是土地要素，因此，第一个方法是通过增加劳动力人力要素的生产效率提高生产总值，第二个方法是提高土地要素的利用效率以增加土地收益。不同的方法适用于不同的地区。前者适用于劳动力较少而土地资源较多的地区或国家，后者适用于土地较少而劳动力较多的地区或国家。第二个方法中的土地效果被称为规模经济，能有效提高劳动生产总值。

实现规模经济最有效的方式就是扩大农户经营土地的面积，大面积土地共同经营是国家在实行规模种植时的重要举措，也是实现规模经济的主要方式。单个农户种植的小面积土地如果得以合并经营，共同利用规模效应进行生产，土地的生产效率将会大大提升；大面积的土地合作经营也有利于科学的劳动分工和高科技投入耕耘，专业技术会显著提高现有的农业生产水平。此外，研究表明，劳动力分工、土地面积、投入的科技水平都和土地的生产产值呈正向关系，经济发展的实践表明，人均占有耕地面积与农业劳动生产率显著正相关。现实中的小面积耕地情况必然会导致我国农业劳动生产率低下。

依据规模经济理论，我国应该进行大规模土地生产，减少分散的土地经营。集约生产是促进我国农业生产的主要途径，而土地经营权流转是减少土地分散的有效途径。因此，研究土地经营权流转对于提高我国农业总产值具有巨大的必要性和重要性。

**二　土地经营权流转对农民工市民化影响的文献综述**

农民工问题是在农业剩余劳动力迁移过程中出现的具有中国特色的问题，而农民工市民化是解决农民工问题的根本途径，所以国外没有直接研究中国农民工市民化的权威理论。但农业剩余劳动力转移问题、农民工问题与农民工市民化问题是紧密联系但又互不相同的问题，国外劳动力流动理论和劳动力转移的经典模型早已形成，对中国研究农民工市民化问题有一定的借鉴作用。整理手中搜集到的文献资料，关于劳动力转移的理论很多，包括"刘—拉—费"模型、乔根森模型、托达罗模型，以及新劳动经济学的"推—拉"理论和"成本—收益"理论等。本书的研究主要运用托达罗模型、新劳动力迁移理论和新劳动经济学的"推—拉"理论与"成本—收益"理论来分析土地经营权流转对农民工市民化影响机理。

（一）托达罗模型

在"刘—拉—费"二元结构理论中，经济发展过程即是农业剩余劳动力不断地向城市工业产业迁移的过程。美国经济学家托达罗（Michael P. Todaro）于1970年提出了农村劳动力向城市迁移决策和就业概率劳动力流动行为模型，也就是城乡劳动力迁移模型，回答了在城市存在失业或隐蔽失业的情况下，农村剩余劳动力仍不断地向城市移民的原因，从而弥补了"刘—拉—费"理论的缺陷。托达罗假定农业劳动力迁入城市的行为主要决定于城乡预期收入差异，差异越大，流入城市的人口越多。他根据"预期"收入最大化目标做出向城市迁移的决策，其依据有两个：一个是农村劳动力在城市能够找到就业机会的概率，另一个是城乡实际工资差距。托达罗将概率因素引入模型，从而解释了农民在城市存在高失业的情况下依然会做出迁移选择的原因。迁移决策取决于城乡预期收入差距而不取决于实际的城乡收入差距。

（二）新劳动力迁移理论

1985年，美国经济学家斯塔克和布鲁姆（Stark and Bloom）提出了新劳动力迁移理论[1]。该理论与以往传统劳动变迁理论最大的区别是将分析对象从单个迁移者转为迁移家庭，并在决策中加入风险因素，将迁移视为一个内在联系的群体（例如家庭或家族）的决策。劳动力在家庭福利最大化假定下做出迁移决策，一方面为了增加家庭收入，另一方面也是为了降低因市场不完善而造成的风险。一个家庭为了分散风险，采取多样化经营策略，做出迁移还是留守的决策。新劳动力迁移理论用投资组合理论和契约安排理论来解释这种劳动力迁移行为与家庭决策。根据投资组合理论，农村家庭需要重新配置家庭劳动力资源，以减少家

① Stark, Oded and Bloom, David E., "The New Economics of Labor Migration", *The American Economic Review*, 1985, 75 (2): 173-178.

庭总收入的长期波动性。由于家庭有剩余劳动力可以外出打工，获得稳定收入来源，或者即使收入不稳定，但只要其收入波动与农业收入的波动不同步，就会降低家庭总收入的波动幅度。斯塔克认为，农村劳动力并非为了获得更高的收入而外出迁移，而是为了能够回避农业生产的风险，保持家庭长期收入的稳定性。按照契约安排理论，迁移者和其家庭成员必须遵守一个共同的契约安排。家庭成员对迁移者迁移成本的支付取决于迁移者向家庭提供汇款的预期收益，因此，迁移者和家庭成员之间的契约安排就转化为汇款，迁移者与家庭成员通过汇款保持紧密联系，而这种联系行为也取决于可获得预期收益，如能否继承家庭财产等。通过一定的契约安排，迁移者与其家庭成员不但可以获得各自的利益，而且使家庭收益最大化，促使这种劳动力迁移行为持续下去。20世纪60年代和70年代农村劳动力向城市迁移是单向的和一次性的，从70年代末开始，劳动力开始出现循环迁移。新劳动力迁移理论指出，劳动力的循环迁移受到距离和交通费用等因素的影响，其真正原因是为了体现家庭投资策略的多样化，而且通过循环迁移还可以保持与家庭成员的密切联系。由此可以看出，家庭因素在农民工迁移的过程中会起到重要的作用。

（三）"推—拉"理论

20世纪60年代末期，唐纳德·博格（D. J. Bagne，1969）在雷文斯坦（E. G. Ravenstien，1985）人口迁移"推—拉"理论的基础上，提出了极其系统的人口迁移"推—拉"理论。该理论侧重于研究人口迁移的动因，认为两种不同方向的力相互作用导致人口迁移，一种是有利于人口迁移的正面积极因素，即促使人口迁移的力量；另一种是阻碍人口迁移的负面消极因素，即阻碍人口迁移的力量。人口迁出地产生推力的因素，包括自然资源枯竭、农业生产成本增加、经济收入水平低、农村劳动力过剩导致的失业和半失业等。人口迁入地产生拉力的因素比较多，包括有较多的就业机会、较高的工资收入、较好的受教育机会、较完善的文化和交通条件、较好的生活水平、较好的气候环境等。事实上，农村地区也具有一些吸引人的拉力因素，比如熟悉的社区环境、长期形成的社会网络以及与家人团聚。而迁入地区也存在一些不利于人口迁入的推力因素，比如进入新环境带来的陌生感、恐惧感、与家庭分离的孤独感、激烈的竞争压力等。在迁出地，推力占主导地位，推力比拉力大；而在迁入地，拉力占主导地位，拉力比推力大。"推—拉"理论认为，农村人口向城镇的迁移有两种原因，一种是城镇经济发展较快对农村劳动力形成的拉力作用，另一种可能是农村经济发展较慢对其造成的推力作用。

（四）"成本—收益"理论

1962年，斯加斯塔德（L. A. Sjaastad）将"成本—收益"理论用于劳动力迁移行为的微观分析，认为收益应分为两种，即货币收益和非货币收益，成本也相应地包括货币成本和非货币成本。迁移者迁移的目的是实现其职业生涯实际净收入的最大化，迁移决策就是收益和成本的投资策略。1997年，Dustmann把迁移者区分为临时迁移者和永久迁移者，当迁移者预期其未来收益变差时会做出返乡的决策。① 两类迁移者的劳动力市场行为将取决于对未来迁入地和家乡经济状况的预期，预期不同，迁移者的行为也会不同。在通常情况下，相对于永久性迁移的劳动者来说，非永久性迁移的劳动者参与劳动和迁入城市建设意愿要更强一些。1997年，Yang认为中国实行的家庭联产承包责任制导致农户拥有的土地产权不完整，农户一旦做出永久性离开农村的决策，就意味着放弃土地带来的收入，因而，相比永久性迁移的高成本，他们更愿意做出兼业经营方式的迁移决策，以避免农地价值的流失，因此，建立农村土地市场并允许农地买卖，不仅可以降低农户转移成本，还可以激励农业劳动力向城镇永久性转移，促进城乡劳动生产力的均等化。

# 第二节　国内文献综述

国内学术界和理论界对农村土地经营权流转问题的关注始于家庭联产承包责任制的兴起与发展。从20世纪80年代至今，随着工业化、城镇化进程的加快和中央政府对"三农"问题的高度重视，学术界越来越关注农村土地经营权流转和农民工市民化问题，尤其是党的十七届三中全会以后，对农村土地经营权流转的研究取得了丰硕成果，尽管各自

---

① Dustmann, Christian, "Differences in the Labor Market Behavior between Temporary and Permanent Migrant Women", *Labour Econmics*, 1997, 4（1）：29–46.

的切入角度与研究方向不尽相同，但无疑都是对农村土地经营权流转的现状、存在问题、制约因素、对策建议的研究，以及对农民工市民化的研究。

**一　农村土地经营权流转的文献综述**

（一）农村土地经营权流转现状的研究

随着经济体制改革的深入，特别是党的十七届三中全会以来，国内学者开始关注土地经营权流转的研究，并取得了丰富的成果。本书把这些学者研究的成果与观点归纳为以下几个方面。

1. 关于土地经营权流转概念界定的研究

国内学术界关于土地流转概念的界定主要有两方面的认识，一是从广度上界定概念，另一个是从不同学科角度界定概念。

从广度上界定土地流转有广义和狭义之分。马嫚（2011）认为广义的土地流转一般是指土地权利全部或部分转移[1]。吕泽庶（2015）认为不同利益主体之间土地权利的转移或者流动，不仅限定于农村土地，还包括承包权、使用权以及所有权等[2]。卜金超（2016）认为狭义的土地流转主要是土地使用权的流转，不包括非农建设用地，仅仅指的是农业用地流转[3]。刘英敏（2014）认为土地流转是在土地承包权不变的基础上，农户把自己承包村集体的部分或全部土地，以一定的条件流转给第三方经营，保留承包权，转让使用权[4]。曲秀云（2017）认为土地流转其实就是土地使用权和经营权的流转[5]。狄美、刘营（2020）认为在我国土地流转就是拥有土地承包经营权和使用权的用户将其权利转让给其他人和经济体[6]。

一些国内学者从法学和经济学角度界定土地流转。一是从法学角度界定土地流转。邵彦敏（2006）认为土地流转是由承包农户所享有的部

① 马嫚：《我国农村土地流转的社会效应分析》，硕士学位论文，山东师范大学，2011年，第9页。
② 吕泽庶：《农村土地流转的模式及产生效应》，《南方农业》2015年第9期。
③ 卜金超：《新常态下我国农村土地流转问题研究》，《经济研究参考》2016年第44期。
④ 刘英敏：《农村土地流转存在的问题探析》，《现代农村科技》2014年第2期。
⑤ 曲秀云：《浅析城镇化背景下集体土地流转模式——结合寿光市土地流转实际情况》，《智能城市》2017年第3期。
⑥ 狄美、刘营：《乡村振兴背景下农村土地流转制度实施过程中出现的问题及对策研究》，《中国集体经济》2020年第22期。

分处置权衍生而来，它是指在土地所有权主体不变的前提下，土地承包经营权或使用权在不同的农户之间或经济主体之间的转移①。胡同泽、任涵（2007）认为可以单独转让，也可以随同土地附着物一起转让②。李玉芳（2010）认为农村土地流转是指在农村土地所有权归属和农业用地性质不变的情况下，将土地使用权从承包经营权中分离出来，转移给其他农户或经营者，其实质就是农村土地使用权的流转③。张成玉（2013）认为如果改变土地农业用途就不能称为"流转"，应该称为"征地"④。任金花（2019）认为农村土地流转是指农村家庭承包的土地通过合法的形式，保留承包权，将经营权转让给其他农户或其他经济组织的行为⑤。

二是从经济学角度界定土地流转的概念，更侧重于土地流转是一种有效配置土地资源的过程。方文（2012）认为土地流转是土地作为一种生产要素与经济资源在不同所有者与使用者间的流转行为⑥，文红霞（2011）认为是寻求土地资源、劳动力、资金、技术等生产力要素的最佳配置，是实现土地适度规模的有效手段⑦。武立永（2013）认为在市场经济条件下农村土地产权作为一种经济资源，无偿流转、不等价流转都是不利于资源优化配置的，也不利于摆脱行政部门对土地流转的过度干预，因此，恰当的称谓是"农村土地产权交易"⑧。周燕、殷志杨（2015）认为农村土地流转主要是为了有效提高农业的生产效率，是农村家庭在合法承包土地的基础上，将土地的经营权转让给其他用户或者经济组织的行为。土地流转仅仅转让了土地的使用权，但是保留了土地的承包权⑨。周开萍（2016）认为土地流转是为了增强农业规模化和集

① 邵彦敏：《中国农村土地制度研究》，硕士学位论文，吉林大学，2006年，第77—80页。

② 胡同泽、任涵：《农村土地流转中的主体阻碍因素分析及其对策》，《价格月刊》2007年第7期。

③ 李玉芳：《对农村土地流转问题的几点思考》，《农业科技与信息》2010年第4期。

④ 张成玉：《农村土地承包经营权流转的相关概念研究》，《甘肃农业》2013年第14期。

⑤ 任金花：《农村土地流转状况与对策研究——以灵丘县为例》，《山西经济》2019年第1期。

⑥ 方文：《中国农村土地流转的制度环境、农户行为和机制创新》，浙江大学出版社2012年版，第49—72页。

⑦ 文红霞：《农村土地流转的产权经济学分析》，《商品与质量》2011年第4期。

⑧ 武立永：《农村土地流转含义辨析》，《新乡学院学报》（社会科学版）2013年第6期。

⑨ 周燕、殷志杨：《农村土地流转供求意愿和流转效率评价探究》，《农业经济》2015年第12期。

约化经营，提高农业生产效率，推动农业现代化发展水平，简单耕种转
让不能算作土地流转，而是属于一种赠予或托付的行为，和农业现代化
生产没有关系①。

目前，学术界对于土地流转的概念相对较一致的观点是，土地流转
的实质是土地经营权的流转，农村土地流转是指在农村所有权归属和农
业用地性质不变的情况下，持有土地承包权的农民依法自愿有偿将土地
经营权从承包经营权中分离出来，转让给其他农户或经济合作组织。这
样就将征地与土地经营权流转做了明显的区分。

2. 关于土地经营权流转制度变迁的研究

学术界关于土地经营权流转制度变迁的研究主要体现在对制度变迁
阶段的研究，多数学者根据改革开放以来国家制定的土地政策，以时间
跨度划分土地经营权流转的阶段，多数划分为三个阶段。马嫚（2011）
认为土地承包经营权流转分为萌芽雏形时期（1984—1992 年）、稳步推进
时期（1992—2001 年）、多措并举的创新发展时期（2001 年至今）②。周
奇（2010）从法学的角度，认为 1978—1987 年为土地流转法律命令禁
止阶段，1988—2002 年为土地流转合理合法确立实施阶段，2002 年至
今为土地流转进入规范化阶段③。王家庭、张换兆（2011）认为我国的
农村土地经营权流转制度的变迁与征用制度不同，基本上经历了四个时
期：新中国成立初期，国家颁布实施了《中华人民共和国土地改革
法》，真正赋予了农民对于土地经营权流转的权利；人民公社到"文化
大革命"结束，通过农业生产资料的社会主义改造和人民公社运动，
弱化了农民对于土地的产权，使农村土地失去了流转的可能；改革开放
到 2005 年左右，属于农村土地经营权流转的规范化发展阶段；2005 年
以来，农村土地经营权流转进入市场化的阶段④。王冉（2017）认为我
国农村土地制度改革的演进经历了五个阶段：1949—1955 年，自耕农
土地所有制下的土地自由流转阶段；1956—1977 年，集体土地所有制下

① 周开萍：《土地承包经营权流转现状和完善》，《农业与技术》2016 年第 369 期。
② 马嫚：《我国农村土地流转的社会效应分析》，硕士学位论文，山东师范大学，2011
年，第 15—19 页。
③ 周奇：《中国农村土地流转制度研究》，硕士学位论文，黑龙江大学，2010 年，第
28—32 页。
④ 王家庭、张换兆：《中国农村土地流转制度的变迁及制度创新》，《农村经济》2011 年
第 3 期。

的土地禁止流转阶段；1978—1983 年，土地承包责任制下的土地"地下"流转阶段；1984—2007 年，土地承包责任制下的土地自发流转阶段；2008 年至今，农村土地产权制度改革背景下的土地规范流转阶段①。吴光芸、万洋（2019）通过对 1984—2017 年的农村土地经营权流转政策及法律文件进行梳理和政策文本解读，将改革开放以来中国农地流转政策变迁分为四个时期：1984—1992 年，农村土地经营权流转的重启时期；1993—2002 年，农地流转发展时期；2003—2012 年，农村土地经营权流转规范时期；2013—2017 年，农村土地经营权流转创新时期②。

3. 关于土地经营权流转动因的研究

土地经营权流转的出现是各种因素综合作用的结果，有其深刻的历史、经济及社会动因。学者从不同的角度对我国农村土地经营权流转的动因进行分析，并得出各种各样的结论。李文政（2009）认为党的十七届三中全会之后，我国农村土地经营权流转主要是发展社会主义市场经济需要、提高农业比较收益需要、实现土地适度规模经营需要、参与国际农业竞争需要、合理利用和保护耕地需要与农村劳动力实现非农转移需要六个方面的原因③。刘洋、刘惠君（2010）通过建立成本收益函数对农村土地经营权流转主体的成本收益进行分析，认为农户管理能力和市场应变能力差，如果有人愿意出较高的租金，农户就有可能将全部或部分承包地以转包形式出租④。曲昊月（2012）认为土地经营权流转的动因是农业产业结构调整和城市化发展的需要、非农就业机会增加所引起的农业劳动力转移以及经济利益的激励⑤。陈飞、翟伟娟（2015）认为土地价值、农业补贴以及涉农贷款对农户租入土地决策具有显著正向影响，城市工资水平和就业机会是农户租出土地从事非农生产活动的主要诱因⑥。赵佩（2016）分别从土地转入的农户和土地转出的农户两

① 王冉：《建国以来农村土地流转制度变迁》，《山西农经》2017 年第 4 期。
② 吴光芸、万洋：《中国农村土地流转政策变迁的制度逻辑——基于历史制度主义》，《青海社会科学》2019 年第 1 期。
③ 李文政：《农村土地流转的动因审视与法律对策》，《广东农业科学》2009 年第 7 期。
④ 刘洋、刘惠君：《农村土地流转的经济动因分析》，《安徽农业科学》2010 年第 5 期。
⑤ 曲昊月：《土地承包经营权流转的动因与制度效率》，《湖南工业职业技术学院学报》2012 年第 6 期。
⑥ 陈飞、翟伟娟：《农户行为视角下农地流转诱因及其福利效应研究》，《经济研究》2015 年第 10 期。

个角度分析了土地经营权流转的动因，认为土地产出的收益是农户流入土地的最根本的原因；土地对于转出农户的价值逐渐降低，在城市务工的农民急于将自己的土地转租给他人，这样可以减少农民往返于城乡的各项成本①。邢艳波（2017）认为农户自身存在的较大的资源禀赋差异，是形成农村土地经营权流转的内在因素之一②。潘米荞、姜如锦（2019）认为农民收入不稳定且风险大，不少农户生活压力增大，于是他们选择外出打工增加收入，这导致了农村青壮年劳动力不足的问题，农民选择将土地经营权流转出去，使自己不被土地所束缚③。

4. 关于土地经营权流转形式的研究

目前，国内学者研究土地经营权流转的形式包括：转包、转让、入股、反租倒包、抵押、互换、出租、托管、退包、赠予、继承、"四荒"土地使用权拍卖、竞价承包、出让、征用等。多数学者主张目前我国农村土地经营权流转形式主要是前五种。

赵丙奇等（2011）实地调查经济发达地区和经济欠发达地区土地经营权流转形式，调查结果显示，发达地区的土地经营权流转形式主要以转让、出租、转包为主，而欠发达地区的流转方式主要以转包为主④。杨玫（2012）认为近年来，农村土地经营权流转以转包、入股、互换、出租等方式进行，在主体上表现为专业种植大户、龙头企业、专业合作社、股份合作经营等⑤。李中、刘卫柏（2013）认为目前农村土地经营权流转的形式主要有三种，即土地转包、反租倒包和土地股份合作⑥。柏娜（2014）认为我国农村土地经营权流转形式主要有土地转包、互换、入股等⑦。徐敏（2015）将土地经营权流转过程中政府没有参与其中的出租、转包、转让和互换四种模式划分为分散流转模式；集

① 赵佩：《浅析我国农村土地流转市场形成的动因》，《中国集体经济》2016年第15期。

② 邢艳波：《我国农村土地流转的动因分析及对策思考》，《农民致富之友》2017年第3期。

③ 潘米荞、姜如锦：《农村土地流转的现状及现实动因分析——以随州市新街镇为例》，《农家参谋》2019年第13期。

④ 赵丙奇、周露琼、杨金忠、石景龙：《发达地区与欠发达地区土地流转方式比较及其影响因素分析——基于对浙江省绍兴市和安徽省淮北市的调查》，《农业经济问题》2011年第11期。

⑤ 杨玫：《农村土地流转形式研究》，《西部金融》2012年第4期。

⑥ 李中、刘卫柏：《农村土地流转中应关注的几个问题》，《经济纵横》2013年第3期。

⑦ 柏娜：《当前土地流转现状、问题与对策分析》，《淮北师范大学学报》（哲学社会科学版）2014年第3期。

中流转模式是村集体将农民的土地集中起来，将土地转让给农业大户，主要有反租倒包、股份合作和土地信托①。王洁、许光中（2019）通过对 2014 年和 2016 年的土地经营权流转方式所占比例进行分析，认为出租以及转包或者转让所占规模与比例占据绝对的优势②。冀名峰、李琳（2020）认为在"三权分置"条件下，土地经营权流转主要是指转包和出租两种流转方式，不包括股份合作方式形成的土地规模经营。目前，服务规模经营在实践中的主要形式是农业生产托管，但各个省份的发展程度和托管面积有所不同，在具体做法上也有一些差异③。

（二）农村土地经营权流转问题及原因的研究

学者认为农村土地经营权流转中存在的各种问题主要集中于以下几方面：农村土地经营权流转总体规模小；土地经营权流转有法难依，甚至无法可依；土地经营权流转后擅自改变农地用途；农村土地经营权流转程序不规范；农村土地经营权流转地区差异较大；农村土地经营权流转中农民权益受损等。学者还从多个角度分析产生这些问题的原因，概括来看主要有：土地经营权流转的法律法规不健全，土地经营权流转市场机制不健全，农民自身知识、技术等因素，社会提供的保障不完善，户籍制度改革滞后，金融政策支持不到位，政府行为不到位等。

1. 土地经营权流转的法律法规不健全

相关部门还没有出台有关农村土地经营权流转的法律法规和明确具体的政策，也没有制定完善的相关制度。李凤梅（2011）认为目前我国尚未形成针对农村土地经营权流转的完善法律法规体系④。刘志华（2019）认为只有一些散乱的法律条文，缺乏操作性，对土地经营权流转过程中涉及的流转形式没有明确规定，对流转权责没有具体界定，存在很大漏洞⑤。王晓晔（2012）认为一旦出现利益纠纷就难以解决，这

---

① 徐敏：《新时期农村土地流转模式及经济效益分析》，《福建农业》2015 年第 2 期。
② 王洁、许光中：《乡村振兴中土地流转的现状与问题研究》，《南方农机》2019 年第 14 期。
③ 冀名峰、李琳：《农业生产托管：农业服务规模经营的主要形式》，《农业经济问题》2020 年第 1 期。
④ 李凤梅：《我国农村土地流转中的制约因素与路径选择》，《安徽农业科学》2011 年第 27 期。
⑤ 刘志华：《农村城镇化进程中土地流转问题分析》，《山西农经》2019 年第 8 期。

些问题阻碍了土地经营权流转的规范化和制度化，不利于农村经济的发展①。黄芳（2016）认为农村土地的权属边界比较模糊，土地归"集体"所有中的集体是"村"还是"组"并没有明确的规定，集体如何获得土地所有权也没有给出具体的操作细则。这就导致有些地方出现以各种名目侵犯农民的土地承包权，损害农民利益，农户即便有转让土地的愿望也不敢轻易尝试②。拜志芳（2020）认为由于我国土地经营权流转立法的滞后性和现行法律制度的缺陷，土地经营权流转内容不够完整、土地经营权流转价格不确定，最终导致土地纠纷不断增加③。贺非非、线凤阳（2018）认为相关部门在处理土地经营权流转纠纷问题时，并没有明确的、操作性强的法律可以依据，从而制约了土地经营权流转的合理发展④。

2. 土地经营权流转市场不健全

土地经营权流转市场的发展依赖完善的市场中介组织，土地经营权流转市场的中介组织发展滞后，无法为流转农户提供所需的信息，农户与市场之间信息极不对等，造成土地经营权流转空间狭小、土地经营权流转价格长期处于市场均衡价格之下，农民土地经营权流转收益受损。

张莹琦（2013）认为土地经营权流转中介服务组织的缺位，在很大程度上阻碍了农村土地的合法、有序、畅通流转，导致土地经营权流转成本增加和土地经营权流转行为无序，严重限制了土地的合理流动和优化配置⑤。王常影（2015）认为这在很大程度上延缓了土地经营权流转的进度⑥。高智颖（2016）针对黑龙江省农村土地经营权流转现状进行分析，认为土地经营权流转过程中首先是服务部门缺失，甚至没有中介服务组织，导致土地经营权流转信息不对称⑦。刘茗（2018）认为信

① 王晓晔：《农村土地流转中的难题·形成机理及优化路径》，《安徽农业科学》2012年第5期。
② 黄芳：《中国农村土地流转的问题及对策分析》，《南方论刊》2016年第7期。
③ 拜志芳：《农村城镇化进程中土地流转问题分析》，《农业科技与信息》2020年第17期。
④ 贺非非、线凤阳：《城镇化建设中的土地流转问题与出路》，《当代农村财经》2018年第4期。
⑤ 张莹琦：《浅谈农村土地流转中存在的问题及对策分析》，《农民致富之友》2013年第11期。
⑥ 王常影：《关于农村土地流转问题的分析与探索》，《农民致富之友》2015年第24期。
⑦ 高智颖：《黑龙江省土地流转现状及存在问题分析》，《农民致富之友》2016年第9期。

息不对称极易使农户在市场交易中处于不利地位，难以促成土地经营权流转的双赢局面①。杨佑福（2017）认为信息不对称在很大程度上影响了土地经营权流转服务指导工作的正常开展②。姚伟、陆红红（2018）认为土地经营权流转市场不规范，更多的农户是自行流转土地经营权，土地经营权流转的供给方和需求方信息不对称，没有统一规范的流转体制和流转机制，加剧了土地经营权流转的不稳定性③。拜志芳（2020）认为一些乡（镇）没有建立完善的农村土地经营权流转管理机构，缺乏对农村土地经营权流转的有效管理、引导和服务，导致农村土地经营权流转范围小、流转形式单一，进而影响土地经营权流转的规模和效益④。

3. 农户自身因素

学者纷纷构建模型分析农村土地经营权流转的内生影响，主要是运用计量经济学的方法通过对土地转出农户和转入农户的土地经营权流转意愿的对比进行分析。模型中所涉及的变量有家庭人口规模，家庭劳动者文化程度，家庭经营非农化程度，家庭经营农地的细碎化程度，家庭拥有耕地面积，家庭非农收入占总收入的比重，土地经营权流转市场完善情况，承包地调整情况，户主年龄、性别、文化程度，家庭成员的平均年龄和家庭的经济特点等多方面因素。

郭斌、任志远（2006）对部分地区的农户土地经营权流转情况进行调查，认为农户转入土地意愿主要是受规模性的农业产业基地、地方政府态度、自家耕地面积、户主能动性、种植经济作物的经验、灌溉条件、农业年收入、契约规范性等因素的影响⑤。此外，农民的恋土情节也制约着土地经营权流转，这一因素主要体现在我国北方地区。何欣等（2016）利用2013年和2015年两轮29个省份的全国性代表农户的追踪

① 刘茗：《有关中国土地流转的文献综述》，《农村经济与科技》2018年第21期。

② 杨佑福：《当前农村土地流转存在的问题及对策分析》，《农业科技与信息》2017年第5期。

③ 姚伟、陆红红：《城镇化背景下农村土地流转问题研究——基于X镇的调查分析》，《经济研究导刊》2018年第26期。

④ 拜志芳：《农村城镇化进程中土地流转问题分析》，《农业科技与信息》2020年第17期。

⑤ 郭斌、任志远：《基于"3S"集成的土地利用动态监测》，《云南大学学报》（自然科学版）2006年第S1期。

调查数据，对影响农户参与农地经营权流转的因素进行分析，结论为家庭的人口特征、经济特征、土地禀赋、所在村的农地流转整体情况对农户参与农地流转产生显著影响[①]。王圳钦、方茂扬（2017）通过对广东省农地调研，发现农民担心土地经营权流转出去后因产权纠纷等问题会失去土地的利益，他们宁愿闲置土地甚至抛荒也不愿流转[②]。刘茗（2018）认为农民的思想认识不足，对现行的土地经营权流转政策、法律缺乏了解，不愿意轻易"放手"自己的土地，从而导致土地经营权流转效率偏低[③]。

4. 社会保障体系不完善

在中国，由于农村社会保障体系不完善，土地承载了就业和养老的双重功能，从根本上阻碍了土地经营权流转的进程。王炳、苏林、黄丽君（2012）认为，长期以来，由于我国农村社会保障体系建设滞后，土地是农民最重要的生产资料和生活资料，承担了农民基本的生活保障、就业风险保障、养老伤病保险、生活福利等本不应由其承担的社会保障功能[④]。鲁春晓、纪晓敏（2014）认为，农民只有在找到能获取更高收益并较为稳定的非农就业岗位时，才能考虑进行土地经营权流转[⑤]。冯春莹（2017）认为农村社会保障机制不健全，农民对土地的特殊依恋情结将在当前和今后很长一段时期持续，在对待土地经营权流转问题时，农民持比较谨慎的态度[⑥]。杨书萍（2019）认为除非有新的生活保障作替代，否则农民不愿意将土地经营权流转出去[⑦]。刘鑫妮、王英蓉、赵家兴（2020）认为与城市市民相比，农村养老保险、医疗保险的保障水平有很大差距，这就使农民进行土地经营权流转的积极性更

---

[①] 何欣、蒋涛、郭良燕、甘犁：《中国农地流转市场的发展与农户流转农地行为研究——基于 2013—2015 年 29 省的农户调查数据》，《管理世界》2016 年第 6 期。

[②] 王圳钦、方茂扬：《中国农村土地流转问题与对策的调查研究——基于广东省农地流转调查分析》，《市场周刊（理论研究）》2017 年第 6 期。

[③] 刘茗：《有关中国土地流转的文献综述》，《农村经济与科技》2018 年第 21 期。

[④] 王炳、苏林、黄丽君：《制约农村土地承包经营权流转的原因及改善路径》，《生产力研究》2012 年第 9 期。

[⑤] 鲁春晓、纪晓敏：《制约农村土地流转的因素及对策》，《吉林农业》2014 年第 2 期。

[⑥] 冯春莹：《当前农村土地流转的制约因素及应对措施》，《现代农业科技》2017 年第 4 期。

[⑦] 杨书萍：《"三权分置"下农村土地经营权流转的困境与出路》，《农业经济》2019 年第 12 期。

低，或者签订合同变成短期，也让已经参加土地经营权流转的农民不愿意继续进行后续工作①。

5. 户籍制度改革滞后

长久以来，受户籍制度改革滞后的制约，农民集体成员身份的封闭性、多变性阻碍着土地经营权的流转。目前全国多数省份取消了城乡户籍差异，然而在这些改革城乡户籍的省份，多数人依然居住生活在农村，从事农业生产。

盛亦男（2014）认为我国户籍制度使农村家庭的迁移受到限制，使家庭难以在城市定居，而土地制度对农村家庭的保障作用，又使家庭不愿意放弃财产，将其作为最后的屏障，人口的流动在事实上受到户籍制度的制约②。李靖、刘圣中（2016）认为目前的城乡二元户籍制度仍然对不同规模城市入户标准设置了诸多限制，成为影响农民权益的决定性根源③。匡远配、周凌（2017）认为户籍制度强化了农村土地的社会保障功能，制约了农村土地经营权流转为农民工市民化提供资本支持作用的发挥，农民工的非永久性迁移在很大程度上制约着农村土地经营权流转④。黄开腾（2019）认为我国城市教育制度与户籍制度高度挂钩，如果农民无法获得城市户口，那么其子女就无法享有与市民平等的教育权。在这种制度背景下，只能让子女回乡接受教育，子女在农村读书，他们就不可能放弃农村的承包地、宅基地和房子，这在一定程度上也增加了农村土地经营权流转的难度⑤。

6. 金融支持不到位

国内学术界普遍认为我国农村经济水平落后、金融支持不足是制约农村土地经营权流转的一个不可忽视的因素。农村土地经营权流转过程中离不开大量资金的金融支持，金融支持有效刺激农村金融和农村经济

---

① 刘鑫妮、王英蓉、赵家兴：《我国农村土地流转中存在的问题及其对策浅析》，《南方农业》2020 年第 23 期。

② 盛亦男：《中国的家庭化迁居模式》，《人口研究》2014 年第 3 期。

③ 李靖、刘圣中：《"新三农"问题的表现、成因及解决对策》，《理论导刊》2016 年第 10 期。

④ 匡远配、周凌：《财政分权、农地流转与农民工市民化》，《财政研究》2017 年第 2 期。

⑤ 黄开腾：《论乡村振兴与民族地区农村"空心化"治理》，《北方民族大学学报》（哲学社会科学版）2019 年第 2 期。

的发展，并且与土地经营权流转互相促进、互相影响。

　　李长安（2012）认为当前金融支持农村土地经营权流转的制度仍不完善、支持力度还不够①。苏玉娥（2014）认为农村金融机构提供的贷款数量、贷款结构和金融产品与流转农户的需求存在错位、不对接的现象②。韦金洪、张中秋（2016）认为这将抑制对土地经营权流转贷款的支持与发展③。廖子贞、蔡洋萍（2018）认为农村地区的商业银行大多会权衡风险与收益，追求利润最大化，会减少给农户的贷款额度以规避不良贷款风险④。韩占兵（2017）认为土地经营权流转中金融支持难以满足农村土地经营权流转过程中日益增长的金融需求，也无法激活农村土地经营权流转的金融市场⑤。程启原、马静、宁常郁（2019）通过对广西农村土地承包经营权流转现状的研究，认为农村土地不能作为抵押物使土地经营权流转经营主体难以从银行申请到贷款⑥。冯翩翩（2020）认为农村金融发展尚在起步阶段，对于生产周期长且易受自然环境影响的大农业来说，现有金融机构不能够满足大部分农户的需求，很难保障农户的利益⑦。

　　7. 政府规制缺位或越位

　　在农村土地经营权流转中，无论是中央政府还是地方政府的缺位或越位都会影响土地经营权流转进程。中央政府和地方政府是一对矛盾博弈主体，由于信息不对称，中央政府调控失灵。

　　焦国栋（2014）认为一些基层政府在农村土地经营权流转中行政干预过多，不能找准自己的位置，出现了越位、缺位和错位现象，基层

　　① 李长安：《需要完善金融支持农地流转的相关制度》，《中国城乡金融报》2012 年 12 月 26 日。

　　② 苏玉娥：《国际视角下我国政府推动农村土地流转的政策选择》，《南昌大学学报》（人文社会科学版）2014 年第 2 期。

　　③ 韦金洪、张中秋：《经济新常态背景下农村土地流转的金融创新思路》，《山东纺织经济》2016 年第 6 期。

　　④ 廖子贞、蔡洋萍：《我国农村土地流转过程中的金融支持问题探讨》，《南方农业》2018 年第 22 期。

　　⑤ 韩占兵：《当前农村土地流转的金融支持问题研究——基于河南省的个案分析》，《中州大学学报》2017 年第 4 期。

　　⑥ 程启原、马静、宁常郁：《广西农村土地承包经营权流转问题研究》，《经济与社会发展》2019 年第 5 期。

　　⑦ 冯翩翩：《我国家庭农场发展存在的问题及对策》，《安徽农学通报》2020 年第 17 期。

政府直接插手农村土地经营权流转活动，从而妨碍了市场作用的发挥①。宣玉（2015）认为政府对于农村土地经营权流转工作的开展并不积极，流转信息供给服务不到位，对于土地经营权流转后利用情况的关注度不够高，甚至有些地方政府与承包经营大户之间具有很大的利益关联②。张朝微（2016）认为这不但损害了农民的权益，同时也阻碍了土地经营权流转进程，降低土地经营权流转的效益③。邢鸿飞、朱秀婷（2017）认为，近年来随着农村经济的不断发展，某些基层政府为了突出政绩，追求土地经营权流转绩效指标，往往不顾农户利益而强行单方面进行土地经营权流转，此种行为完全违背了农户自愿流转的原则，严重损害了农民的利益④。徐婷婷（2018）认为政府在制定土地经营权流转价格和具体的收益分配上不仅起不到一定的调节作用，还参与利益分配，甚至占超大份额，严重损害了农民利益，严重制约了农村土地经营权流转的速度和进程，甚至严重打击了农民从事农业的积极性，阻碍了农村土地经营权的流转⑤。苏玉娥（2019）认为基层政府在土地经营权流转中如果角色定位不当，干预过度，服务不到位，监督无力，错位和缺位并存，容易导致其在土地经营权流转中存在财政风险、公信力风险、社会稳定风险和粮食安全风险⑥。杨彬（2020）认为这在一定程度上制约了农村土地经营权流转的有序进行，制约了土地经营权流转的有效性和合理性⑦。

（三）促进农村土地经营权流转对策和建议的研究

国内学者提出尽快完善与土地经营权流转相关的法律法规、建立土地经营权流转市场体系、健全农村社会保障体系、加大农村金融对土地

---

① 焦国栋：《农村土地流转中如何发挥好政府作用》，《学习论坛》2014 年第 8 期。

② 宣玉：《论农地流转中的政府角色定位》，《湖北警官学院学报》2015 年第 7 期。

③ 张朝微：《不同农地流转模式中的政府角色定位》，《农村经济与科技》2016 年第 15 期。

④ 邢鸿飞、朱秀婷：《三权分置格局下农村土地流转政府监管刍议》，《行政与法》2017 年第 5 期。

⑤ 徐婷婷：《淄博市农村土地流转存在的主要问题和成因分析》，《现代交际》2018 年第 4 期。

⑥ 苏玉娥：《大规模农地流转中政府面临的风险及其防范研究》，《安徽警官职业学院学报》2019 年第 6 期。

⑦ 杨彬：《承包经营权流转中政府引导行为的法律规制研究》，《农业经济》2020 年第 4 期。

经营权流转的支持、有效发挥政府职能等建议，促进农村土地经营权有效流转。

1. 尽快完善与土地经营权流转相关的法律法规

2003 年全国人大颁布实施的《农村土地承包法》，为农地承包权流转提供了法律依据。郑兴明（2009）从法律体系上构建保护农民利益的法律，建议通过完善《中华人民共和国土地管理法》（以下简称《土地管理法》）和出台土地流转法来规范土地市场，保障农民土地权益①。尚艳琼（2011）认为要明晰土地承包经营权是一种物权，具有占有、使用、收益、转让、继承、抵押等权利②。张玉贤（2014）认为首先应重视法律法规，不但要从宣传上对土地经营权流转进行推广，提高农民对土地经营权流转的认识水平，还要做好法律法规的完善，制定相关法律法规，深入明确集体和农民的权利和义务，对双方权利、义务进行规定③。侯建军（2015）认为司法机关应当认真贯彻落实新形势下的土地经营权流转政策，依法调整土地经营权流转利益关系，确保农民土地权益得到有效维护④。宋洪远、赵梅（2015）认为可以通过建立示范机制规范合同内容和签订程序，形成产权联合的利益共同体，从而保护农民土地经营权流转中的权益⑤。冯春莹（2017）认为要建立健全土地经营权流转管理制度，为土地经营权流转提供相关服务工作，并帮助农民建立土地经营权流转档案，切实搞好土地经营权流转的日常监管⑥。兰倩（2018）认为健全的土地经营权流转管理制度可以确保农村土地的合理性，促进农村土地收益的最大化⑦。刘志华（2019）认为土地经

---

①　郑兴明：《论农村土地流转中农民利益补偿机制的构建》，《华中农业大学学报》（社会科学版）2009 年第 6 期。

②　尚艳琼：《苏北农村流转土地承包大户持续发展的困境及对策》，《杨凌职业技术学院学报》2011 年第 4 期。

③　张玉贤：《农民土地流转中存在的问题及对策分析》，《中国集体经济》2014 年第 28 期。

④　侯建军：《土地流转中农民权益的司法保护应坚持三项原则》，《农村工作通讯》2015 年第 3 期。

⑤　宋洪远、赵梅：《对深化农村改革几个问题的思考与建议》，《农村经营管理》2015 年第 2 期。

⑥　冯春莹：《当前农村土地流转的制约因素及应对措施》，《现代农业科技》2017 年第 4 期。

⑦　兰倩：《我国土地流转问题的法律研究》，《农村经济与科技》2018 年第 16 期。

营权流转得到法律保护，土地资源合法性得到法律承认，可以有效改善当前土地经营权流转中的问题①。拜志芳（2020）认为健全的土地经营权流转管理制度可以更好地促进农村土地经营权流转工作的正常开展②。

2. 建立土地经营权流转市场体系

健全的市场机制和中介机构可以降低市场交易成本。纪灿离、刘广场（2011）提出要建立土地经营权流转信息网，利用服务平台开展管理和服务③。李中、刘卫柏（2013）认为要想健全土地经营权流转市场机制，应该进行农村土地经营权流转试点④。郑鹏程（2012）提出要培育土地经营权流转市场中介机构，建立土地经营权流转交易平台，建立无障碍的土地经营权流转市场⑤。张莹琦（2013）认为应正确引导和规范农村土地经营权流转，切实维护农民的合法权益，推进土地规模经营，实现农业产业化发展⑥。张红宇（2016）认为应该按照中办发的61号文件，宣传贯彻落实工作，研究提出农村土地经营权流转市场运行规范的意见，制定农村土地经营权流转示范合同文本，依法推进土地经营权有序流转⑦。杨艺、朱翠明、张淇（2017）认为应根据各地的实际，因地制宜地发展多种形式的土地经营权流转市场⑧。郑娜娜（2020）认为应让更专业、高效、规范的服务机构参与建立土地经营权流转市场体系的进程，为交易双方提供法律帮助，对土地经营权流转合同进行登记备案，保证农民的切身利益，降低市场风险⑨。刘志华（2019）认为土地经营权流转市场可以减少土地纠纷问题发生的概率，保障土地经营权

① 刘志华：《农村城镇化进程中土地流转问题分析》，《山西农经》2019 年第 8 期。
② 拜志芳：《农村城镇化进程中土地流转问题分析》，《农业科技与信息》2020 年第 17 期。
③ 纪灿离、刘广场：《浅谈如何建立健全土地承包经营权流转市场》，《河南农业》2011 年第 13 期。
④ 李中、刘卫柏：《农村土地流转中应关注的几个问题》，《经济纵横》2013 年第 3 期。
⑤ 郑鹏程：《新农村建设中农民土地流转的问题与对策研究》，《安徽农业科学》2012 年第 3 期。
⑥ 张莹琦：《浅谈农村土地流转中存在的问题及对策分析》，《农民致富之友》2013 年第 11 期。
⑦ 张红宇：《大力发展多种形式适度规模经营》，《农村实用技术》2016 年第 2 期。
⑧ 杨艺、朱翠明、张淇：《农村土地经营权流转中政府与市场的关系研究》，《西南民族大学学报》（人文社科版）2017 年第 10 期。
⑨ 郑娜娜：《基于制度经济学角度探析土地流转问题》，《中国市场》2020 年第 17 期。

流转过程的科学性①。

3. 健全农村社会保障体系

学者普遍认为，健全农村社会保障体系可以有效保障土地经营权流转中农民的权益。刘飞驰（2013）认为必须建立多层次的农村保障体系，发展和完善农村合作医疗制度等，逐步弱化土地的福利和社会保险功能，为土地经营权转出者解决后顾之忧②。李均（2014）认为建立稳定农村社会保障制度，剥离土地的社会保障功能，使农民的社会保障由依靠土地转变为依靠社会保障制度，这样才能弱化土地的社会稳定作用③。王常影（2015）认为只有建立农村土地社会保障替代体系，使农户在社会保险、福利制度等方面与城镇居民享受同等的待遇，才能剥离农村土地使用权的社会保障功能④。张晓娟、庞守林（2016）认为必须通过进一步完善农村社会保障制度，弱化农村土地的社会保障功能，建立起覆盖全部农村地区的能够满足公民最基本需要的社会保障体制⑤。宋宜农（2017）认为必须从我国实际出发，建立农村社会保障体系，完善农村社会养老保险制度，对失地农民发放生活补贴⑥。冯朝龙（2018）认为在完善农户基本社会保障制度的同时减少农户土地经营权流转的后顾之忧，通过增加就业服务保障，鼓励服务业就业的参与，让农民认识到脱离土地也可以从其他岗位中获得稳定的收入⑦。程启原、马静、宁常郁（2019）认为要想提高农民参与土地经营权流转的积极性，就要建立完善的农村社会保障体系，实现城乡一体化的社会保障制度⑧。李斌（2020）认为通过提升新型农村合作医疗保障水平，完善新

---

① 刘志华：《农村城镇化进程中土地流转问题分析》，《山西农经》2019 年第 8 期。

② 刘飞驰：《农村土地流转中存在的几个问题与对策分析》，《中国市场》2013 年第 41 期。

③ 李均：《当前农村土地流转存在问题及对策分析》，《农村经济与科技》2014 年第 12 期。

④ 王常影：《关于农村土地流转问题的分析与探索》，《农民致富之友》2015 年第 24 期。

⑤ 张晓娟、庞守林：《我国农村土地经营权流转障碍因素与政策启示》，《财经理论研究》2016 年第 5 期。

⑥ 宋宜农：《新型城镇化背景下我国农村土地流转问题研究》，《经济问题》2017 年第 2 期。

⑦ 冯朝龙：《浅析土地流转过程中的问题及相关对策》，《中国集体经济》2018 年第 6 期。

⑧ 程启原、马静、宁常郁：《广西农村土地承包经营权流转问题研究》，《经济与社会发展》2019 年第 5 期。

型农村养老保险制度，提高农村居民最低保障覆盖面等方式，可切实提高农民幸福感、获得感①。

4. 加大农村金融对土地经营权流转的支持

李东卫（2013）认为财政与金融必须联手合作，建立金融机构贷款风险补偿机制，对于土地经营权流转不良贷款，政府和金融机构应分别承担风险责任②。陈幼慧（2013）认为必须加快建立健全多层次的农村金融体系，积极推进村镇银行、小额信贷组织试点，推广邮政储蓄小额质押贷款试点，多渠道增加支农资金投入③。姚升（2015）认为需要系统地从政策法规和实施细则的角度，将各主体间的收益分配制度、风险分担制度、流转登记制度以及税费制度等纳入土地信托流转的法律体系④。韦金洪、张中秋（2016）认为根据农民意愿，对于广大农村中闲置、分散的小块土地，通过合理的方式将土地经营权流转给现代农业大户，从而不断推动土地规模化、现代化的农业生产⑤。张红宇（2017）认为应该强化政策支持，完善金融保险，加强财政政策与金融政策的衔接和联动，通过财政资金撬动金融资本、社会资本，形成对土地经营权流转的支持合力⑥。杜伟、黄敏（2018）认为金融部门应对参与土地经营权流转、发展规模经营的业主予以信贷支持，允许业主使用前期已进行大量投入的土地经营权、地上附着物等抵押或担保获得贷款⑦。程启原、马静、宁常郁（2019）认为应建立财政资金扶持机制，鼓励全区村屯开展土地预流转，支持农村产权流转交易平台建设，进一步规范农村土地经营权流转行为，促进农业规模经营⑧。冯翩

---

① 李斌：《乡村振兴战略下农村土地流转法律问题研究》，《安徽商贸职业技术学院学报》（社会科学版）2020 年第 3 期。

② 李东卫：《金融支持农村土地流转的制约因素及对策》，《浙江金融》2013 年第 2 期。

③ 陈幼慧：《加快农村土地流转，推进农业规模经营》，《南方农村》2013 年第 3 期。

④ 姚升：《美国、日本土地信托流转模式及启示》，《世界农业》2015 年第 11 期。

⑤ 韦金洪、张中秋：《经济新常态背景下农村土地流转的金融创新思路》，《山东纺织经济》2016 年第 6 期。

⑥ 张红宇：《发挥新型农业经营主体对改革的引领作用》，《经济日报》2017 年 2 月 10 日第 15 版。

⑦ 杜伟、黄敏：《关于乡村振兴战略背景下农村土地制度改革的思考》，《四川师范大学学报》（社会科学版）2018 年第 1 期。

⑧ 程启原、马静、宁常郁：《广西农村土地承包经营权流转问题研究》，《经济与社会发展》2019 年第 5 期。

翩（2020）认为针对传统农业金融服务种类无法满足当下农业发展的需要，今后要提升农村金融服务水平，解决好农业发展过程中农村金融服务体系的瓶颈①。

5. 有效发挥政府职能

陈幼慧（2013）认为政府应真正做到城乡居民在发展机遇面前地位平等，对自愿放弃农宅和农村土地经营权的农户，可根据市场原则进行折抵或互换，给予相应补偿，鼓励农民向城镇转移②。高秀财（2014）认为政府要发挥好协调、引导、管理、服务职能，做好土地经营权流转的监督工作，健全土地经营权流转纠纷仲裁机构，确保土地经营权流转纠纷及时解决③。焦国栋（2014）认为政府要积极发挥好自己的职能作用，通过积极引导、依法规范、高效管理和服务，实现土地经营权流转的健康发展④。宣玉（2015）认为要矫正政府越位行为，补足政府的缺位行为，保证土地经营权流转的顺利有序⑤。邢鸿飞和朱秀婷（2017）认为政府要发挥好规模经营在农业建设中的引领作用，应做好土地经营权流转的事前监管，做好事中监管，加强事后监管⑥。张红宇（2016）认为政府通过推动土地经营权流转可最大程度释放和彰显规模经营的优势及活力⑦。苏玉娥（2019）认为大规模土地经营权流转需要地方政府发挥政策引导的作用，地方政府应该将自身定位为服务者和监督者，履行管理和服务职能⑧。刘鑫妮、王英蓉、赵家兴（2020）认为加强政府的宏观调控和监督是土地经营权流转过程中不可缺少的环节，政府应该采取科学的规划，合理利用土地，保护耕地⑨。

---

① 冯翩翩：《我国家庭农场发展存在的问题及对策》，《安徽农学通报》2020 年第 17 期。

② 陈幼慧：《加快农村土地流转，推进农业规模经营》，《南方农村》2013 年第 3 期。

③ 高秀财：《规范土地流转问题的思考》，《农业开发与装备》2014 年第 8 期。

④ 焦国栋：《农村土地流转中如何发挥好政府作用》，《学习论坛》2014 年第 8 期。

⑤ 宣玉：《论农地流转中的政府角色定位》，《湖北警官学院学报》2015 年第 7 期。

⑥ 邢鸿飞、朱秀婷：《三权分置格局下农村土地流转政府监管刍议》，《行政与法》2017 年第 5 期。

⑦ 张红宇：《充分发挥规模经营在现代农业中的引领作用》，《农村经营管理》2016 年第 1 期。

⑧ 苏玉娥：《大规模农地流转中政府面临的风险及其防范研究》，《安徽警官职业学院学报》2019 年第 6 期。

⑨ 刘鑫妮、王英蓉、赵家兴：《我国农村土地流转中存在的问题及其对策浅析》，《南方农业》2020 年第 23 期。

6. 扶持带动力强的新型农业经营主体

发展农业适度规模经营，加快现代农业发展步伐，培育新型农业经营主体是促进土地经营权流转的重要途径。楼栋、孔祥智（2013）认为政府应该通过财政政策对新型农业经营主体提供贴息、低息等贷款优惠，降低贷款成本[①]。姜长云、席凯悦（2014）认为在推进土地经营权流转和适度规模经营的过程中，一定要发挥农业企业在资源整合、技术创新、市场运作方面的优势，支持农业企业进入相关领域开展适度规模经营[②]。汪发元（2015）认为必须严格审计农业扶持项目资金的使用情况，充分发挥农业保险的保障作用，全面设计促进新型农业经营主体成长的政策体系[③]。魏红艳（2018）认为在我国农村的土地经营权流转工作中，企业需要做好领头羊，不断将全新的技术带给广大农户，并从根本上做好资源整合的任务[④]。程启原、马静、宁常郁（2019）认为可以通过整合农业、农村、扶贫、国土等涉农项目资金，培育、扶持农村致富带头人，拓宽新型农业经营主体融资渠道[⑤]。李斌（2020）认为土地经营权流转是要把处于弱势地位的农民组织起来，由村干部、经验丰富的农户、种植大户、经济能人牵头成立农民合作社，并由合作社组建专业团队通过利用大数据等科技构建土地经营权流转信息平台从而获得更多的流转信息[⑥]。

## 二 土地经营权流转对农民工市民化影响的文献综述

目前，专门研究土地经营权流转对农民工市民化影响的文献几乎没有，只能从学者对农民工市民化和城市化的研究文献里找到一些相关研究，主要集中在制约农民工市民化的因素与推进农民工市民化的对策研究上。

---

① 楼栋、孔祥智：《新型农业经营主体的多维发展形式和现实观照》，《改革》2013 年第 2 期。

② 姜长云、席凯悦：《关于引导农村土地流转发展农业规模经营的思考》，《江淮论坛》2014 年第 4 期。

③ 汪发元：《新型农业经营主体成长面临的问题与化解对策》，《经济纵横》2015 年第 2 期。

④ 魏红艳：《农村土地流转的问题与对策分析》，《吉林农业》2018 年第 20 期。

⑤ 程启原、马静、宁常郁：《广西农村土地承包经营权流转问题研究》，《经济与社会发展》2019 年第 5 期。

⑥ 李斌：《乡村振兴战略下农村土地流转法律问题研究》，《安徽商贸职业技术学院学报》（社会科学版）2020 年第 3 期。

（一）土地经营权流转制度制约农民工市民化的研究

学者一致认为土地经营权流转可以促进农民工市民化，但现行土地制度却成为农民工市民化的一种障碍。钟德友、陈银容（2012）认为当前缺少土地经营权流转的合理的补偿机制，农民工务工的工资性收入普遍不高，很难放弃其土地经营权，不利于农民工的市民化①。郭晓鸣、张克俊（2013）认为是否让农民工带着土地财产权进城，在很大程度上决定着农民进城的态度和现实选择②。郭熙保（2014）认为农民工一旦获得城市户口，成为城市正式居民，就必须放弃农村户口，并且相应地退出农村集体，同时把承包地交回集体。农民工市民化的过程同时也是农民工脱离农村的过程和放弃农村集体一切权益的过程③。肖情（2016）认为我国目前的土地制度设计是进城农民退出农村、转变为市民的一大障碍④。徐美银（2016）认为对农村土地经营权流转形成了多重制约，不利于土地价值的充分实现，减少了农民的财产性收入，延缓了农民工市民化进程⑤。马晓河、胡拥军（2018）认为农村土地制度改革滞后是农业转移人口市民化的延缓器，农村土地"退出权"缺失使农业转移人口无法获得农村土地的财产性收益，降低了农业转移人口市民化的能力⑥。高阳（2019）认为我国农村土地制度影响了农村人口转移，很多拥有土地的农村人口不愿意放弃土地权益，不愿转换自己农业户口身份，也是农业人口转移的障碍之一⑦。张学浪、笪晨（2020）认为2014年中央实行"三权分置"土地改革制度后，农民流转的仅仅是土地经营权，土地承包权依然属于自己所有，这样农业转移人口即使不

① 钟德友、陈银容：《破解农民工市民化障碍的制度创新——以重庆为例证的分析》，《农村经济》2012年第1期。

② 郭晓鸣、张克俊：《让农民带着"土地财产权"进城》，《农业经济问题》2013年第7期。

③ 郭熙保：《市民化过程中土地退出问题与制度改革的新思路》，《经济理论与经济管理》2014年第10期。

④ 肖情：《城乡制度一体化：破解农民工市民化进程中的制度性障碍》，《中共浙江省委党校学报》2016年第2期。

⑤ 徐美银：《农民工市民化与农村土地流转的互动关系研究》，《社会科学》2016年第1期。

⑥ 马晓河、胡拥军：《一亿农业转移人口市民化的难题研究》，《农业经济问题》2018年第4期。

⑦ 高阳：《农业转移人口市民化的国际分析与借鉴》，《经济研究导刊》2019年第5期。

参与流转土地的经营，仍可以凭借其所拥有的承包权分享土地经营收益，为此相当部分的农业转移人口不愿意放弃土地承包权，这也间接降低了其市民化意愿①。

（二）土地经营权流转推进农民工市民化的研究

学者一致认为土地经营权流转可以推进农民工市民化。钟德友、陈银容（2012）认为应健全农民工土地经营权流转服务体系，健全农村土地经营权流转风险防范机制，建立农民工自愿退出农村土地的配套政策，让其有偿退出承包地，推进农民工市民化②。张桂文（2013）认为通过农村土地制度改革，让农民有可能通过土地经营权流转收益解决市民化过程中的定居费用，更好地融入城市③。郭晓鸣、张克俊（2013）认为应改革农村土地产权制度，赋予农民完整的土地财产权，让农民工带着土地财产权进城，提高农民工市民化的能力④。康涌泉（2014）认为通过深化农村土地制度改革，转换成市民的农业户口居民可以用农村承包地经营权的抵押来解决城市住房资金问题，还可以用退出的土地置换在城市生活所需的资金，以分担农业转移人口市民化的成本⑤。陆继峰、张英胜（2017）认为通过农村土地制度改革，明晰耕地和宅基地产权，盘活资本，允许农民依据协议将土地承包权有偿转让，推行土地股份制，实行土地置换制度，建立宅基地退还补偿制，有利于从制度上破解农民工市民化的障碍⑥。李勇辉、刘南南、李小琴（2019）利用2017年中国流动人口动态监测调查数据和296个城市的城市特征数据，通过 Biprobit 模型和 IV Probit 模型实证检验了农村土地经营权流转对农民工市民化意愿的影响，结果显示，农村土地经营权流转能显著提高农

---

① 张学浪、笪晨：《农业转移人口市民化社会风险源分析及防范策略》，《农村经济》2020 年第 1 期。

② 钟德友、陈银容：《破解农民工市民化障碍的制度创新——以重庆为例证的分析》，《农村经济》2012 年第 1 期。

③ 张桂文：《中国二元经济转型的特殊性及其对城市化影响》，《河北经贸大学学报》2013 年第 5 期。

④ 郭晓鸣、张克俊：《让农民带着"土地财产权"进城》，《农业经济问题》2013 年第 7 期。

⑤ 康涌泉：《农业转移人口市民化的成本及收益解析》，《河南师范大学学报》（哲学社会科学版）2014 年第 6 期。

⑥ 陆继峰、张英胜：《新型城镇化进程中的农民工市民化：制约因素及化解途径》，《陕西行政学院学报》2017 年第 1 期。

民工市民化意愿①。辛毅、宫伟文、赵雅斐（2020）认为在现阶段基本经济制度和农村社会经济政策中，推进土地经营权流转的相关政策、提高土地经营权流转的租金可以促进农民工市民化②。

# 第三节 简要评述

从国外学者的研究成果看，在国外一般是土地私有制，而非我国的土地集体所有制，因此国外很少使用"土地经营权流转"这个词汇，土地交易基本为市场化行为。同时，国外与我国的户籍制度也存在很大差异，没有城乡二元户籍制度，社会劳动力可以在城市和农村之间自由流动，所以国外也不存在农民工这样的群体。虽然如此，但国外关于土地交易的研究和关于农业剩余劳动力迁移问题的研究对我国农村土地经营权流转问题和农民工市民化的研究仍有一定的借鉴意义。而且，马克思、威廉·配第、亚当·斯密、李嘉图、杜能等国外学者在土地方面所做的深入研究、所形成的理论，如地租理论、地价理论、土地产权理论、土地市场理论对我国农村土地经营权流转制度改革发挥着极为重要的指导作用。我国是社会主义国家，土地所有权归国家或集体所有，而农村土地使用权与经营权归农民所有，这也就实现了土地所有权与使用权相分离，具备了地租产生的条件，也为我国农村土地经营权流转提供了机遇。当然，马克思的级差地租在我国农村土地经营权流转过程中也是存在的。我国的级差地租Ⅰ应归集体所有，级差地租Ⅱ应归拥有土地经营权的农民所有。由于级差地租Ⅱ的存在，土地使用者会加大投入，获得更多的超额利润，实现农业的现代化经营。可见，马克思的地租理论为我国在坚持土地集体所有权的基础上进行土地市场化改革奠定了理论基础，为农村土地经营权流转中地租的确定提供了理论依据，为平衡各方的利益指明了方向。

此外，国外关于土地交易影响因素的研究，尤其是产权理论和交易

---

① 李勇辉、刘南南、李小琴：《农地流转、住房选择与农民工市民化意愿》，《经济地理》2019 年第 11 期。

② 辛毅、宫伟文、赵雅斐：《"显性市民化"与"隐性市民化"对农民土地转出行为的影响》，《资源科学》2020 年第 5 期。

费用理论，对促进我国农村土地经营权流转具有一定的借鉴和参考价值。尽管国外关于农业剩余劳动力转移的模型和理论都很成熟，但不完全符合我国国情，具有很大的缺陷和局限性，并不能直接用来分析我国农民工市民化问题。

国内学者对农村土地经营权流转问题和农民工市民化问题进行了较为深刻的研究，研究理论有所突破，研究方法有所创新，提出了大量极富启迪性的观点、思路和主张，所达成的共识无疑为本书提供了坚实的学术研究基础和成功的研究范式参考。但将二者结合起来进行研究的成果还很少看到，尤其是从农民工市民化这一视角研究农村土地经营权流转问题的研究成果几乎没有。

从上述文献综述中可以看出，学者对我国农村土地经营权流转问题的研究，主要包括土地经营权流转概念的界定、土地经营权流转制度变迁、土地经营权流转方式、土地"三权分置"、土地经营权流转存在的问题及其成因分析，以及促进土地经营权流转的对策措施等方面。很少有学者研究土地经营权流转与农民工市民化的相互影响，更谈不到深入分析土地经营权流转对农民工市民化的促进作用。即便是对土地经营权流转制度的变迁分析，也没有涉及这种制度变迁的特征及其对农民工形成的影响。虽然学者对我国土地经营权流转进行了较为全面的研究，但也几乎没有涉及现行土地经营权流转对农民工市民化的影响。针对土地经营权流转这一问题，虽然学者从不同角度分析了其存在的原因，但还缺少对这一问题的系统全面的分析，特别是缺少从农民工市民化的角度对这一问题所进行的数理与计量分析。虽然学者对于土地"三权分置"进行了大量的研究，但是对微观个体的研究较少，如土地经营权流转的交易双方等，关于土地经营权流转意愿等主观因素及地域发展不平衡等客观因素对"三权分置"影响的实证研究也较少。在促进土地经营权流转的对策研究方面，尽管学者从国家立法、市场环境、社会保障、金融支持、政府职能部门等提出了诸多对策建议，但还缺少通过土地经营权流转促进农民工市民化方面的对策建议。

国内学者对农民工市民化的研究始于21世纪初，是因为2000—2003年农民工市民化作为城乡一体化战略视域的问题得到了关注。2003年10月，曾芬钰在《当代经济研究》上发表《城市化本质与农民工的终结》一文，拉开了关于农民工市民化研究的序幕。自2004年起，农民工市民化的研究成果日益增多，现已成为经济学、社会学领域的一大热点。对农民工市民化问题的研究也多局限于农民工市民化的内涵、现状、制约因素、困境与对策、成本分担机制等方面，专门研究土地经营权流转与农民工市民化相互关系的研究成果，笔者还未能检索到。从上述文献综述中我们可以看到，虽然在对农民工市民化和城镇化的研究中一些学者涉及现行土地经营权流转制度对农民工市民化的制约作用，以及土地经营权流转促进农民工市民化的问题，但由于不是对这一问题的专门研究，相关研究还不够深入和系统。比如，关于农民工市民化的制约因素的研究，学者只是从土地经营权流转制度的不完善角度进行了简单分析，并没有深入分析土地经营权流转存在哪些问题，是如何影响农民工市民化的。关于推进农民工市民化的对策研究，也没有深入分析如何通过土地经营权流转促进农民工市民化，更没有具体分析土地经营权流转的收益如何补偿农民工市民化的定居成本。

现有相关理论为本书研究提供了知识基础和参考借鉴，而现有理论的研究不足则构成了本书的研究视角和研究重点。本书主要借鉴土地产权理论、制度变迁理论、土地市场理论和劳动力转移理论，包括托达罗模型、"推—拉"理论和"成本—收益"理论，深入分析土地经营权流转对农民工市民化的影响，通过构建农民工非永久性迁移和永久性迁移的成本—收益模型，对土地经营权流转对农民工市民化的作用进行数理分析；在此基础上详细分析土地经营权流转存在的问题，深入分析制约土地经营权流转的宏观与微观因素，并对微观因素进行计量检验；进一步，立足于我国国情提出促进土地经营权流转、推进农民工市民化的对策建议。

# 第三章 土地经营权流转对农民工市民化影响的理论分析

任何一个国家在其工业化与城镇化的发展过程中，农业剩余劳动力都必然会向城市转移，从而在职业上实现由农业向非农产业的转变，在身份上实现由农民向市民的转换，最后在思想理念和生活方式上实现与城市的一体化。农业劳动力转移是土地经营权流转的前提条件，只有农业劳动力转移出去了，才有土地经营权流转的必要。那么，土地经营权流转又是如何促进农民工市民化的？农民工市民化的决策在微观上主要取决于农民工对收入和消费的支出，即市民化的成本和收益的比较，如果相较市民化之前农民工市民化带来的收入增加能够补偿和超过成本增加的水平，那么农民工就会倾向于做出永久性迁移的决策，否则将会倾向于非永久性迁移。本章将从理论上具体分析土地经营权流转对农民工市民化的影响机理。

## 第一节 影响农民工市民化成本收益的主要因素

尽管近年来农民工在各方面的条件和情况都有所改善，并且农民工群体还具备一定的市民化意愿和需求，但是在现实中，农民工市民化的进程依旧艰难而缓慢。迄今为止，进城务工的农民工依然徘徊在城市与农村边缘，处于"半市民化"的尴尬状态。农民工在市民化过程中遇到的困难，究其根源，是其面临着的一些非制度性因素和制度性因素共同影响的结果。

### 一 非制度性因素

在农民工市民化过程中，农民工是主体，农民工自身表现出来的文化素质、职业技能、社会心理等因素属于影响农民工市民化成本收益的非制度性因素，农民工可以通过自身调整控制这些因素对其市民化决策的影响。

（一）文化素质

文化素质是人生存和发展的重要条件，文化素质较高的人一般拥有较高的社会地位和经济水平。根据 2012—2019 年农民工监测调查报告的数据（见表 3-1），农民工多数以初中文化水平为主，初中文化程度的占比接近 60%，而大专及以上文化程度在 2016 年以前占比大多不到10%。现代化的城市发展对劳动者素质的要求日益提高，文化素质不高的农民工在城市劳动力市场竞争中只能处于劣势。在城市务工普遍从事脏、重、苦、险等行业的工作，待遇普遍低下，这又反过来从精力、经济、时间等诸多方面遏制了他们对文化的追求和培训的愿望，导致他们在城市的竞争力进一步降低。这样，他们在做出市民化决策时就会倾向于非永久性迁移。

表 3-1　　　　　2012—2019 年农民工文化程度占比情况　　　　单位:%

| 年份 | 2012 | 2013 | 2014 | 2015 | 2016 | 2017 | 2018 | 2019 |
|---|---|---|---|---|---|---|---|---|
| 未上过学 | 1.5 | 1.2 | 1.1 | 1.1 | 1.0 | 1.0 | 1.2 | 1.0 |
| 小学文化 | 14.3 | 15.4 | 14.8 | 14.0 | 13.2 | 13.0 | 15.5 | 15.3 |
| 初中文化 | 60.5 | 60.6 | 60.3 | 59.7 | 59.4 | 58.6 | 55.8 | 56.0 |
| 高中文化 | 13.3 | 16.1 | 16.5 | 16.9 | 17.0 | 17.1 | 16.6 | 16.6 |
| 大专及以上 | 10.4 | 6.7 | 7.3 | 8.3 | 9.4 | 10.3 | 10.9 | 11.1 |

注：数据经四舍五入，下同。

资料来源：2012—2019 年农民工监测调查报告。

（二）职业技能

职业教育是提升农民工文化素质和职业技能的重要途径，较高的文化素质与职业技能意味着较高的收益。对于大部分农民工特别是新生代农民工来说，都接受过九年义务教育，还有一部分接受过高等教育。受教育水平高，自身拥有的知识就多，掌握的技能就高，就业机会就更大，并且还具有较强的工作能力，能够更好地适应城市的生活与工作环境，因此也容易从农民工转为市民。农民工接受培训、掌握专业技术后，也能在城市中获得一份收入高且稳定的工作，更倾向于市民化。而在城市工作越久，他们就越适应城市的生活，因此也就不愿意离开城市，从而转化为市民。对于新生代农民工而言，职业技能培训无疑是改变自身价值和人生梦想的主渠道。从这个意义上讲，新生代农民工接受职业教育的愿望异常强烈，然而，从现实情况看新生代农民工对职业教育的有效需求不足。究其原因，一方面，相当多的实用技能培训收费较高，对于大多数进城新生代农民工而言，是一个难以逾越的经济门槛；另一方面，新生代农民工工作时间长、劳动强度大，难以找到合适的培训时间。

（三）社会心理

由于经济资本、文化资本、社会资本等方面的欠缺，身处异乡的农民工自身或多或少地存在自卑感，加之长期以来不合理的城乡二元治理，农民工在城市社会受到歧视性对待，从而形成对城市的文化排斥和生活在城市的自卑心理，导致没有足够的信心参与激烈的市场竞争，表现出消极心理和排他心理，阻碍了农民工对城市社会的认同与归属。加之农民工自身的旧观念、浓厚的小农意识，与城市社会规范、思想观念脱节，导致他们对城市缺少热爱和责任感，权利义务观念淡薄，这种边缘化的处境也使他们在对自己身份的认知上呈现出模糊性、不确定性和内心的矛盾性。特别是新生代农民工文化素质相对不高，在当今享乐主义、拜金主义、极端个人主义的影响下，很容易出现价值迷茫和盲从，现实中"城市边缘人"的尴尬身份以及社会对农民工的种种不公平待遇易激起他们对现实的不满和抗争，甚至走上违法犯罪的道路。

**二　制度性因素**

影响农民工市民化成本的制度因素主要是指国家制定的相关政策，这是农民工在市民化过程中必须要考虑的问题，如城乡分割的户籍制度以及由此形成的在医疗、社会保障、教育等方面的制度差别，造成农民工在城市不能享受到与城市市民平等的福利与权利，还需要依赖农村作为最后的生活保障，因此也不能割断与农村的土地关系。农村土地制度直接影响农民工市民化的成本收益，这是又一个不可控的影响因素。当前，中国农村实行土地承包、宅基地制度，土地退出机制尚不完善，从而使当前的农民工不能完全脱离农村土地，实现永久性迁移而成为市民。

（一）城乡二元户籍制度累积的问题

农民工的户籍问题一直是其在市民化进程中所需要解决的首要和核心问题。中国的就业、住房、社会保障和教育等具体制度通常都是与户籍制度相挂钩的，所以，它不仅是造成农民工就业难、住房难、就医难、子女上学难和缺乏社会保障制度的因素和主要障碍，更是导致农民工在城镇生活中弱势化和边缘化，以及其在市民化过程中所存在的一系列问题的重要原因。

1958 年开始的城乡分割的二元户籍制度，第一次以法律的形式将社会公民划分为城镇居民与农村居民，并严格限制农村居民向城镇流动。我国城乡二元户籍制度是特定历史条件的产物，它可以减轻城镇的就业压力和社会保障的支出，对我国能在较短的时间内建立完整的工业体系和国民经济体系起到了重要作用。但是，这一制度安排却限制了农业剩余劳动力的乡城迁移。

改革开放以来，我国城乡分割的二元户籍制度改革取得了很大进展（见表 3-2）。2014 年国务院公布的《国务院关于进一步推进户籍制度改革的意见》，将户籍制度改革推入了新一轮发展阶段，意见中规定：取消农业户口与非农业户口性质区分，建立完善积分落户制度。这标志着我国实行了半个多世纪的"农业"和"非农业"二元户籍管理模式将退出历史舞台，体现了户籍制度最基本的人口登记管理功能。随后，国家相继调整了相关落户政策，尤其是放宽了对重点群体的落户限制。2015 年公安部《关于全面深化公安改革若干重大问题的框架意见》提出，取消暂住证制度，全面实施居住证制度，建立健全与居住年限等条件相挂钩的基本公共服务提供机制。2019 年中共中央、国务院发布《关于建立健全城乡融合发展体制机制和政策体系的意见》，进一步放宽城镇落户限制，加快消除户籍壁垒，为有力、有序、有效进行新一轮户籍制度改革做出了明确指示。目前的户籍制度虽然不再限制农村劳动力向城镇流动，但这些改革户籍制度的措施仍然限制了在城市中就业且定居多年的农民工，很大程度上阻碍了农民工市民化。普遍而言，小城市对户籍准入条件设定的门槛较低，相反，作为农民工主要聚集地的大中城市，由于城市管理的压力，对于落户条件门槛设定的较高。现实中农民工受教育水平低、流动性强、收入水平不高，且主要从事服务业和建筑业等劳动密集型行业，很难达到大中城市落户的准入门槛。此外，许多城市的农民工落户政策主要是针对本地农民工而设，对于外来务工人员却设置了很多障碍，企图以此来推动本地经济社会的良性发展，这些都在很大程度上阻碍了农民工永久性迁移。

表 3-2 改革开放以来我国户籍改革的基本情况

| 年份 | 发布机关 | 文件 | 核心内容 |
|---|---|---|---|
| 1984 | 国务院 | 《关于农民进入集镇落户问题的通知》 | 有经营能力和技术专长的农民进入集镇经营工商业，公安部门应该准予其落常住户口，统计为非农业人口，城乡二元结构初次放开。允许长期在城市务工、经商、办企业的农民，在有住所的前提下，自理口粮进城入户 |
| 1985 | 公安部 | 《关于城镇暂住人口管理的暂行规定》 | 中国公民可以合法在非户籍地长期居住 |
| 1985 | 全国人大常委会 | 《中华人民共和国居民身份证条例》 | 公民在办理涉及政治、经济、社会生活等权益的事务时，可以通过居民身份证证明身份，相关单位不得扣留或要求作为抵押 |
| 1992 | 公安部 | 《关于实行当地有效城镇居民户口制度的通知》 | 实行"蓝印户口"，允许外商亲属、投资办厂人员、被征地的农民以"蓝印户口"形式在城镇入户，享受与城镇常住户口同等待遇；农民要转变户口，需要缴纳一定数额的城镇建设费、开发费和维护费等费用 |
| 1997 | 国务院 | 《国务院批转公安部小城镇户籍管理制度改革试点方案和关于完善农村户籍管理制度意见的通知》 | 符合一定条件的农村人口，可以在小城镇办理城镇常住户口 |
| 1998 | 国务院 | 《国务院批转公安部关于解决当前户口管理工作中几个突出问题意见的通知》 | 新生婴儿随父落户、夫妻分居、老人投靠子女以及在城市投资、兴办实业、购买商品房的公民及随其共同居住的直系亲属，凡在城市有合法固定的住房、合法稳定的职业或者生活来源，可准予落户。落户首次与产业结合起来 |
| 2000 | 中共中央、国务院 | 《关于促进小城镇健康发展的若干意见》 | 凡在县级市区、县级人民政府驻地及县以下小城镇有合法固定住所、固定职业或生活来源的农民，均可根据本人意愿转为城镇户口，并在子女入学、参军、就业等方面享受与城镇居民同等待遇，不得实行歧视等 |

续表

| 年份 | 发布机关 | 文件 | 核心内容 |
|---|---|---|---|
| 2001 | 国务院 | 《关于推进小城镇户籍管理制度改革的意见》 | 对办理小城镇常住户口的人员，不再实行计划指标管理。全国所有的镇和县级市市区，将取消"农转非"指标；把蓝印户口、地方城镇居民户口、自理口粮户口等，统一登记为城镇常住户口，与"原住户"一致；凡在当地有合法固定的住所、稳定的职业或生活来源的人，本人及共同居住的直系亲属，均可自愿办理城镇常住户口，并自愿保留其承包的土地经营权 |
| 2010 | 国务院 | 《国务院批转发展改革委关于2010年深化经济体制改革重点工作意见的通知》 | 深化户籍制度改革，加快落实放宽中小城市、小城镇特别是县城和中心城镇落户条件的政策。进一步完善暂住人口登记制度，逐步在全国范围内实行居住证制度 |
| 2011 | 国务院办公厅 | 《国务院办公厅关于积极稳妥推进户籍管理制度改革的通知》 | 引导非农产业和农村人口有序向中小城市和建制镇转移，推进城乡公共资源均衡配置，逐步实现城乡基本公共服务均等化 |
| 2012 | 中共中央 | 《坚定不移沿着中国特色社会主义道路前进　为全面建成小康社会而奋斗》 | 加快改革户籍制度，有序推进农业转移人口市民化，努力实现城镇基本公共服务常住人口全覆盖 |
| 2013 | 中共中央 | 《中共中央关于全面深化改革若干重大问题的决定》 | 全面放开建制镇和小城市落户限制，有序放开中等城市落户限制，合理确定大城市落户条件，严格控制特大城市人口规模 |
| 2014 | 国务院 | 《国务院关于进一步推进户籍制度改革的意见》 | 取消农业户口与非农业户口性质区分，建立完善积分落户制度 |
| 2015 | 公安部 | 《关于全面深化公安改革若干重大问题的框架意见》 | 取消暂住证制度，全面实施居住证制度，建立健全与居住年限等条件相挂钩的基本公共服务提供机制 |
| 2019 | 中共中央、国务院 | 《关于建立健全城乡融合发展体制机制和政策体系的意见》 | 放宽个别超大城市外的城市落户限制，加快实现城镇基本公共服务常住人口全覆盖 |

资料来源：张光辉：《二元经济转型视角下农民工市民化研究》，博士学位论文，辽宁大学，2019 年，第 92—93 页。

（二）社会保障制度不完善

近年来，国家不断扩大农民工的社会保障覆盖面，但就农民工群体整体而言，其社保覆盖率仍然相对较低。城乡居民在社会保障制度方面还存在着不同的制度安排，农村居民的保障范围和保障水平都远低于城镇居民，对农民工市民化产生了极为不利的影响。

其一，城乡社会保障差距长期存在，导致农民工市民化的成本不断累积，并在短期内难以消化。其二，城乡社会保障差距的存在，使农民工就业所在地的政府和企业不愿为农民工提供与城镇居民相同的社会保障，导致农民工享受的社会保障项目少，参保率低。2016 年农民工参加工伤、医疗、养老、失业保险比率分别为：26.7%、17.1%、21.1%、16.5%①。目前，农民工群体尚未纳入城市社会救助体系，而且他们远离农村又很难享受到农村的社会救助。其三，农民工社会保障转移存在接转困难的问题。不同地区的社会保障水平有着明显的差别，农民工跨地区流动时，在原工作地的保险关系无法顺利接入；农民工返乡就业时，其在城镇的保险关系也无法顺利地与新农保对接和转移。这种情况导致农民工对现行社会保险制度信心不足，也严重影响了农民工参加社会保险的积极性。农村社保制度无论从保障项目到保障水平都相对落后，农民工在面对衰老、疾病和失业等问题时无法在城市获得保障，从而出现农民工回流返乡，转而依靠土地保障这一最后防线。这些都使农民工不敢彻底放弃农村耕地，也就出现了始终享受农村耕地保障的农民工不能真正把自己当作城镇居民，因而进一步阻滞了农民工永久性迁移。

（三）住房制度存在问题

住房尤其是自有住房是农民工在城镇安心定居的重要前提之一。中国人自古就有安居乐业之说，安居才能安心，安心才能生根，生根才能真正立业。所以，在城市里自有住房问题能否得到有效的解决，是关系到农民工能否真正融入城市，能否成为真正市民的至关重要问题，是推进农民工永久性迁移的重要问题。农民工所从事的工作多为临时性、季节性、低薪的工作，尽管近年来，农民工的某些行业工资有所上调，但由于其临时性的工作特点，平均月工资收入同城镇劳动力相比仍然会较低。当前作为农民工主要聚集地的大中城市的房价对于许多城镇劳动者都难以承受，对于

---

① 《2016 年度人力资源和社会保障事业发展统计公报》。

农民工而言在城镇购房更是一种奢望。事实上，制约农民工永久性迁移的一个重要因素就是过高的房价和住房成本。在影响农民工市民化的成本因素中，住房制度的影响最大。首先，较差的住房状况严重妨碍农民工人力资本的提升。除了极其个别有魄力而且进城务工时间长、有经济能力自己购买城市商品房的农民工，大部分农民工住房条件普遍比较差。大部分农民工的居住方式是集体居住，还有相当多数的农民工居住在工棚、彩钢房等功能不全的简易房。简易房的特点是功能不全、地理位置偏僻、居住条件简陋、保温状况差，仅能满足睡觉需要。这种居住条件下的农民工根本谈不上个人人力资本的提升和自身素质的提高。其次，居住在条件恶劣的临时工棚、简易工房的农民工会在内心产生自卑感，始终认为自己是城市里的过客，从而在其内心深处就打消了农民工市民化的想法。

（四）农村土地制度改革相对滞后

改革开放以来，农村土地制度进行了一系列的变革，促进了农业劳动力非农化乡城转移（见表3-3）。但是，土地制度改革相对滞后，使农民工群体的土地权益实现受到现有土地制度的制约，土地红利未能给农民工群体带来相应的财产性收益。

其一，现有的土地征用制度人为提高了农民工市民化的居住成本。现有的征地制度下，征地范围广，补偿标准低，各地区又有巨大的差异，土地补偿款难以弥补失地农民进城就业和定居的成本；农村土地的低价征收高价出售，又反过来人为提高了城镇的房价，增加了农民工市民化的生活成本。2019年8月26日，第十三届全国人大常委会第十二次会议审议通过了关于修改《土地管理法》的决定，新修订的《土地管理法》于2020年1月开始实行。新《土地管理法》对土地征用制度做出新的规定，破除了地方政府对城镇建设用地的垄断性供给，规范了土地征收程序，提高了土地征收的补偿标准，有利于保护农民的土地权益，直接增加农民的土地财产收益。但是，由于新修订的《土地管理法》实施的时间短，原有的土地征收制度遗留下来的历史问题在短期内难化解。由于农村集体经营性建设用地分布极不平衡，没有相应的配套性制度安排，农村集体经营性建设用地入市还可能会带来新的区域发展不平衡。新《土地管理法》的实施，还需要解决新旧制度安排的过渡与衔接问题，新制度安排顺利实行并发挥成效也需要一段时间缓冲，所以未来几年原有的征地制度对农民工市民化的影响还会存在。

表 3-3    改革开放以来我国农村土地流转制度改革的基本情况

| 年份 | 发布机关 | 土地制度名称 | 核心内容 |
|---|---|---|---|
| 2002 | 全国人大常委会 | 《中华人民共和国农村土地承包法》 | 承包方全家迁入小城镇的，可以保留土地承包经营权，全家迁入设区的市，转为非农业户口的，应当将承包的耕地和草地交回发包方，即明确了进城落户者的土地承包经营权强制无偿退出 |
| 2012 | 中共中央 | 《坚定不移沿着中国特色社会主义道路前进　为全面建成小康社会而奋斗》 | 首次将土地承包经营权、宅基使用权、集体收益分配权"三权"并列 |
| 2013 | 中共中央 | 《中共中央关于全面深化改革若干重大问题的决定》 | 提出集体资产股份有偿退出 |
| 2014 | 中共中央、国务院 | 《国家新型城镇化规划（2014—2020年）》 | 允许进城落户农民自愿退出集体土地"三权" |
| 2015 | 中共中央办公厅、国务院办公厅 | 《深化农村改革综合性实施方案》 | 明确宅基地使用权和土地承包经营权"两权"自愿有偿退出 |
| 2016 | 国务院 | 《关于深入推进新型城镇化建设的若干意见》 | 探索农户对土地承包权、宅基地使用权、集体收益分配权的自愿有偿退出机制，支持引导其依法自愿有偿转让土地承包权、宅基地使用权、集体收益分配权 |
| 2017 | 中共中央、国务院 | 《关于深入推进农业供给侧结构性改革加快培育农业农村发展新动能的若干意见》 | 通过经营权流转、股份合作、代耕代种、土地托管等多种方式，加快发展土地流转型、服务带动型等多种形式规模经营；积极引导农民在自愿基础上，通过村组内互换并地等方式，实现按户连片耕种 |
| 2018 | 全国人大常委会 | 《中华人民共和国农村土地承包法》 | 不得以退出土地承包经营权作为农户进城落户的条件 |
| 2019 | 全国人大常委会 | 《中华人民共和国土地管理法》 | 国家允许进城落户的农村村民依法自愿有偿退出宅基地，鼓励农村集体经济组织及其成员盘活利用闲置的宅基地 |
| 2020 | 全国人大 | 《中华人民共和国民法典》 | 将土地"三权分置"明确写进了法律 |

资料来源：笔者根据相关资料整理。

其二，农村土地承包地和宅基地的退出与转让制度还不完善，农民工难以获得土地财产收益。2018年12月29日第十三届全国人大常委会第七次会议第三次审议通过了《中华人民共和国农村土地承包法修正案（草案）》，新的《农村土地承包法》于2019年1月1日开始实行。新的《农村土地承包法》维护进城落户农民的土地承包经营权，明确规定了承包期内，不得以退出土地承包经营权作为农户进城落户的条件。自此，原承包法规定的农民在城镇定居、获得城镇户口必须返还承包地的法律条文不再适用。这无疑会降低农民工市民化的机会成本，有利于推进农民工市民化的进程。但新的《农村土地承包法》实行时间短，进城落户的农民工群体，如何有偿退出承包地或流转土地经营权，还存在着诸多问题要解决。比如，新的《农村土地承包法》规定农民只能将土地承包经营权转让给本集体经济组织，但在农民工大规模进入城镇非农产业的条件下，接收土地承包经营权的集体经济组织成员，通常不会为土地承包经营权支付与完全市场化交易相同的流转价格，如果土地承包经营权退出所获得收益低于农民工的心理预期，他们通常不会放弃土地承包经营权；在土地"三权分置"的条件下，土地承包权人如何规避因土地经营权受让方再度转让经营权或者把经营权用于抵押贷款所引发的市场风险，如何完善土地经营权流转市场，为经营权流转双方创造良好的市场条件等，都是要具体解决的难题。这些问题若不能很好地解决，新的《农村土地承包法》就难以真正发挥作用。新的《土地管理法》虽然允许已经进城落户的农民自愿有偿退出宅基地，鼓励农村集体经济组织及其成员盘活利用闲置宅基地和闲置住宅，但宅基地使用权不得抵押和其转让仅限于集体经济组织内部的规定，不仅使农民工难获得其房产资本化收益，不能为农民工市民化提供财力支持，还导致了农村土地资源的严重浪费。

综上所述，农民工市民化过程中存在着很多阻碍因素，影响着农民工市民化的收益，农民工在做出市民化的决策时制度因素是不可控的，直接影响着农民工市民化的成本，并且农民工市民化的成本对制度因素有动态依存的关系，比如从前的户籍制度和土地制度是农民工实现永久性迁移的障碍，而随着国家战略发展的需要，制度不断调整，从前制度因素中的一些规定反而降低了农民工市民化的成本。非制度因素虽然属于可控因素，但是现实情况是农民工的收入比较低又不稳定，也直接影响了农民工的收益。农民工在面临市民化决策时一定会对土地制度和户籍制度的安排做出理性的选择。

# 第二节　非永久性乡城迁移及其社会经济效应

## 一　中国农业劳动力的非永久性迁移

世界经济发展的历史已经证明，任何一个国家在其工业化与城镇化发展的过程中，必然会出现农业剩余劳动力向城镇非农产业转移，这是经济发展必然经历的一个过程，任何一个国家都不可能超越这一过程实现现代化。也只有经历了这一过程，才能最终消除城乡二元结构，才能真正实现国家的现代化。完整的农业劳动力转移包含两个基本含义[①]：一是产业转移，即农业劳动力由农业向非农产业转移；二是地域间转移，即农业劳动力由农村向城市转移。第一种含义下的农业劳动力转移的结果是农业就业份额的下降和产业结构的非农化；第二种含义下的农业劳动力转移的结果，则是农村人口份额的下降和农村人口的城市化。其过程也包括两个阶段：一个是农业剩余劳动力从农村转移出来，在城市非农产业就业，实现职业的转变；另一个过程是转变了职业的农村人口在城市定居下来，转化为市民并逐渐融入城市社会，实现社会身份的转变。因此，农业剩余劳动力由农业部门向非农产业部门转移，必然会伴随着农村人口向城市的转移。对于世界上大多数工业化国家而言，这一过程是同步的，即农业劳动力的非农化和农村人口的城市化是同步完成的。

然而，我国二元经济转型的路径不同于世界上其他国家，农业剩余劳动力转移呈现出就地转移与非永久性乡城迁移相结合的特征。受工业化发展道路和二元经济转轨体制的制约，我国的二元经济转型滞后于现代工业化进程。而且，随着工业化进程的推进，农业劳动力的非农化和人口城市化发生了脱节。我国农业劳动力转移不是一次完成的，虽然他们随着工业化的推进由农业部门转移到非农产业部门就业，但在完成产业转移的同时没有完成真正的地域间转移。

我国农业劳动力转移以20世纪90年代中期为界限，前后呈现出不同的特征，在这一时期之前主要是就地转移，此后一直到现在主要是非

---

永久性乡城迁移。改革开放之初，家庭联产承包责任制的实行，极大调动了农民的生产积极性，大幅度地提高了农业劳动生产率。农业劳动生产率的提高，一方面，增加了农民收入，进而为乡镇企业发展提供了资金支持；另一方面，又使农村出现了大量的剩余劳动力，从而为乡镇企业的发展提供了廉价的劳动力供给。当时，城镇经济体制改革相对滞后，这使农村的乡镇企业得以快速发展，也促使我国农业劳动力"离土不离乡"就地转移。1979—1997 年，我国共有 13106 万农业剩余劳动力向非农产业转移，其中 20.8%转移到城市就业，达 2729 万人，而这一时期剩余的 79.2%转入农村非农产业就业，达 10377 万人。尽管自 1996 年开始，农村工业的主体——乡镇企业发展缓慢，吸收农业剩余劳动力的能力有所减弱，但依然能维持在一亿人左右的规模。20 世纪 90 年代以来，随着城乡隔离体制的松动，农民外出打工数量逐渐增多，特别是从 1998 年开始，农村劳动力外出打工的数量急剧增加，1998—2007 年外出农民工的总量增加了 9000 万人，平均每年新增 900 万人，2007 年达 1.38 亿人[1]。根据国家统计局农民工检测调查报告，2008—2019 年外出农民工的总量由 22542 万人增加到 29077 万人，平均每年新增约 545 万人。2019 年本地农民工 11652 万人，外出农民工 17425 万人。表 3-4 反映了改革开放以来我国农业劳动力转移到农村非农产业的基本情况。

表 3-4　　　　　我国农业劳动力转移到农村非农产业情况　　　　单位：万人

| 年份 | 乡村劳动力 | | 农村非农就业劳动力 | | 农业就业劳动力 | | 累计转移劳动力 |
|---|---|---|---|---|---|---|---|
| | 总人数 | 逐期增量 | 年末人数 | 逐期增量 | 年末人数 | 逐期增量 | |
| 1978 | 30638 | — | 2320 | — | 28318 | — | — |
| 1979 | 31025 | 387 | 2391 | 71 | 28634 | 316 | — |
| 1980 | 31836 | 811 | 2714 | 323 | 29122 | 488 | 394 |
| 1981 | 32672 | 836 | 2895 | 181 | 29777 | 655 | 575 |
| 1982 | 33867 | 1195 | 3008 | 113 | 30859 | 1082 | 688 |
| 1983 | 34690 | 823 | 3539 | 531 | 31151 | 292 | 1219 |
| 1984 | 35968 | 1278 | 5100 | 1561 | 30868 | -283 | 2780 |
| 1985 | 37065 | 1097 | 5935 | 835 | 31130 | 262 | 3615 |

---

① 张桂文：《中国二元经济转型的特殊性及其对城市化影响》，《河北经贸大学学报》2013年第 5 期。

续表

| 年份 | 乡村劳动力 | | 农村非农就业劳动力 | | 农业就业劳动力 | | 累计转移劳动力 |
|------|------|------|------|------|------|------|------|
| | 总人数 | 逐期增量 | 年末人数 | 逐期增量 | 年末人数 | 逐期增量 | |
| 1986 | 37990 | 925 | 6736 | 801 | 31254 | 124 | 4416 |
| 1988 | 40067 | 1067 | 7818 | 481 | 32249 | 586 | 5498 |
| 1989 | 40939 | 872 | 7714 | −104 | 33225 | 976 | 5394 |
| 1990 | 47708 | 6769 | 8794 | 1080 | 38914 | 5689 | 6474 |
| 1991 | 48026 | 318 | 8928 | 134 | 39098.1 | 184 | 6608 |
| 1992 | 48291 | 265 | 9593 | 665 | 38698.9 | −400 | 7273 |
| 1993 | 48546 | 255 | 10867 | 1274 | 37679.7 | −1019 | 8547 |
| 1994 | 48802 | 256 | 12174 | 1307 | 36628.1 | −1051 | 9854 |
| 1995 | 49025 | 223 | 13496 | 1322 | 35529.9 | −1099 | 11176 |
| 1996 | 49028 | 3 | 14209 | 713 | 34819.8 | −710 | 11889 |
| 1997 | 49039 | 11 | 14199 | −10 | 34840.2 | 21 | 11879 |
| 1998 | 49021 | −18 | 13844 | −355 | 35177.2 | 337 | 11524 |
| 1999 | 48982 | −39 | 13214 | −630 | 35768.4 | 591 | 10894 |
| 2000 | 48934 | −48 | 12892 | −322 | 36042.5 | 274 | 10572 |
| 2001 | 48674 | −260 | 12276 | −616 | 36398.5 | 356 | 9956 |
| 2002 | 48121 | −553 | 11481 | −795 | 36640 | 242 | 9161 |
| 2003 | 47506 | −615 | 11302 | −179 | 36204.4 | −436 | 8982 |
| 2004 | 46971 | −535 | 12142 | 840 | 34829.8 | −1375 | 9822 |
| 2005 | 46258 | −713 | 12817 | 675 | 33441.9 | −1388 | 10497 |
| 2006 | 45348 | −910 | 13408 | 591 | 31940.6 | −1501 | 11088 |
| 2007 | 44368 | −980 | 13637 | 229 | 30731 | −1209 | 11317 |
| 2008 | 43461 | −907 | 13538 | −99 | 29923.3 | −808 | 11218 |
| 2009 | 42506 | −955 | 13616 | 78 | 28890.5 | −1033 | 11296 |
| 2010 | 41418 | −1088 | 13488 | −128 | 27930.5 | −960 | 11168 |
| 2011 | 40506 | −912 | 13912 | 424 | 26594.2 | −1336 | 11592 |
| 2012 | 39602 | −904 | 13829 | −83 | 25773 | −821 | 11509 |
| 2013 | 38737 | −865 | 14566 | 737 | 24171 | −1602 | 12246 |
| 2014 | 37943 | −794 | 15153 | 587 | 22790 | −1381 | 12833 |
| 2015 | 37041 | −902 | 15122 | −31 | 21919 | −871 | 12802 |
| 2016 | 36175 | −866 | 14679 | −443 | 21496 | −423 | 12359 |

| 年份 | 乡村劳动力 | | 农村非农就业劳动力 | | 农业就业劳动力 | | 累计转移劳动力 |
|------|------|------|------|------|------|------|------|
| | 总人数 | 逐期增量 | 年末人数 | 逐期增量 | 年末人数 | 逐期增量 | |
| 2017 | 35178 | −997 | 14234 | −445 | 20944 | −552 | 11914 |
| 2018 | 34167 | −1011 | 13909 | −325 | 20258 | −686 | 11589 |

注：1987 年数据缺失。

资料来源：根据 2019 年《中国统计年鉴》计算整理得出。

　　绝大多数农民工只是实现了产业转移，并没有城市户口，也没有在城市定居，更没有融入城市。对于这种已在城市非农产业就业并以工资为主要收入来源，但户籍仍在农村的特殊群体，人们称之为农民工①。农民工的形成表明我国农业劳动力转移呈现出非永久性迁移的特点：这一特殊群体，闲暇时进城打工，农忙时回乡务农；年轻时进城就业，年老时返乡养老；春节前后每年一度的民工潮是这一群体候鸟式流动的真实写照。农民工群体的形成是农村劳动力非农化和人口城市化不同步的结果。

　　根据国家统计局的农民工监测报告，农民工总量不断增加，外出打工的农民数量远远超过了本地农民工数量（见表 3-5 和图 3-1）。

表 3-5　　　　　　　　　　2008—2019 年农民工数量　　　　　　单位：万人

| 年份 | 2008 | 2009 | 2010 | 2011 | 2012 | 2013 |
|------|------|------|------|------|------|------|
| 农民工总量 | 22542 | 22978 | 24223 | 25278 | 26261 | 26894 |
| 外出农民工 | 14041 | 14533 | 15335 | 15863 | 16336 | 16610 |
| 本地农民工 | 8501 | 8445 | 8888 | 9415 | 9925 | 10284 |
| 年份 | 2014 | 2015 | 2016 | 2017 | 2018 | 2019 |
| 农民工总量 | 27395 | 27747 | 28171 | 18652 | 28836 | 29077 |
| 外出农民工 | 16821 | 16884 | 16934 | 17185 | 17266 | 17425 |
| 本地农民工 | 10574 | 10863 | 11237 | 11467 | 11570 | 11652 |

资料来源：根据国家统计局网站整理得出。

---

　　① "农民工"一词最早出现在 1984 年的中国社会科学院《社会学通讯》中，当时主要指在乡镇企业就业的"离土不离乡，进厂不进城"的就地转移农民，这一称谓因其比较准确、简洁、符合中国国情，逐渐被学术界广泛使用。虽然，我国学术界对"农民工"并没有形成统一的概念界定，但目前大致有广义与狭义两种。狭义的农民工，主要指进城务工的人员；广义的农民工，既包括狭义的农民工的范畴，也包括其户籍在农村，但在非农产业就业的人员。本书的研究对象是指"离土又离乡"的进城就业农民工。

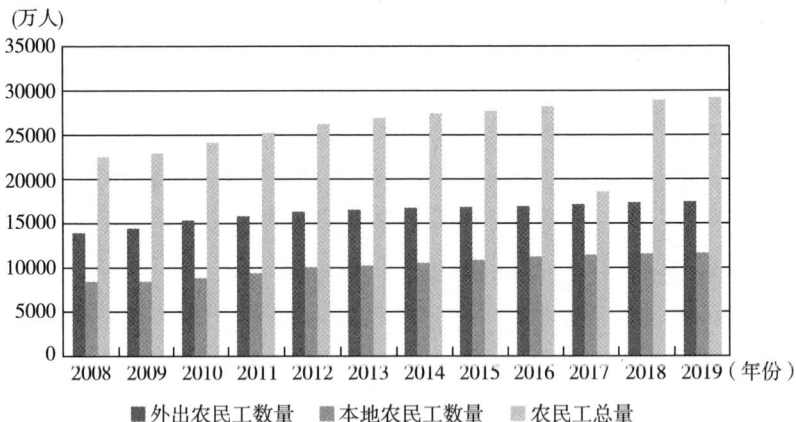

图 3-1  2008—2019 年农民工总量、外出与本地农民工数量

## 二 农民工群体的历史性贡献

改革开放 40 多年来，中国取得了举世瞩目的成就，农民工群体作为联结城乡的纽带，带动了城乡之间劳动力资源和生产力布局的优化配置，不仅增加了自身收入、推动了农业和农村经济的发展，而且为我国深化改革、加快工业化和城市化进程做出了历史性贡献。

劳动力从农业部门向非农部门流动和转移，既是世界范围的共同趋势，又是工业化和城镇化共振下的经济现象，还是对劳动生产率不懈追求的人类发展规律作用下的客观产物。中国的发展也遵循着相同的规律，而且我国的基本国情和制度特征，使自 20 世纪 80 年代之后的民工潮深深烙下了独特的中国印记。其中一个印记就是农民工是推动我国快速工业化发展不可或缺的重要力量。2019 年我国农民工数量达到 29077 万人，从事第二产业的农民工比重为 48.6%，其中从事制造业的农民工比重为 27.4%，从事建筑业的农民工比重为 18.7%（见表 3-6）。历年来农民工的平均年龄在 40 岁，2019 年农民工平均年龄 40.8 岁；从年龄结构看，40 岁以下农民工占 50.6%，50 岁以上的农民工占 24.6%。在全部农民工中，初中文化程度的占 56%，高中文化程度的占 16.6%，大专及以上文化程度的占 11.1%。农民工中约 1/3 接受过农业或非农职业技能培训，他们对非农产业接受度高，学习和应用新技能速度快，加上吃苦耐劳、勤俭诚信的传统美德，为我国 40 多年来工业化的快速推进发展做出了不可磨灭的贡献。

表 3-6 农民工从业行业分布 单位:%,百分点

| | 2018 年 | 2019 年 | 增减 |
|---|---|---|---|
| 第一产业 | 0.4 | 0.4 | 0.0 |
| 第二产业 | 49.1 | 48.6 | -0.5 |
| 其中:制造业 | 27.9 | 27.4 | -0.5 |
| 建筑业 | 18.6 | 18.7 | 0.1 |
| 第三产业 | 50.5 | 51.0 | 0.5 |
| 其中:批发和零售业 | 12.1 | 12.0 | -0.1 |
| 交通运输仓储邮政业 | 6.6 | 6.9 | 0.3 |
| 住宿餐饮业 | 6.7 | 6.9 | 0.2 |
| 居民服务修理和其他服务业 | 12.2 | 12.3 | 0.1 |
| 其他 | 12.9 | 12.9 | 0.0 |

资料来源:国家统计局 2019 年农民工监测调查报告。

（一）农民工对工业化和城市化的贡献

农民工为中国经济的持续高速增长,为中国工业化和城市化的快速发展,提供了城市需要的大量廉价劳动力,为城市经济的持续发展创造了条件。尽管这种低成本高增长的背后是不平衡发展和粗放式发展,但在改革开放的环境中,这种不平衡的发展在较长的一段时期内并没有形成羁绊,相反产生了极致的效率,不仅为出口导向的劳动密集型产业提了充裕的廉价劳动力供给,还使中国内需不足的结构性矛盾在这种发展环境中得到了缓解。农民工广泛分布于城市中一些"脏、重、累、险"而待遇不高的行业,比如建筑、纺织、化工、煤炭等,并成为这些行业的主要生产力量,从而缓解了城市人口不愿意从事低端行业所导致的劳动力供求的结构性矛盾,为城市的发展提供了廉价劳动力资源。在城镇第二、第三产业的从业人员中,约 2/3 来自农民工,表明中国城市的运行基本上是靠农民工支撑的,尤其是城市的生活性服务业,如环卫、家政、餐饮、宾馆以及社区物业等领域。在这种情境下,毫无疑问,一旦大量的农民工撤离城市,城市运转就会陷入瘫痪状态,说明中国城市的发展离不开农民工,农民工是促进我国城镇化水平突破性提升的特殊群体。从 20 世纪 80 年代开始,农村剩余劳动力就开始采取异地转移的方式进入县城、省城或其他地域的城镇就业,并经历了三次大的浪潮,在这种迁移过程中,他们积累了大量在城镇生活的技能和经验。农民工的

跨地区流动使全国城镇迅速发展，并为沿海地区城镇化提供了丰富的人力资源。1994—2019 年，我国城镇化率（常住人口城镇化率）从 28.51% 增长到 60.6%（见表 3-7 和图 3-2）。农民工的迁移是城镇化进程的主要动力，占城市居民总量约 1/3 的农民工有突出贡献。

表 3-7　　　　　　　1994—2019 年农民工数及城镇化率　　　单位：万人，%

| 年份 | 城镇化率 | 农民工数 | 年份 | 城镇化率 | 农民工数 |
|---|---|---|---|---|---|
| 1994 | 28.51 | 12297 | 2007 | 45.89 | 16196 |
| 1995 | 29.04 | 13386 | 2008 | 46.99 | 22542 |
| 1996 | 30.48 | 14266 | 2009 | 48.34 | 22978 |
| 1997 | 31.91 | 14198 | 2010 | 49.95 | 24223 |
| 1998 | 33.35 | 13844 | 2011 | 51.27 | 25278 |
| 1999 | 34.78 | 13214 | 2012 | 52.57 | 26261 |
| 2000 | 36.22 | 12891 | 2013 | 53.73 | 26894 |
| 2001 | 37.66 | 12572 | 2014 | 54.77 | 27395 |
| 2002 | 39.09 | 12090 | 2015 | 56.10 | 27747 |
| 2003 | 40.53 | 12247 | 2016 | 57.35 | 28171 |
| 2004 | 41.76 | 13455 | 2017 | 58.52 | 28652 |
| 2005 | 42.99 | 14524 | 2018 | 59.58 | 28836 |
| 2006 | 44.34 | 15529 | 2019 | 60.60 | 29077 |

资料来源：1994—2019 年《中国统计年鉴》和国家统计局 2008—2019 年农民工监测调查报告。

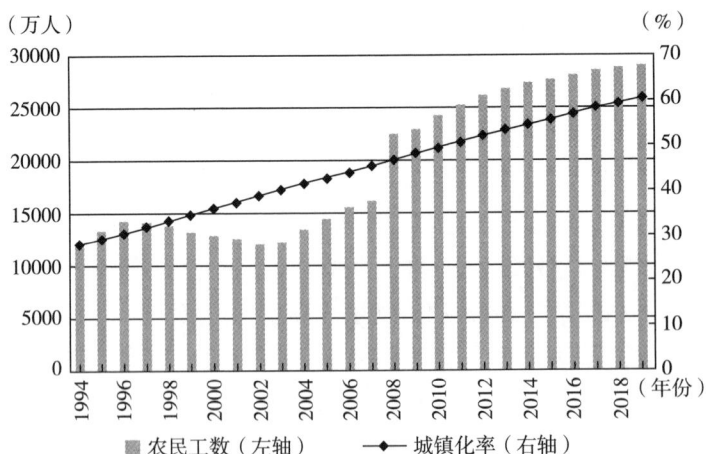

图 3-2　1994—2019 年农民工数及城镇化率

农民工不仅是城市建设的重要主体，也带动了城镇消费市场的发展。农民工进入城镇，为城镇带来了更多的消费群体，他们通过如下途径扩展城镇消费市场：第一，农民工要生活在城市，因此扩大了城市的消费群体，刺激了内需，拉动了城镇的经济增长；第二，农民工从城镇赚了钱回家消费，收入增加，其消费也随之增加，而消费的这些产品和服务大多来自城镇，因此也间接地带动了城镇的发展；第三，农民工的迁入增加了城镇人口，与此相关的基础设施建设也随之增加，比如城市绿化、照明、消防安全、公路建设等，对基础设施投资的增加，也会带动经济增长。作为城市发展的参与者和受益者，2 亿多农民工事实上构成了 40 多年来中国城镇化率突破性提升的主要贡献者①。

（二）农民工对乡村的贡献

农民工在城市就业不仅促进了城市第二、第三产业的发展，而且增加了农村收入，缓解了农村贫困。农民工虽身在外地，但对乡村建设也做出了不可磨灭的贡献。农民工务工收入是农民收入的重要组成部分，并成为农业物质资本与人力资本投资的重要来源，农民工作为沟通城乡的桥梁或纽带，对于缩小城乡差距、统筹城乡发展具有重要作用。二元户籍制度下的人户分离的农民工流动方式，客观上形成了独特的乡村建设推动力。改革开放 40 多年来，工资性收入对农民收入增长的年均贡献率达 78%，毫无疑问是农民增收的最大推手，也是农村大面积减贫脱贫的重要源泉。也正是这 40 多年间，大量农民工"空手出门，抱财回家"，巨量打工收入持续不断由城市流入农村，带来农村房屋建设投资年年攀升，农户居住和生活条件大幅改善，农业劳动力数量的大幅减少同时又有效缓解了极为尖锐的人地矛盾，促进了土地经营权流转和集中，进而成为推动我国农业适度规模发展和产业转型升级的积极因素。农民工既理解城市和市场，又了解农业农村，是有效化解乡村振兴战略中农村管理人才和劳动力匮乏的有生力量。其中一部分农民有能力、有意愿返乡创业就业，在乡村发展新的舞台上施展才能，他们不仅成为有效破解"谁来种地"矛盾的有生力量，而且还能在创新乡村治理模式中发挥重要作用。合理引导部分农民工返乡是乡村人才振兴必须聚焦的

---

① 杨洁、邓也：《如何认识农民的历史贡献及发展潜力》，《四川日报》2018 年 12 月 7 日第 6 版。

一个方面，农民工应当也必须成为未来乡村发展的关键性力量。

（三）农民工对制度创新的贡献

中国改革的制度突破几乎都与农民的基层实践密切相关，正如邓小平同志所言："农村改革中的好多东西，都是基层创造出来，我们把它拿来加工提高作为全国的指导。"① 正是农民自下而上的制度创新成功地与国家自上而下的制度供给之间的对接，推动了农村改革进程。具体表现在：一是家庭联产承包责任制。安徽凤阳小岗村十八户农民冒险探索的家庭联产承包责任制实现了土地所有权和使用权的分离，使"统分"两个维度都得到兼顾，既以土地集体产权促进农村公共事业建设，又以土地农户产权唤起农民的生产热情。这种具有效率优势的农村土地制度安排被确立为我国农村经济制度的基础。它的推广促进了农民的职业化，促进了劳动生产率的提高从而使农民的流动成为可能，此后中国出现了农民工这一特殊群体，他们的数量逐年递增，又进一步推动农村家庭联产承包责任制的改革。二是乡镇企业。人民公社解体后，农民在计划经济和市场经济的夹缝中突破了原有的队社企业经营模式，依靠自己的力量创办了乡镇企业，满足了农村剩余劳动力转移、农民增收和集体经济发展的现实需求。农民工在这一过程中极大地改变了农业发展方式、农村产业结构和农民的生产生活状态以及城乡一体化的实现形式。三是农村土地经营权流转制度。随着乡镇企业的兴起以及工业化、城镇化的加速，相当比例的农村劳动力"离土离乡"去城镇务工，出现一部分农户将土地闲置撂荒舍不得但又长期不耕种、另一部分农户想多种地却又得不到更多土地的窘境。农户相互之间承包土地的转包、转让行为日渐增多。党和国家顺应民意，在总结民间实践经验的基础上，逐步放开限制并不断完善农村土地经营权流转制度，保证进城务工的农民工获得更优的机会和收益，退出土地承包权也会有最基本的生活保障。

（四）农民工是社会主义精神文明的传播者

农民工有助于城乡文明的沟通和传递，有助于城乡物质、文化、信息的交流。在城市他们在吃苦耐劳地辛勤工作的同时，也以他们的淳朴、厚道、踏实的言行影响着城市。同时，农民工把现代都市里的思想观念、生活方式带回家乡，一改农村沉闷闭塞的传统文化，更容易接受

---

① 《邓小平文选》（第3卷），人民出版社1993年版。

国家推行的土地经营权流转政策，使农村开始出现土地的转让、出租和转包的现象，从而有利于农村土地向种田能手集中，有力地促进了农业的集约化经营。农民工群体的存在改变了中国的城乡结构、产业结构和人口结构，符合一个社会城市化的历史发展进程，对中国未来的经济转型、政治发展和社会进步的影响将是巨大的。

### 三　农民工群体非永久性迁移的负面效应

由于我国城乡二元结构的存在，农民工虽然实现了产业转移，有权利进入城市工作、生活，却难以真正融入城市社会。据国家统计局抽样调查结果的推算，2019 年全国农民工总量达到 29077 万人，比上年增加 241 万人，增长 0.8%，以后还有可能继续增长。规模如此庞大的农民工群体，无法实现永久性乡城迁移，逐渐成为处于边缘或游离状态的弱势群体，引发诸多社会问题。

#### （一）导致城市化滞后于工业化

我国农业劳动力的非永久性乡城迁移，使农民产业转移与地域转移、职业转换与身份转换相分离，从而使工业化与城市化进程相脱节。

一般认为，城市化率与工业化率①之比的合理范围是 140%—250%。自 2003 年开始中国已经进入中等收入国家行列，根据世界银行统计，世界高收入国家城市化率为 84%，中等偏上收入国家平均城市化率为 65%，低收入国家为 30%。2018 年我国城市化率为 59.58%，工业化率为 33.90%，城市化率与工业化率之比为 175.75%，虽然在城市化率与工业化率之比的合理区间范围之内，但与发达国家相比，我国还存在"工业化超前，城市化滞后"的问题，而且还很严重。目前，世界城市化率与工业化率之比平均是 200%，七国集团是 340%，我国跟它们比还差了很多。改革开放以后，中国的城镇化有一个大幅度的提高，1978—2018 年，城镇常住人口从 1.7 亿人增加到 8.3 亿人，城镇化率从 17.92% 提高到 59.58%，提高了 41.66 个百分点。② 到 2019 年年末，中国常住人口城镇化率已达到 60.60%，但按户籍人口计算的城镇化率仅有 44.38%③。我国农民大多数从形式上进城了，但并没有市

① 城市化率是指城市人口占全国总人口的比率，工业化率是指工业增加值占 GDP 的比率。
② http://www.qqjjsj.com/show70a84517，2019 年 7 月 9 日。
③ 国家统计局：《中华人民共和国 2019 年国民经济和社会发展统计公报》，2020 年 2 月 28 日。

民化，还依然属于农民工。在大概 4 亿多城镇就业人口中，接近 40% 是农民工。以打工和其他目的进城逗留，时间超过半年，但并未取得本地户口的农民工约有 2 亿。学术界据此认为中国的真实城市化率应该扣除 36% 左右的农民工份额①，那样城市化率就更低了，这也反映出农民工进城居住就业而没有获得户籍身份。所以，中国城市化进程更是远滞后于工业化进程，也滞后于国际一般标准。2 亿多农业转移人口在创造巨大商品供给的同时，却不能形成相应的市场需求，这是我国现阶段投资与消费失衡、外向型经济依赖严重的重要原因。

（二）诱使"农村病"更加严重

农民工不能在城镇实现永久性定居，使农民工大多具有兼业性质，不仅会固化小规模农业经营格局，使土地资源利用效率低下，进一步恶化农业生产和生活条件，还会由于青壮年劳动力的外出，大部分农村地区出现留守儿童、留守妇女和空巢老人等现象，诱使"农村病"更加严重。

1. 导致土地资源利用效率低下

农村土地弃耕撂荒、房屋闲置，农业资源浪费严重。一方面，由于农业比较效益低下，农户个体种粮成本高、周期长，比较效益越来越低，与上涨较快的农民工工资相比，种地远不如打工获益多。另一方面，农业基础设施薄弱，农业生产遭受自然灾害的变数大，农民不愿意种地。这就导致大部分农村地区的青壮年劳动力外出务工经商，老弱妇孺无力耕种，土地大量闲置，甚至弃耕撂荒，利用率锐减，造成土地资源严重浪费，特别是一些偏远山区和水源不足的地区耕地撂荒严重。随着城市化进程的不断加快，农村住房大量闲置，不仅造成了土地资源严重浪费，而且阻碍村庄治理与发展，严重阻碍了新农村建设进程。中国社会科学院农村发展研究所及社会科学文献出版社于 2019 年 4 月 28 日发布的《农村绿皮书：中国农村经济形势分析与预测（2018—2019）》报告，2018 年，农村宅基地空置率为 10.7%，样本村庄房屋空置率最高达 71.5%。东部、中部、西部、东北村庄宅基地的闲置率分别为 13.5%、7.7%、11.4% 和 11.1%，呈现东部最高、西部次之、东北第三、中部最

---

① 文贯中：《结构性失衡、内需不振、过时的土地制度和走出困局之路》，《南开经济研究》2010 年第 4 期。

低的格局。另据测算，全国约有 360 万亩农村宅基地空置①。

当前，很多非永久性乡城迁移的农民工家庭，多数属于兼业性经营。对于农民工来说，农业生产已不是家庭收入的主要来源，只是为了满足家庭的口粮或是把土地作为生存保障。非农业就业和非农业收入具有较大的不确定性，即使非农收入成为家庭的主要收入来源，他们也一样不会轻易放弃所承包的土地，而是将这块土地作为最后的生活底线来经营。因此，在这种情况下他们不会在土地上投入很多，只是重视是否拥有土地，而不管生产率如何。土地的粗放经营，加之土地弃耕撂荒与闲置，导致城市化进程中土地资源制约问题日益突出。对于我国这一土地资源高度短缺的国家来说，这将严重影响我国农业稳定和粮食安全。"民以食为天"，粮食安全对我国这样一个拥有 14 亿人口的农业大国而言，其重要性不言而喻。要保障我国的粮食安全，首先要"保住 18 亿亩耕地的红线"。"保住 18 亿亩耕地"不仅是要有这 18 亿亩耕地，更重要的是说要保证有人耕种，且须种好这 18 亿亩耕地。在城镇化不断推进的背景下，农村劳动力大规模向城市转移。据统计，2019 年农民工数量已经达到 29077 万人，农村土地闲置、抛荒面积呈不断增加趋势，土地利用效率极为低下，引发了当下对于粮食安全问题的担忧。同时，新生代的农民工离开学校后就外出打工，很少具备农业生产经验，缺乏农业生产技能，且很多已经融入了城市生活，尽管他们还不是市民，但是他们市民化意愿很强。这又使农业面临"后继无人"的问题。

2. 产生留守儿童、留守妇女、空巢老人等"空巢村"问题

农民进城打工已经是普遍现象，由于目前农民工的收入难以维持整个家庭在城市生存，迫于无奈只好将子女留在农村与老人居住或寄宿于亲属家，以至于全村除了留守儿童、留守妇女和空巢老人，再也没有青壮年，甚至很多村庄出现了"人走房空"的现象，由此引发诸多社会问题。

根据民政部 2017 年组织开发的全国农村留守儿童和困境儿童信息管理系统的数据，全国共有农村留守儿童 697 万余人。从监护情况看，96% 的农村留守儿童由祖父母或者外祖父母照顾，4% 的农村留守儿童

---

① http：//www.360doc.com/content/19/0430/12/5673959_832498735.shtml，2019 年 4 月 30 日。

由其他亲戚朋友监护；从年龄看，6—13 岁的农村留守儿童规模最大，均超过 50%；从入学情况看，78.2% 的儿童在学；从健康情况看，99.4% 的农村儿童身体健康，0.5% 的儿童残疾，0.1% 的儿童患病，0.02% 的儿童既残疾又患病①。

由于长期与父母分离，儿童在面对自身变化、学习压力、人际交往等问题时，缺少父母的关怀，从而增加了他们产生心理和行为偏差的概率，甚至产生厌学情绪，也会导致亲子依恋中断和家庭功能缺失，进而增加儿童心理抑郁的风险，降低其幸福感，主要表现在如下三个方面：一是会使儿童缺乏安全感，儿童与邻里亲友间的交往亲密度减少，受外界欺凌的风险增加，不仅会增加儿童对自我的负面评价，降低自尊心，也可能会积累负面情绪；二是使儿童的心理问题得不到及时的疏导，日常情感慰藉缺失，加剧其心理健康的恶化；三是部分留守儿童承担家务劳动增加，会增加留守儿童的心理不平衡，增大其抑郁和外化的风险。多数留守儿童与祖辈共同生活，由于老人文化教育水平较低，缺乏科学养育，影响儿童的生长发育。老人自身营养健康意识薄弱，留守儿童很容易养成不好的饮食和卫生习惯，如饮食不规律、购买垃圾食品等，不利于儿童身体健康发育。再加上部分外出父母，出于对孩子陪伴缺失的愧疚，会放宽对孩子零花钱的约束，进一步增加儿童对垃圾食品的需求，加大了儿童健康所受的负面冲击。有的时候当留守儿童身体健康出现某些不良症状时，孩子自身可能无法及时察觉。而且，老人也是需要照料的群体，他们自身生活尚有困难，对儿童监护往往很难到位，甚至有的儿童处于无人监管、自行其是的状态，这不仅使儿童的健康问题持久积累，加剧留守儿童身体健康的恶化，而且也使这些儿童更容易受到侵害。比如，留守儿童溺水、伤亡事故时有发生。根据有关部门反映，被拐卖儿童中，流动儿童居第一位，留守儿童居第二位。

另外，大批农民外出打工，农村空巢老人急剧增加。留守老年人的劳动和经济负担、生活和疾病照顾以及情感寄托等存在严重问题。具体表现在如下三个方面：一是劳动和经济负担较重。子女外出打工，空巢老人成了家里的顶梁柱。靠打工"致富"的子女并没有提供给父母充足的经济支持以至于大部分老人还要靠劳动来维持生计。外出务工的子

① http://www.mca.gov.cn/article/gk/tjtb/201809/20180900010882.shtml，2018 年 9 月 1 日。

女对老人的经济支持往往有限，很多外出务工子女打工所得的收入仅够维持自己的，有的甚至连自己基本生活都难以保障。老人还要照顾本应该是中青年农民工耕种的土地，这就使本应该退出生产的老人被迫继续承担繁重的劳动。而且，不少外出打工的子女将孩子交给父母照看，孙辈日常生活花费的负担也自然落到了老人肩上，这增加了老人的经济负担。二是生活与疾病缺乏照料。我国农村大多数老人一直是由家庭提供养老保障，而子女外出务工必然会使老人需要照顾时子女缺位。空巢老人一旦患病，既没有儿女在身边照顾生活起居，也没有足够的经济能力请保姆进行日常生活照料。空巢老人面临着各种老年人疾病的威胁，他们的日常生活活动能力也受到极大影响。三是子女外出导致空巢老人的孤独感增强。由于子女打工维持生计，除春节或农忙时回家，家里甚是冷清，空巢老人心理上极其孤独，从而造成他们忧郁惆怅，引起老人心中的寂寞感。特别是在偏远山区的空巢独居老人，有的突发疾病，既无法自救，又无通信工具向外求救，只能无奈地死去。有的年迈多病，长居家中，很少与外界交流，久而久之，左邻右舍习以为常，病故家中多日后才被人们发现。

　　除留守儿童、空巢老人外，留守妇女问题也相当严重。主要表现在如下三个方面：一是劳动强度高，身体健康受损。留守妇女原本应该与大多数妇女一样享有与丈夫和子女共同过着幸福美好生活的权利，然而却由于丈夫外出打工不得不独自承担家庭生活的重压，因此产生身体和心理的双重压力。由于长期既要经营家里的承包地，又要做家务、照顾老人和孩子，而身边又缺少丈夫的关爱，尤其是农忙季节，即便有经济条件想请人帮忙，但由于耕种的时节性，各家都是各忙各的，再加上村里的青壮年劳动力大多外出打工，很难雇用到合适的劳动力，这就使留守妇女常常感到身心疲惫，严重影响了她们的身心健康。二是精神压力大，心理负担重。留守妇女不但要承受生活的重压，还要承受教育子女、赡养老人、维持婚姻的巨大心理压力。她们在生活中缺少关爱，感情上出现空缺，同时还要担心丈夫在外面会禁不住诱惑，另找新欢，这些已经成了留守妇女最大的心理负担。她们无人可以倾诉，独自忍受。这些精神上的压力严重影响了她们的身心健康。有调查显示，农村留守妇女中有很多人因此出现不同程度的抑郁症状，而与留守儿童和空巢老人相比，她们的心理状况和精神负担又更容易被忽视。三是缺乏安全感，人身财产安全受到威胁。男性劳动力外出后，农村只剩下老人、儿童和妇女，这种人口结构的变化，会带来农村治安防范力量的减弱和违法犯罪概率的增加。留守妇女普遍没有安全感，她们除了担心家庭财产被偷还要防范一些犯罪分子的性骚扰。有关调查显示，农村性侵害案件中70%的受害者是留守妇女。

（三）导致"城市病"日益突出

在"农村病"严重存在的同时，每年数以亿计农民工"两栖"流动、农村迁移人口边缘化、城郊失地农民大量增加又使"城市病"日益显现。

两亿多农民工群体作为廉价劳动力从事着城市居民不愿从事的"脏、重、苦、累、险"的低收入工作，却不被纳入城镇公共服务体系，不可避免地造成城市资源与环境承载能力的严重不足。过去几年，农民工薪酬实现了较快速度的增长。但由于基数低，农民工薪酬水平与城镇职工相比仍然偏低。考察绝对额，农民工工资与城镇职工平均工资的差距并没有缩小。2011年二者年工资差距为17864元，到2014年则达到了21971元[1]。2015—2019年农民工在各行业的月工资收入虽然有所增长，但是增速非常缓慢（见表3-8和图3-3）。

| 表3-8 | | 分行业农民工月均收入 | | | 单位：元 |
|---|---|---|---|---|---|
| 年份 | 2015 | 2016 | 2017 | 2018 | 2019 |
| 合计 | 3072 | 3275 | 3485 | 3721 | 3962 |
| 制造业 | 2970 | 3233 | 3444 | 3732 | 3958 |
| 建筑业 | 3508 | 3687 | 3918 | 4209 | 4567 |
| 批发和零售业 | 2716 | 2839 | 3048 | 3263 | 3472 |
| 交通运输、仓储和邮政业 | 3553 | 3775 | 4048 | 4345 | 4667 |
| 住宿和餐饮业 | 3723 | 2872 | 3019 | 3148 | 3289 |
| 居民服务、修理和其他服务 | 2686 | 2851 | 3022 | 3202 | 3337 |

资料来源：国家统计局2015—2019年农民工监测调查报告。

---

[1] 张晓山：《农民大潮与中国的城镇化进程》，《河北学刊》2019年第2期。

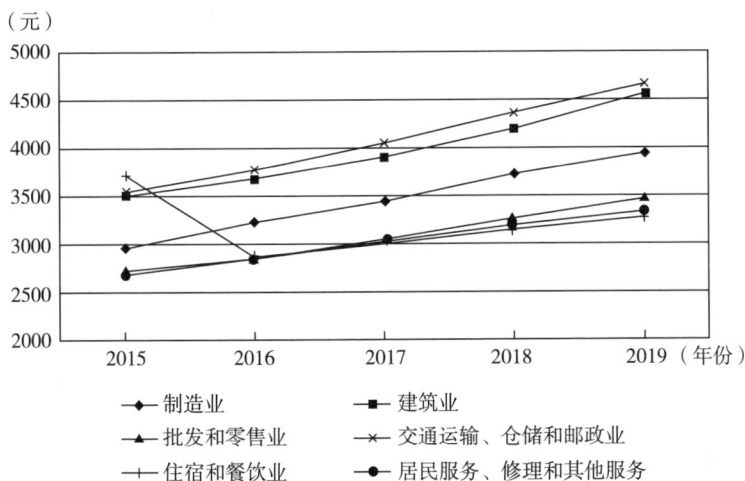

图 3-3 2015—2019 年农民工集中就业行业月均收入

　　许多城市未将农民工子女纳入公办义务教育体系，农业转移人口基本不能享有城市的经济适用房、廉租房等政府补贴性住房保障，以农业转移人口为主体的社会底层与以中产阶层为主体的中上层社会的差距越来越大。农民工在城市化进程中只被当作廉价劳动力，难以融入市民社会，其利益诉求及民主权利没有适当途径得以实现，他们在城市所受到的制度歧视及权益损失，容易引发群体性利益冲突与对抗，增加了城市的多方面负担。

　　1. 导致城市违法犯罪率普遍上升

　　近年来，我国大城市的违法犯罪率普遍上升，其重要特征就是流动人口作案率增加，这说明城市犯罪问题与城市外来农民工犯罪联系紧密。农村劳动力进入城市后，不能获得与城市居民平等的社会身份和相同的待遇，也扩大了他们同城市居民及稳定就业者的收入差距，导致他们很难融入城市并有很强的排斥感、不公正感和挫折感，这些因素交织在一起使失业的农民工产生极端仇恨社会的心理，从而导致了中国城市犯罪率的上升，这也严重威胁着城市社会治安的稳定。一方面，"民工潮"的大军中混进了许多非法分子，这些非法分子采取各种不法手段诈取钱财，甚至从事偷窃诈骗、倒买倒卖等违法犯罪活动，经常引发打架斗殴等社会现象，甚至发展到行凶抢劫、杀人越货的地步，严重威胁着社会经济秩序的稳定。另一方面，有些农民工在经济利益的诱使下，千方百计进入大城市"淘金"，更多的是做一些无证经营的小买卖，又因其自身素质低，法律观念淡薄，存有侥幸心理，只知道如何赚钱，却不知道应该遵守市场行规，随意哄抬物价，偷税漏税情况时有发生，扰乱市场秩序。从各地公安机关统计资料来看，当前农民工犯罪比例逐渐增大，并呈现出团伙性、残忍性、侵财性等多元化趋势。我国正处于城市化全面推进阶段，经济的快速增长和城市人口的不断增多必然导致犯罪案件增加，农民工犯罪已成为影响城市社会安全的重要因素。

2. 增加城市环境的管理难度

非永久性迁移的农民工进入城市后，既要工作，又要生活，大大增加了城市燃气、垃圾处理、供水、污水处理系统等基础设施的承载容量和负荷，又使居住环境十分拥挤，原来的规划设施和格局也被打破，水、电、煤气等基础设施使用过度，设施老化而无法改造，防火通道被堵塞、占用，城市功能发挥不足，而且房屋出租造成流动人口大量聚集，有的地区流动人口的比例大大超过当地居民，打架斗殴等影响社会治安的事件时常发生，社会无序状况严重。农民工主要聚集在城乡接合地带，这里往往是城市管理比较薄弱的地方，因此会经常出现垃圾遍地，污水横流，市容杂乱，人、畜发病率上升，传染病乘虚而入的现象。还有些农民工无法改掉在农村生活时的陋习，习惯性地乱丢垃圾，随地吐痰，这既加剧了各种疾病的传播速度，又不利于塑造城市文明形象和提升城市品位。实际上，还有一些找不到工作而又不愿意离开城市的农民工，他们往往会选择自谋职业或受雇从事非法职业，比如卖盗版光盘和淫秽光盘、非法张贴小广告、发送非法传单，等等。他们的这些行为虽然是为了维持在城市的生计，但在很大程度上影响了市容市貌，污染了城市环境，扰乱了城市秩序，而且还存在很大的安全隐患。

3. 增加城市改造成本

随着经济的发展，聚集在城乡接合部的非永久性迁移的农民工越来越多，违章建筑也就越来越多，务工人员素质参差不齐，当中的部分由于找不到稳定的工作而仇视社会继而从事非法行当的人员给城中村带来治理的困难，也增加了城市治理的成本。随着城市规模的扩大，城郊接合部也要逐步纳入城市规划范围，大部分失地农民，由于年龄、文化程度等多方面因素，难以谋求到新的职业，失去土地后，就成为"三无"

农民。只能依靠有限的补偿金为生，既成不了真正意义上的市民，也当不了农民，只能充当农民工的一员。他们进入城市后，刺激了这些地区房屋租赁市场的发育。村民将部分自用有余的房屋出租，为了方便出租和使用，在原有房屋之上或者周围夹层加建，或超标准违法建房，这样无疑会出现与城市面貌不协调的"贫民窟"，而且火险隐患和建筑安全问题更加突出。由于拥有宅基地的农民成为既得利益者，而且其所有的房屋地可以继承，因此不愿将自己的身份转为非农户。但对于城市建设来说，由于政府重视程度不够，投入力度不大，城中村基础设施薄弱，排水、供水、供电设施不完备，垃圾处理设施简陋等一系列问题严重影响了居民的身心健康和生命安全。即使公共部门服务到位，由于村内道路交通不畅，也无法满足救护、环卫、消防等车辆正常通行的需要。再加上村民大多仍保留原有的生活方式，在宅基地周围建盖牛棚、猪圈等，粪便得不到妥善处理，严重影响周边环境卫生，增加城市改造成本，拆迁难度加大。

（四）不利于人力资本投资

一般而言，稳定就业的农民工的工资收入肯定要高于非稳定就业的农民工，而农民工收入越高获得的经济地位可能越好，进而有越大的能力参加教育、培训，不断提升自身的技能，成为用人单位的技术骨干或管理人员的可能性就越大，自我价值也就越能够实现。相反，农民工就业稳定性越差，其收入也就越低，在城市也只能维持最基本的生活需要，不大可能有多余的收入去通过职业教育与在职培训的方式进行人力资本投资，而往往由于知识技能的缺乏，很多工作难以胜任，可选择的就业几乎相对越来越少，就越不可能在城市拥有一份稳定的工作，也就减少了农民工获得更高收入的就业机会。

按照年龄段看，农民工平均年龄为40.8岁，21—30岁、31—40岁和41—50岁占比较高，2019年分别为23.1%、25.5%和24.8%，而16—20岁占比较小，只有2.0%，值得注意的是50岁以上农民工占比逐年提高，2019年为24.6%，与41—50岁的农民工占比仅差0.2个百分点（见表3-9）。然而由于户籍等原因的限制，年轻的农民工男女很难在城市建立家庭，目前还不可能实现永久性乡城迁移。尤其是女性农民工，由于结婚和养育子女，她们大多数不再继续外出打工。

表 3-9　　　　　　　　　　　农民工年龄构成　　　　　　　　单位:%

| | 2015 年 | 2016 年 | 2017 年 | 2018 年 | 2019 年 |
|---|---|---|---|---|---|
| 16—20 岁 | 3.7 | 3.3 | 2.6 | 2.4 | 2.0 |
| 21—30 岁 | 29.2 | 28.6 | 27.3 | 25.2 | 23.1 |
| 31—40 岁 | 22.3 | 22.0 | 22.5 | 25.5 | 25.5 |
| 41—50 岁 | 26.9 | 27.0 | 26.3 | 25.5 | 24.8 |
| 50 岁以上 | 17.9 | 19.1 | 21.3 | 22.4 | 24.6 |

资料来源：国家统计局发布的 2019 年全国农民工监测调查报告。

　　这也表明，目前我国外出农民工以青壮年为主，绝大多数女性又返回了原籍或与原籍相类似的农村社区成立家庭。她们作为非农产业的劳动力在城市存在的年龄是 17—28 岁。这个年龄的女性体力强、细心以及容易管理，所以她们是发达地区劳动力密集型加工制造业企业最需要的劳动力，是"民工荒"缺工的主体。但这些女性劳动力刚有了一些工作经验，却又因结婚生子不得不返回农村，成为留守妇女。她们承担着照顾家庭和小孩的特殊任务，大部分妇女不能像结婚前那样再出去打工，即便打工也只能选择一些离家比较近的区域。这些女性不仅没有继续进行人力资本投资的动力与能力，而且还会由于她们人力资本存量较低，直接影响到其对子女的培养与教育。农村大多数留守妇女由于自身文化水平的限制，还无法认识到陪伴孩子成长的重要性，她们跟孩子沟通的话题主要是学习方面，但又不能辅导孩子的学业。孩子的一些兴趣爱好也得不到母亲的理解，也很少给孩子买一些课外书籍阅读。其实，孩子教育投资与留守妇女的教育观念息息相关，受教育程度的不同对她们的教育观念有很大的影响。受教育程度越低，她们就越缺少与子女进行除学习以外的其他方面的沟通。更多时候往往是老人、电子产品、网络、辅导班代替了父母对她们的孩子的陪伴，久而久之，孩子出现上网打游戏成瘾、社交障碍、亲情疏离、厌学逃学等问题，这也使贫穷代际相承。因为人力资本投资是劳动者能够摆脱贫穷恶性循环的最为切实可行的途径，留守妇女往往缺少必要的人力资本投资，这不仅严重影响着农民工的挣钱能力，还会影响到她们对子孙后代的教育方式。这不仅关系到每一个农民工家庭生活的质量，更关系到中国未来劳动力供给的质量。

综上所述，改革开放以来我国在城市化进程中逐渐形成了 2.9 亿多农民工群体，这一群体已成为我国产业工人的主体。他们为城市发展做出贡献却不能分享城市发展成果，从而产生诸多经济与社会问题。农民工群体难以在城市定居，强化了"城市病"；其长期的低收入水平及传统的消费方式，制约了农民工及其家属有支付能力的需求，接近 3 亿农民工在创造巨大商品供给的同时，却不能形成相应的市场需求；农民工不能完全脱离土地在城市定居下来，城市化进程不仅没有提高土地资源的利用效率，反而使土地资源制约的矛盾更加突出；青壮年劳动力的大量流出，产生了留守儿童、留守妇女、空巢老人等"空巢村"问题，严重影响了农业生产及农村生产生活环境的改善；农民工群体人力资本投资意愿与投资能力不足，不仅使这一群体的挣钱能力不足，更存在着贫穷恶性循环的隐患。从政治层面分析，庞大农民工群体的流动性异地就业，不可避免地改变了原有的乡村政治版图，数以亿计的农民工事实上已经难以充分享有选举与被选举的权利，而他们在流入地又无选举与被选举权，其利益诉求及民主权利没有适当的途径得以实现。其在城市所受到的制度歧视及权益损失，更易引发群体性利益冲突与对抗，直接关系到社会稳定与和谐社会的构建。显然，农民工市民化是解决上述现阶段经济与社会症结性问题的关键。

## 第三节　土地经营权流转与农民工市民化的相互作用

### 一　农业劳动力转移是土地经营权流转的前提条件

在城镇化、工业化快速发展进程中，大量农村劳动力向城市转移，农村劳动力转移使农村土地经营权流转成为可能。第一，只有农业劳动力转移到非农就业领域，并使非农收入成为家庭收入的主要来源时，农民才有可能脱离农业生产、把土地转移出去，而且农业劳动力转移对土地经营权流转的促进作用会随时间推移而提升，最终形成大规模土地经营权流转。就务农家庭而言，家庭农业劳动力充足，希望扩大农地经营规模来提升收入水平，间接促进了土地经营权流转市场的发育。第二，农业劳动力只有转移到非农就业领域，并形成长期稳定的收入预期时，才会把全部精力放到非农就业领域，理论上随着务农劳动力的减少，理性农户会由于缺少充足的劳动力从事农业生产而选择转出土地，既可以获得租金收入，又不用担心家乡的土地，解决了后顾之忧，也就可以彻底融入城市生活，从而成为土地经营权流转的供给者。第三，只有在农业劳动力大规模转移的条件下，流转土地的供给才会形成一定的规模，从而使转入土地的市场主体有利可图，因为土地的大规模生产所花费的平均成本要比小规模低得多，从而形成土地转让的需求方。第四，只有在土地转让的供给与需求主体相互竞争、平等交易的条件下，才能形成并完善土地经营权流转市场，从而规范和促进土地经营权流转。

随着改革的深入和市场经济体制的确立，僵化的城市劳动用工制度和城乡二元户籍制度逐渐松动，自 20 世纪 80 年代中期开始，以农民工为主体的农业劳动力转移开始出现，而且其规模与年俱增。通过前面的分析，我们已经知道 1979—1997 年我国农业剩余劳动力向非农产业转移的累计总规模达 13106 万人，1998—2007 年外出农民工的总量增加了 9000 万人，平均每年新增 900 万人，2007 年达 1.38 亿人[①]。2019 年农民工总量达到 29077 万人，其中本地农民工 11652 万人，比上年增加 82 万人，增长 0.7%，外出农民工 17425 万人，比上年增加 159 万人，增长 0.9%[②]，而且还有继续增长的趋势。大量农业劳动力源源不断向城市转移，不仅使土地经营权流转成为可能，也使通过土地经营权流转，扩大农业规模经营、解决城市化进程中土地资源约束问题更具现实紧迫性。伴随着我国农业劳动力的非农化转移，我国就业结构发生了根本性变化，农业就业比重从 1978 年的 70.5% 下降到 2018 年的 26.1%[③]。农业劳动力的大规模减少，也会逐渐弱化农民对土地的眷恋和依赖心理，也为农村的种田能手提供了发展空间，使我们有可能通过土地经营权流转扩大农业经营规模，推进农业现代化进程。所有完成了二元经济转型的发达国家和新兴工业化国家都经历了伴随着农业劳动

---

① 张桂文：《中国二元经济转型的特殊性及其对城市化影响》，《河北经贸大学学报》2013 年第 5 期。

② http://www.stats.gov.cn/tjsj/zxfb/202004/t20200430_1742724.html，2020 年 4 月 30 日。

③ 《中国统计年鉴》（2019），国家统计局网站。

转移而出现的农业经营规模扩大的历史过程。但受我国二元经济转型过程中二元经济体制改革滞后的影响，我国农业劳动力大规模非农化转移所形成的农业规模经营的可能性，并未转化为现实性。农村地区的很多土地都是粗放型经营，甚至出现土地弃耕撂荒现象，导致土地资源的极大浪费，严重威胁着我国粮食安全。如果考虑到农村宅基地的闲置，我国土地资源浪费的问题就更加突出。如前所述，截至 2019 年我国大约有 1.7 亿外出农民工，按 2019 年国家统计局公布的数据，农村居民人均住房建筑面积为 48.9 平方米计算①，全国有 83.13 亿平方米的宅基地可能闲置不用。作为一个人口众多的发展中大国，通过制度创新创造土地转移的制度条件，使农业劳动力转移所形成的土地资源利用效率提高，从可能性转为现实性是极为必要的。

**二　土地经营权流转可以促进农民工市民化进程**

（一）土地经营权流转可以降低农民工市民化的机会成本

农民工市民化的机会成本是指农民工市民化后可能失去的原来作为农村户籍居民相关的经济和非经济收益。与城镇居民相比，农村居民与户籍相关既得利益主要是农村的承包地（包括耕地、山地、林地、草地等）和宅基地。农民对土地有着天然的感情，对于那些还没有在城镇长期稳定就业的农民工来说，土地还是他们安身立命之本，一旦失去了作为农村集体成员的资格，不仅失去了土地带给他们的就业与生存保障，也失去了其农村户籍所能享受到的待遇；对那些已经在城镇长期稳定就业的农民工来说，土地虽已不再是安身立命之本，但随着工业化与城镇化的推进，土地价格不断攀升，地租不断上涨，土地的财产增值功能日益显现，他们也不会自愿放弃土地能够带给他们的财产增值预期收益。在城镇化进程中，土地对于农民来说不仅具有生存保障功能，还具有财产的增值功能，这对农民来说是难以承受的机会成本。

2018 年修正的《农村土地承包法》第 27 条规定："不得以退出土地承包经营权作为农户进城落户的条件。"2019 年修正的《土地管理法》在原有第 62 条中新增一款，规定"国家允许进城落户的农村村民依法自愿有偿退出宅基地，鼓励农村集体经济组织及其成员盘活利用闲置宅基地和闲置住宅"。从中可以看出现行中国相关的土地承包经营权

---

① 《中国统计年鉴》（2019），国家统计局网站。

政策文件中规定，不能将退出土地承包经营权作为农民进城落户的前提，也不再区分小城镇以及设区、市的户口，进城落户农民也不再因为获得了与城镇居民相同的社会保障就必然放弃自己享有的土地承包经营权。进城落户的农民可以自己选择或者交回其承包地，不得强行收回进城落户农民的承包地①。2020 年 5 月 8 日通过的《民法典》延续了土地承包权的用益物权这一规则。这样农民工在农地权益得到保障的前提下可以无后顾之忧地进行土地经营权流转，不必再因不愿放弃土地权益而进行兼业化经营，不仅能促使农民工摆脱循环迁移困境，减弱其与农村和农业生产的联系，脱离农地的束缚，而且能促进农民工与用人单位签订正式工作合同和建立规范雇用关系，在城市实现稳定就业，从而获得稳定的工资收入，农民工在城市越是能获得稳定的工资收入就越愿意将土地经营权流转出去，农民工通过土地出租、入股、合作以及抵押贷款等方式实现农村土地资本化，可以增加其财产性收入，同时农业现代化的发展、农业机械化水平的提高能促进农村经济的发展，提高农产品价格，进一步增加农村土地经营权流转的租金、股利、分红等土地增值收益，从而进一步降低农民工市民化的机会成本。

于云波 2018 年采用问卷调查的方式，对新生代农民工对市民化的看法及意愿进行了调研，50%以上的农民工认为在城里有自己的住房是"城市人的标志"②。虽然农民工进城定居的愿望强烈，但如果其在农村的土地不能通过流转获得稳定的收益、处于撂荒状态或由于长期无人耕种而被集体收回承包权的情况下，绝大多数农民工宁愿不要城镇户籍也不会自愿退出其在农村承包地和宅基地的使用权。进一步分析表明，"农民工并非完全不愿放弃土地，而是要求对土地具有更大的处置权"③。如果退出有补偿，并且补偿的资金足以分担其在城市作为市民的生存成本，这会进一步提高进城落户农民自愿退出集体土地"三权"的积极性。因此，允许农民工在保留其对农村土地承包权和宅基地使用权的前提下，促进土地经营权流转，一方面可以大幅度降低农民工市民化的机会成本，促进其快速融入城市，另一方面也可以有效解决

---

① 《农村土地承包法》（2019 年）第 27 条规定：承包期内，发包方不得收回承包地。国家保护进城农户的土地承包经营权。不得以退出土地承包经营权作为农户进城落户的条件。

② 于云波：《新生代农民市民化意愿影响因素与对策研究》，《人口学刊》2015 年第 6 期。

③ 《农民工的愿与不愿》，《决策》2011 年第 9 期。

农民工进城就业定居所导致的土地弃耕撂荒、房屋闲置以及村庄空心化等问题，促进土地的规模经营以及新农村建设。

（二）土地经营权流转可以提高农民工市民化能力

土地经营权流转不仅能够减弱农民工与农村、农业的联系，降低市民化的机会成本，增强市民化意愿，而且能通过改善农民工收入结构来强化农民工市民化能力。农民工要在城镇定居，成为城市居民不仅要有市民化意愿还要有市民化能力。农民工市民化能力是指农民工在城市中体面生活的能力，这种能力主要表现在农民工的经济收入能够承担其在城市体面生活的成本。农民工在城市中体面生活的成本是指农民工及其家属在城市体面生活所需的衣食住用行等日常生活费用的支出。上述成本支出中住房成本是最大的一笔支出，而这一成本支出是农民工工资收入难以承担的。我国房价整体不断攀升，城市中的普通工薪族都难以承受高房价，农民工阶层则更是望而却步。农民工在城市中买不起房子，大多数人选择租房，但随着房价的上涨和城市人口的密集，我国的城市住房租金也一直处于上涨状态，这无疑给农民工的住房带来了巨大的压力，农民工想要通过租房举家定居在城市，仍然难以承受住房租金支出。如果通过土地经营权流转政策，让原本在农村闲置的土地通过转租和入股，让农民工获得其承包地和宅基地的资本化收益，将会增加农民工收入，提高其市民化能力。

为了控制房价过快上涨，改善民生，中央政府近年来出台了一系列调控措施，但迄今为止，中国商品房住房（住宅）价格连续上涨，使普通工薪阶层难以承受，更使农民工阶层望而却步。2019年全国商品房（住宅）的销售价格为9206元/平方米，而农民工的平均月工资，即便是在东部地区也仅为4222元（见表3-10和表3-11），尽管农民进城打工收入要远高于务农收入。从2015—2019年农民工在各行业的月工资收入来看，虽然有所增长，但是增速非常缓慢，以农民工目前的工资收入根本无力购买城市住房。

表3-10　　　2015—2019年农民工在不同地区的月工资水平　　单位：元

| 地区 | 2015年 | 2016年 | 2017年 | 2018年 | 2019年 |
|---|---|---|---|---|---|
| 东北地区 | 3105 | 3063 | 3254 | 3298 | 3469 |

续表

| 地区 | 2015 年 | 2016 年 | 2017 年 | 2018 年 | 2019 年 |
|------|---------|---------|---------|---------|---------|
| 东部地区 | 3213 | 3454 | 3677 | 3955 | 4222 |
| 中部地区 | 2918 | 3132 | 3331 | 3568 | 3794 |
| 西部地区 | 2964 | 3117 | 3350 | 3522 | 3723 |

资料来源：国家统计局发布的 2015—2019 年全国农民工监测调查报告。

表 3-11　　　　2008—2019 年中国商品房（住宅）销售价格　　单位：元

| 年份 | 每平方米价格 | 年份 | 每平方米价格 | 年份 | 每平方米价格 |
|------|------------|------|------------|------|------------|
| 2008 | 3576 | 2012 | 5430 | 2016 | 7203 |
| 2009 | 4459 | 2013 | 5850 | 2017 | 7614 |
| 2010 | 4725 | 2014 | 5933 | 2018 | 8544 |
| 2011 | 4993 | 2015 | 6473 | 2019 | 9206 |

资料来源：国家统计局。

　　2018 年全国外出农民工人均月收入水平为 4107 元，按照 2018 年进城农民工人均居住面积 20.2 平方米计算，如果一个三口之家购买一个 60.6 平方米的住房，按 2018 年全国商品房均价计算，总购房款为 527766.4 元，再按 2018 年农村居民消费支出 12124.3 元计算①，这意味着农民工不吃不喝也要 43.53 年才能买到手。这就意味着农民工如果不能实现按揭银行贷款，靠在城市的务工收入，得将近老年的时候才能买得起城市的商品房，前提还得是农民工不吃不喝，这现实中根本不可能，这说明农民工在城市生存最大的成本就是住房的成本。如果再考虑到农民工的就业分布区域，这一问题就更为突出。从农民工外出就业区域来看，2019 年 15700 万农民工在东部地区务工，尽管比 2018 年减少了 108 万人，下降了 0.7%，但依然占农民工总量的 54%；其中，京津冀地区就业的农民工 2208 万人，比上年增加 20 万人，增长 0.9%；在江浙沪地区就业的农民工 5391 万人，比上年减少 61 万人，下降了1.1%；在珠江三角洲地区就业的农民工 4418 万人，比上年减少 118 万

---

① 数据来源于《中国统计年鉴》（2018）。

人，下降 2.6%。在中部地区就业农民工 6223 万人，比上年增加 172 万人，增长 2.8%，占农民工总量的 21.4%。在西部地区就业农民工 6173 万人，比上年增加 180 万人，增长 3.0%，占农民工总量的 21.2%。在东北地区就业农民工 895 万人，比上年减少 10 万人，下降 1.1%，占农民工总量的 3.1%[①]。从地区分布来看，近几年农民工主要集中在东部地区，然而通常情况下，东部地区省份经济比较发达，住房价格普遍高于全国平均水平（见表 3-12）。

表 3-12　　东部地区各省份 2018 年商品房（住宅）平均销售价格

单位：元/平方米

| 省份 | 河北省 | 北京市 | 天津市 | 山东省 | 江苏省 |
|---|---|---|---|---|---|
| 商品房价格 | 7567 | 37420 | 15924 | 7386 | 10542 |
| 省份 | 浙江省 | 上海市 | 广东省 | 海南省 | 福建省 |
| 商品房价格 | 15242 | 28981 | 12915 | 14105 | 10613 |

资料来源：《中国统计年鉴》（2019）。

根据中国指数研究院发布的报告，2019 年 12 月全国 100 个城市（新建）住宅平均价格为 15168 元/平方米[②]。由于房价远高于农民工的工资性收入的承受能力，绝大多数农民工只好选择租房。现阶段，大多数农民工以群租方式居住在集体宿舍、就业场所以及城中村等非正规住房，所面临的住房市场和住房制度排斥进一步转化为其城市融入的阻力，使农民工实际上处于"半市民化"状态。根据《2019 年中国住房租赁报告》的数据，全国主要城市超过半数租赁房源租金集中在 3000 元/月以下，其中 1000—2000 元/月的房源占比最高，为 26.4%；一线城市 4000—6000 元/月，占比最高；新一线城市租赁房源价格在 1000—2000 元/月，占比 40.4%。从租赁面积上看，2019 年全国租赁房源主力供应面积集中在 50 平方米以下和 70—90 平方米两个区间，占比分别为 33.3%和 21.3%[③]。值得一提的是，住房租金自 2010 年以来一直保持持续上涨的趋势。虽然东部发达地区的平均房租水平低于北

---

① 数据来源于 2019 年农民监测调查报告。
② https：//www.sohu.com/a/364049208_115433，2020 年 1 月 1 日。
③ https：//new.qq.com/omn/20200107/20200107A093MI00.html，2020 年 1 月 7 日。

京，但也不会低太多。即使按北京房租水平的50%计算，60平方米的住房每月平均租金也高达2783.1元。大多数农民工从事没有或很少技术含量的体力劳动，在城市属于低收入群体。在经济发达的一、二线城市，人口密度大，租住房屋费用会更高，甚至要花掉工资收入的一大半，廉租房等保障性房供应远不能满足实际需求。面对远远超出承受能力的房价等现实问题，农民工居家迁徙难度大，也不现实。

在我国工业化、城市化快速发展以及社会保障制度日益健全的条件下，土地保障功能有所减弱，但是依然提供着最低生活保障、就业保障和养老保障等社会保障的功能。如果通过选择不同结构的转让合约将土地转让出去，而不是简单地抛荒被发包方收回，对大多数进城务工的农民工而言其实质就是保障功能的持续。如果把农民的承包地和宅基地盘活，通过土地经营权流转，使农民通过转租、加入股份合作社、转让等途径获得承包地和宅基地的资本化收益，使农民工通过土地经营权流转获得稳定的收入，则可以大幅度提高农民工市民化能力。具体来说，如果是承包地、宅基地固定期限转让，其租金可以用于补偿农民工在城市定居的部分成本；如果以土地入股，则可以用股份分红补偿城市定居的部分成本；如果是承包地、宅基地使用权一次性转让，其转让收入可以用作购房款、购房首付或租房基金；如果以承包地或宅基地作抵押，则可以在保有承包地或宅基地使用权的条件下，通过银行贷款获得购房首付或租房基金，并通过土地经营权流转收入偿付部分或全部银行贷款利息。显然，无论哪一种形式的土地经营权流转都可以大幅度提高农民工市民化能力，促进农民工市民化进程。

## 第四节　农民工市民化的成本与收益分析

农民工市民化是一个多方位、全面的转变过程，属于人口的永久性迁移过程，在这一过程中农民工要通过人力资本投资和思想观念的改变来实现由农村生产生活方式向城市生产生活方式的改变。农民工市民化既离不开国家制度的安排，又跟农民工个人的理性选择分不开。国家通过土地制度和户籍制度改革，让农民工自愿选择退出农村的承包地，进入城市。但是，农民工最终是选择非永久性迁移还是选择永久性迁移，是农民工在现有制度约束条件下对迁移成本与收益权衡的结果。

**一　农民工非永久性迁移的成本收益分析**

农民工非永久性迁移的成本主要包括就业成本（用 $C_1$ 表示），是指农村居民转移至城市非农产业就业所需支付的费用，主要包括为寻找工作所支付的搜寻成本和农民工在城市务工之前所需接受培训的成本；生活成本（用 $C_2$ 表示），是指农民工迁入城市后在衣食住用行等日常生活费用方面的额外支出，包括住房成本；农民工在城乡之间做候鸟式流动的交通成本（用 $C_3$ 表示）；农民工打电话与家人沟通的成本（用 $C_4$ 表示）；机会成本（用 $C_5$ 表示），是指农民工进城务工所减少的农业收入；子女教育成本（用 $C_6$ 表示），农民工非永久性迁移，通常子女不会随迁到城市，而是在农村接受九年义务教育，但也需要支出必要的课外辅导资料费用，在学校的生活费用、往返学校与家之间的交通费用、课外补课费用等都是子女教育成本；社会保障成本（用 $C_7$ 表示），农民工非永久性迁移通常只会在农村缴纳农村合作医疗费用和农村养老保险的费用；其他成本（用 $C_8$ 表示），包括农民工与其家庭成员因不能经常相聚而承受的痛苦、农民工常年不在家给家庭其他成员增添的劳务负担和精神负担、农民工子女的教育缺失和家庭亲情缺失等。农民工非永久性迁移的总成本用 $C_a$ 表示，因此，有：

$$C_a = C_1 + C_2 + C_3 + C_4 + C_5 + C_6 + C_7 + C_8 \tag{3.1}$$

农民工在城乡之间的非永久性迁移的收益用 $R_a$ 表示，具体包括：农民工在城市务工的收益（用 $R_1$ 表示），主要指农民工在城市务工所获得的工资；农民工农村土地的收益（用 $R_2$ 表示），可能是土地经营权流转的收益，也可能是自己耕种土地的收益，还包括土地增值的预期收益和拥有土地带来的心理与精神层面的收益。因此，有：

$$R_a = R_1 + R_2 \tag{3.2}$$

农民工非永久性迁移的净收益用 $NR_a$ 表示，则：

$$NR_a = R_a - C_a = (R_1 + R_2) - (C_1 + C_2 + C_3 + C_4 + C_5 + C_6 + C_7 + C_8) \tag{3.3}$$

很显然，农民工之所以选择在城乡之间做候鸟式非永久性迁移，正是因为非永久性迁移的净收益大于零。只有这样，农民才会放弃在农村务农的传统习惯，主动进行劳动力转移，才在我国出现了非永久性迁移这一特殊的人口迁移模式。

## 二 农民工永久性迁移的成本收益分析

全国人大常委会 2018 年修正了《农村土地承包法》，2019 年修正了《土地管理法》，已经明确：不得以退出土地承包经营权作为农户进城落户的条件；国家允许进城落户的农村村民依法自愿有偿退出宅基地，鼓励农村集体经济组织及其成员盘活利用闲置的宅基地。现行的制度已经不再区分小城镇以及设区、市的户口，进城落户农民也不再因为获得了与城镇居民相同的社会保障就必然放弃自己享有的土地承包经营权。这就降低了农民工市民化的机会成本，农村的土地能否顺畅流转出去，将会对农民工永久性迁移的成本收益产生不同的影响。

（一）土地经营权流转顺畅情形下农民工永久性迁移的成本收益

农民工进行永久性迁移，土地若想顺畅流转出去，那么必须要同时满足两个必要的条件：一是土地的地理位置优越；二是农民工所在的当地有新型农业经营主体，比如专业大户、家庭农场、农民合作社、农业产业化龙头企业。这些新型农业经营主体需要转让的大量土地以进行规模经营，而恰好农民工所承包的土地自然位置优越、土质肥沃，能够满足新型农业经营主体扩大规模经营的需要，此时，农民工所承包的土地能够实现顺畅流转。

农民工永久性迁移的总成本（用 $C_b$ 表示）包括五部分：就业的成本（用 $C_{1.1}$ 表示）；举家进城定居所增加的生活费用支出，即生活成本（用 $C_{2.1}$ 表示），包括城市的住房成本；机会成本（用 $C_{5.1}$ 表示），即农民工永久性迁移后所放弃的与土地有关的收入，包括农民自己耕种土地的收入，还包括闲置在农村的宅基地上的住房；子女教育成本（用 $C_{6.1}$ 表示），农民工永久性迁移就要举家迁往城市，随迁子女进城需要接受教育；社会保障成本（用 $C_{7.1}$ 表示）。因此，有：

$$C_b = C_{1.1} + C_{2.1} + C_{5.1} + C_{6.1} + C_{7.1} \tag{3.4}$$

与非永久性迁移相比，永久性迁移少了往返于城乡的交通成本；与家人沟通的通信成本；以及农民工与其家庭成员分离而承受的痛苦、农民工常年不在家给家庭其他成员增添的劳务负担和精神负担、农民工子女的教育缺失和家庭亲情缺失等其他成本。但由于农民工永久性迁移，其家属也会在城市就业，其就业成本会相应增加，因此，$C_{1.1} > C_1$。农民工举家在城市定居，其生活费用成本要远高于农民工自己在城市的生活成本，这不仅体现在由于居住城市的人口增多所增加的非居住性生活费用上，更体现在住房性支出的大幅度增长上。农民工自己在城市打工，通常居住在单位提供的集体宿舍，或与他人合租城中村的蜗居之所，前者住房性支出为零，后者的支出也非常有限。一旦举家迁入城市，无论是买房还是租房，都是一笔不菲的支出。可见，$C_{2.1}>C_2$。根据现有的土地制度安排，土地能够顺畅流转出去，农民工永久性迁移的机会成本与非永久性迁移的机会成本都是一样的，即 $C_{5.1}=C_5$。虽然国家鼓励城市学校接受农民工子女，各地区城市学校也在接受农民工子女入学方面进行了许多有益尝试，但仍然体现出供不应求的局面，存在农民工子女入学难的问题，对于没有接纳农民工子女的学校，农民工子女往往需要支付借读费才能够入学，同时为了缩小与城市孩子的学习差距，农民工可能还需要支付子女的补课费、课外资料费。因此，永久性迁移的子女教育成本远大于非永久性迁移的子女教育成本，即 $C_{6.1}>C_6$。农民工进入城市后，如果农民工永久性迁移想要享受城市社会保障福利待遇，就需要进行社会保障缴费，以城市基本养老保险为例，农民工以灵活就业人员身份参加养老保险，就需要按社会平均灵活就业人员的20%缴纳养老保险费，这部分费用如果缴纳，显然要远高于农村社会保障缴费，即 $C_{7.1}>C_7$。

综合来看，在非永久性迁移的条件下，农民工往返于城乡的交通费用和与家人沟通的通信成本都非常有限；农民工与其家庭成员分离所承受的痛苦、农民工常年不在家给家庭其他成员增添的劳务负担和精神负担、农民工子女的教育缺失和家庭亲情缺失等其他成本虽无法用货币来度量，但农民工举家迁入城市居住所带来的居住成本的压力和子女教育成本的压力，特别是现有的制度安排下农民工的宅基地使用权很难获得房产资本化收益，房屋长期闲置带来的成本，都会给农民工带来无法用货币度量的心理压力。我们有充分的理由推论，在现有制度约束的条件下，农民工永久性迁移的总成本要大于非永久性迁移的成本，即：

$$C_b>C_a \tag{3.5}$$

从收益来看，离开农村举家迁入城镇后，农民工市民化收益（用 $R_b$ 表示）主要包括三大部分：一是夫妻双方在城市就业的工资性收入（用 $R_{1.1}$ 表示）；二是农村土地经营权流转收入（用 $R_3$ 表示）；三是发展收益（用 $R_4$ 表示），包括夫妻双方职业生涯规划带来的经济收入与社会地位提高、享受跟城市一样的社会保障和子女受教育条件改善所带来的预期收益。因此，有：

$$R_b = R_{1.1} + R_3 + R_4 \tag{3.6}$$

与非永久性迁移相比，永久性迁移夫妻双方就业的收益要大于农民工自己在城市就业的收益，即 $R_{1.1} > R_1$；根据现有的土地制度安排，土地承包期内农民工举家进入城镇就业以后，仍然拥有农村土地承包权，通过土地经营权转让可以获得土地经营权流转收入，如非永久性迁移农民工也将土地经营权流转，那么，此时的 $R_3 = R_2$，这在某种程度上提高了农民工永久性迁移的收益。与非永久性迁移相比，还增加了由于夫妻双方职业生涯规划所带来的经济收入与社会地位提高和子女受教育条件改善所带来的发展收益。尽管对于农民工来说发展收益是一种不确定的具有较大风险的不确定性收益，但它的存在也使农民工永久性迁移的收益大于非永久性迁移的收益。因此，有：

$$R_b > R_a \tag{3.7}$$

所以，在土地能够实现顺畅流转的情况下，农民工实现永久性迁移要优越于非永久性迁移，在城镇化的过程中农民工更愿意做出永久性迁移的决策。

（二）土地经营权流转不顺畅情形下农民工永久性迁移的成本收益

农民工进行永久性迁移，如果土地不具备顺畅流转的两个必要条件，农民工土地经营权流转的观念又比较保守的话，农民工的承包地只能免费或象征性收一些费用给农村的亲属耕种，也有可能农民工的亲属也一样都进城务工，那么此时土地只能处于撂荒状态。

当前，"70 后"不愿种地，"80 后"不会种地，"90"后不提种地，成了农村的普遍现象，因此很多地方出现了大量撂荒的耕地，尤其是地形复杂同时又靠近非常发达城市的地方，这种现象非常普遍。2017 年以来，中国农科院农业经济与发展研究调查组通过对湖南、河南、安徽、广西、海南和江西等省份进行实地调研，发现农村存在不同程度的土地撂荒现象，既包括分散小户，也包括产粮大户。如江西省萍乡市 2017 年几乎有 25% 的耕地撂荒；根据当地农业部门调查，海南省撂荒 2 年以上的耕地共 17.88 万亩；广西产粮大县横县也有近 10% 的耕地出现

444444

444

摺荒[①]。摺荒地从地形上来看，旱地比水田、山地坡地比低地平坝摺荒更为严重。耕地的大面积摺荒降低了农民工永久性迁移的收益。

因此，在农民工承包的土地不能实现顺畅流转的情况下，农民工永久性迁移的总成本（用 $C_c$ 表示）包括五部分：就业的成本（用 $C_{1.1}$ 表示）、生活成本（用 $C_{2.1}$ 表示）、机会成本（用 $C_{5.1}$ 表示）、子女教育成本（用 $C_{6.1}$ 表示，农民工永久性迁移就要举家迁往城市，随迁子女进城需要接受教育）、社会保障成本（用 $C_{7.1}$ 表示）。这些与土地能够顺畅流转时是没有区别的。因此，有：

$$C_c = C_{1.1} + C_{2.1} + C_{5.1} + C_{6.1} + C_{7.1} \tag{3.8}$$

这与土地能够顺畅流转出去的农民工永久性迁移所要承担的总成本是一样的，因此，有：

$$C_c = C_b \tag{3.9}$$

但是，由于土地摺荒或者免费、象征性收取很少的费用给亲属耕种，永久性迁移的农民工与非永久性迁移的农民工的收益就会完全不同。此时，农民工的总收益（用 $R_c$ 表示）主要包括两部分，一是夫妻双方在城市就业的工资性收入（用 $R_{1.1}$ 表示），二是发展收益（用 $R_4$ 表示），因此，有：

$$R_c = R_{1.1} + R_4 \tag{3.10}$$

与非永久性迁移相比，永久性迁移夫妻双方就业的收益要大于农民工自己在城市就业的收益，即 $R_{1.1} > R_1$；但少了与土地相关的经济收益，增加了由于夫妻双方职业生涯规划所带来的经济收入与社会地位提高和子女受教育条件改善所带来的预期收益。我们很难判断与土地相关的经济收益与农民工市民化的发展收益相比，哪一个价值更大，但对于农民工来说，与土地相关的经济收益是一种风险很小的确定性收益，发展收益则是一种具有较大风险的不确定性收益。因此，短期来看，农民工市民化的发展收益要远小于与土地相关的经济收益与非经济收益，即便考虑到就业收益的增加也抵不上土地摺荒或者免费给亲属耕种所带来的损失。由此可见，在农民工的眼里，此时，永久性迁移的收益要低于非永久性迁移的收益，即：

① 蒋和平、王晓君、王克军、蒋辉：《解析农田摺荒现象》，《中国国情国力》2019年第3期。

$$R_c < R_a \tag{3.11}$$

综上所述，在现有的制度条件下虽然承包地已经不是农民工市民化的障碍，但是由于土地的自然地理位置和土壤肥沃程度的区别、新型农业经营主体分布的不均衡①，加上农民土地经营权流转观念又比较保守，永久性迁移的农民工是无法获取土地的这部分收入的，又加上其闲置的宅基地，都会降低其永久性迁移的收益。与非永久性迁移相比，永久性迁移的成本高，收益低，从经济理性出发，农民工当然会继续选择非永久性迁移模式，而不会在城市定居下来，成为城市居民。

进一步分析非永久性迁移与永久性迁移的成本和收益，我们不难发现，之所以后者的成本高、收益低，最主要的原因是前者的收益中包括了与土地相关的经济与非经济收益，而机会成本仅是由于青壮年劳动力减少带来的农业收入的减少；而如果土地能够实现顺畅流转，那么其市民化的收益就大于非永久性迁移的收益；如果土地不能实现顺畅流转，或者撂荒或者免费给亲属耕种的话，农民工无法获得这部分土地收益，这样就会使其市民化的收益小于非永久性迁移的收益。因此，农民工在市民化过程中会根据成本收益做出其市民化的理性选择。土地对于农民来说不只是就业与生存的安身立命之本，更是能获得增值性预期收益的重要财产，只要当地有足够多的新型农业经营主体，农民工及其家庭就有机会实现土地的顺畅流转，就会使永久性迁移的收益大于非永久性迁移的收益，农民工就会愿意进行永久性迁移，从而实现市民化。

---

① 从 2019 年农业农村部第八次检测合格的农业产业化国家重点龙头企业的区域分布来看，东部、中部、西部的农业产业化龙头企业数量分别为 449 家、378 家、268 家。东部沿海地区和传统农业大省集中分布了 76% 的国家重点农业产业化龙头企业。

# 第四章　土地经营权流转问题调研分析

进行农村土地经营权流转问题的研究，必须了解农村土地制度运行的真实情况，2018 年修正的《农村土地承包法》和 2019 年修正的《土地管理法》，是否促进了农民工市民化？是否对农户土地经营权流转起到了促进作用？这就必须深入农村了解土地经营权流转和农民工市民化的真实情况。为此，笔者利用寒假，在学生的帮助下到学生的故乡进行了问卷调研，笔者还亲自走访了自己家乡（辽宁朝阳）的农村村民，然后将调查结果整理归类，按照农户的基本信息、家庭收入情况和土地经营情况、市民化意愿、土地经营权流转意愿、土地转出和转入情况、农户对相关法律的了解情况等几个方面的情况进行了统计分析。

## 第一节　土地经营权流转问题调研简介

### 一　调研目的

此次调研目的就是为了解农村土地经营权流转的真实情况，包括农民土地经营权流转的意愿、农民工市民化的意愿、农村土地利用情况、农户参与土地经营权流转的程度、阻碍农户参与土地经营权流转的因素、土地确权的难度、新修正的《农村土地承包法》和《土地管理法》是否促进了农村的土地经营权流转和农民工市民化等一系列问题。

### 二　调研对象

考虑到多种因素，2019 年寒假让学生带回一部分纸质版的调查问卷，2020 年暑假又借助于学生的帮助，用问卷星的方式将问卷发送给学生，学生又挨家挨户让村里农户进行了填写，有个别在外面打工的农户，学生也都拜托其家人进行了转发填写。为了使问卷具有代表性，我们尽可能使调查的地区覆盖面广一些，本次调研以东部、中部和西部

20 个省份及地区的农民为调研对象，纸质版加上问卷星电子版共发放 3000 份问卷。东部地区包括北京、天津、河北、辽宁、江苏、浙江、山东、广东、广西，中部地区包括山西、内蒙古、吉林、黑龙江、安徽、河南、湖北，西部地区包括四川、贵州、陕西、甘肃。经统计整理后剔除无效问卷，剩余有效问卷 2110 份，问卷有效率为 70.33%（见表 4-1）。

同时，笔者本人于 2019 年 10 月 17—21 日，带着研究生到笔者家乡辽宁朝阳进行走访，更多的是采访了农业科学技术协会工作人员和参与农村土地经营权流转的农业企业家以及农村工作管理干部。

表 4-1　　　　　　　　　有效问卷分布情况

| 地区 | 省份 | 回收有效问卷份数 | 合计 |
|------|------|------------------|------|
| 东部 | 北京 | 95 | 1391 |
| | 天津 | 102 | |
| | 河北 | 47 | |
| | 辽宁 | 707 | |
| | 江苏 | 63 | |
| | 浙江 | 76 | |
| | 山东 | 225 | |
| | 广东 | 64 | |
| | 广西 | 12 | |
| 中部 | 山西 | 112 | 557 |
| | 内蒙古 | 2 | |
| | 吉林 | 45 | |
| | 黑龙江 | 73 | |
| | 安徽 | 73 | |
| | 河南 | 153 | |
| | 湖北 | 99 | |
| 西部 | 四川 | 2 | 162 |
| | 贵州 | 83 | |
| | 陕西 | 37 | |
| | 甘肃 | 40 | |

### 三 调研方法

此次调研采取走访调研与问卷调研相结合的方法。

### 四 问题收集方法

在发放问卷和走访之前，笔者翻阅了大量有关土地经营权流转的文献资料，将此次调研的问题集中整理，设计了一份便于农民回答的问卷。同时，对当地参与土地经营权流转的新型农业经营主体、农业科学技术协会的工作人员以及农村工作管理干部进行采访，做了适当记录并收集问题。

### 五 调研过程总结

走访的时间是 2019 年 10 月 17—21 日，考虑到多种因素，首选调研走访的地区是笔者的家乡辽宁朝阳，此次调研的目的是通过与农业科学技术协会的工作人员和一些新型农业经营主体交谈，重点了解他们在农村参与土地经营权流转的情况，同时还参观了他们的绿色农业基地和农业企业单位。通过与受访者的交谈，我们得到了很多在文献中查不到的宝贵资料，了解了农村土地经营权流转的大体情况，以及农业企业家在土地经营权流转过程所起到的作用和面临的困难，更重要的是了解到了农户土地经营权流转的意愿与农民工市民化的意愿。同时，也了解到农民对国家新修正的《农村土地承包法》和《土地管理法》的认知情况，以及农村土地确权的情况。

纸质问卷回收后，笔者及时组织学生分组将有效问卷的数据录入电脑，以便于分析，但是录入过程中，发现有些地区的有效问卷非常少，如中部的内蒙古和西部的四川地区仅有 2 份有效问卷，这给我们分析问题带来一定的困难，还好这样的情况并不多，同时还有通过问卷星问卷学生走访农户获得的调研数据作为补充。我们主要考虑到家乡的便利条件，在辽宁发放的问卷比较集中，几乎覆盖了辽宁的每个地级市，其他省份仅选一些代表性地区发放问卷。

### 六 调查问卷说明

尽管在设计问卷时尽可能考虑到农民的文化水平，但还是不够周全，尤其是到第 11 题必须分情况回答时，有些问题农民可能是没太理解，导致问卷的有效率比较低。本次问卷涉及农民是否参与土地经营权流转，所以在挑选有效问卷和录入数据时必须分三种情况：一是所有被调查者必须将第 1—11 题、第 26—27 题全部答完，如果第 11 题被调查者选择 A 选项，即"是，正在转出"，接下来必须将第 12—19 题全部答完，这张问卷才是有效问卷；二是如果第 11 题被调查者选择 B 选项，即"是，正在转入"，接下来必须将第 20—24 题全部答完，这张问卷才是有效问卷；三是如果第 11 题被调查者选择 C 选项，即"否"，接下来必须将第 25—27 题答完，这张问卷才是有效问卷。

# 第二节　土地经营权流转问题问卷调查结果分析

## 一　被调查农户基本信息的统计结果

关于被调查农户的基本信息共设计了 8 道问题，包括被调查农户的性别、年龄、家庭人口数、家庭劳动力人数、在外打工人数、文化程度、距离省会城市的距离以及职业类型。笔者的目的是了解当前农村的家庭情况、农村家庭的劳动力人数和在外打工人数是否会与家庭承包地的耕种情况有直接关系。

（一）被调查农户的性别、年龄的调查结果分析

从统计数据结果来看，东部、中部和西部被调查农户的男性比重相对较大，总体看男性占 61.42%，女性占 38.58%（见表 4-2）；从被调查农户的年龄看，36—45 岁的占比最大，为 31.37%，其次为 46—55 岁，占比为 21.23%，而 18—25 岁和 26—35 岁的占比相对较小，分别为 12.18% 和 20.75%，这也说明很多年轻人都不在农村，大部分在外地打工（见表 4-3）。

表 4-2　　　　　　　　被调查农户的性别占比情况

| 性别 | 东部 | | 中部 | | 西部 | | 合计 | |
|---|---|---|---|---|---|---|---|---|
| | 人数 | 占比（%） | 人数 | 占比（%） | 人数 | 占比（%） | 人数 | 占比（%） |
| 男 | 823 | 59.17 | 349 | 62.66 | 124 | 76.54 | 1296 | 61.42 |
| 女 | 568 | 40.83 | 208 | 37.34 | 38 | 23.46 | 814 | 38.58 |

表 4-3　　　　　　　　　被调查农户年龄占比情况

| 年龄 | 东部 | | 中部 | | 西部 | | 合计 | |
|---|---|---|---|---|---|---|---|---|
| | 人数 | 占比（%） | 人数 | 占比（%） | 人数 | 占比（%） | 人数 | 占比（%） |
| 18—25 岁 | 128 | 9.20 | 94 | 16.87 | 35 | 21.60 | 257 | 12.18 |
| 26—35 岁 | 316 | 22.71 | 91 | 16.33 | 31 | 19.13 | 438 | 20.75 |
| 36—45 岁 | 462 | 33.21 | 154 | 27.64 | 46 | 28.39 | 662 | 31.37 |
| 46—55 岁 | 275 | 19.76 | 137 | 24.59 | 36 | 22.22 | 448 | 21.23 |
| 55 岁以上 | 210 | 15.09 | 81 | 14.54 | 14 | 8.64 | 305 | 14.45 |

（二）被调查农户的家庭人口数和文化程度的调查结果分析

从被调查农户的家庭人口数看，无论是东部、中部还是西部地区，占比最高的是四口之家，为 34.78%，其次是三口之家，为 28.43%，说明由于国家计划生育等政策以及农民文化水平的提升，农村现在很少有过去那种越穷孩子越多的家庭，这样有利于农村家庭物质生活条件的改善（见表 4-4）。从表 4-5 中也可以看出，初中文化程度占比最高，为 40.33%，其次是高中（中专），为 24.17%，而小学及以下文化程度仅占 17.67%，这就说明目前我国农村居民文化水平还是普遍比较低。

表 4-4　　　　　　　　被调查农户家庭人口数占比情况

| 家庭人口数 | 东部 | | 中部 | | 西部 | | 合计 | |
|---|---|---|---|---|---|---|---|---|
| | 人数 | 占比（%） | 人数 | 占比（%） | 人数 | 占比（%） | 人数 | 占比（%） |
| 2 人 | 123 | 8.84 | 45 | 8.07 | 3 | 1.85 | 171 | 8.10 |
| 3 人 | 444 | 31.91 | 132 | 23.69 | 24 | 14.81 | 600 | 28.43 |
| 4 人 | 461 | 33.14 | 217 | 38.95 | 56 | 34.56 | 734 | 34.78 |
| 5 人 | 267 | 19.19 | 110 | 19.74 | 41 | 25.30 | 418 | 19.81 |
| 5 人以上 | 96 | 6.90 | 53 | 9.51 | 38 | 23.45 | 187 | 8.86 |

表 4-5　　　　　　　　　被调查农户文化程度占比情况

| 文化程度 | 东部 | | 中部 | | 西部 | | 合计 | |
|---|---|---|---|---|---|---|---|---|
| | 人数 | 占比（%） | 人数 | 占比（%） | 人数 | 占比（%） | 人数 | 占比（%） |
| 小学及以下 | 205 | 14.73 | 136 | 24.41 | 32 | 19.75 | 373 | 17.67 |
| 初中 | 694 | 49.89 | 261 | 46.85 | 86 | 53.08 | 1041 | 40.33 |

续表

| 文化程度 | 东部 | | 中部 | | 西部 | | 合计 | |
|---|---|---|---|---|---|---|---|---|
| | 人数 | 占比（%） | 人数 | 占比（%） | 人数 | 占比（%） | 人数 | 占比（%） |
| 高中（中专） | 365 | 26.24 | 118 | 21.18 | 27 | 16.66 | 510 | 24.17 |
| 大学（大专）及以上 | 127 | 9.13 | 42 | 7.54 | 17 | 10.49 | 186 | 8.81 |

（三）被调查农户的家庭劳动力人数和在外打工人数的调查结果分析

从被调查农户的家庭劳动力人数和在外打工人数看，家庭劳动力人数为2人的占比最高，为52.60%，而在外打工的人数为1人或者2人的占比最高，分别为30.09%和30.90%，这说明我国目前农村存在大量剩余的劳动力，大部分家庭的劳动力在外打工（见表4-6和表4-7）。

表4-6　　　　　　　　被调查农户家庭劳动力人数占比情况

| 家庭劳动力人数 | 东部 | | 中部 | | 西部 | | 合计 | |
|---|---|---|---|---|---|---|---|---|
| | 人数 | 占比（%） | 人数 | 占比（%） | 人数 | 占比（%） | 人数 | 占比（%） |
| 2人 | 710 | 51.04 | 320 | 57.45 | 80 | 49.38 | 1110 | 52.60 |
| 3人 | 450 | 32.35 | 129 | 23.15 | 35 | 21.60 | 614 | 29.09 |
| 4人 | 189 | 13.58 | 84 | 15.08 | 34 | 20.98 | 307 | 14.54 |
| 5人 | 38 | 2.73 | 16 | 2.87 | 6 | 3.70 | 60 | 2.84 |
| 5人以上 | 4 | 0.28 | 8 | 1.43 | 7 | 4.32 | 19 | 0.90 |

表4-7　　　　　　　　被调查农户在外打工人数占比情况

| 在外打工人数 | 东部 | | 中部 | | 西部 | | 合计 | |
|---|---|---|---|---|---|---|---|---|
| | 人数 | 占比（%） | 人数 | 占比（%） | 人数 | 占比（%） | 人数 | 占比（%） |
| 无 | 437 | 31.41 | 108 | 19.38 | 30 | 18.51 | 575 | 27.25 |
| 1人 | 406 | 29.18 | 188 | 33.75 | 41 | 25.30 | 635 | 30.09 |
| 2人 | 388 | 27.89 | 190 | 34.11 | 74 | 45.67 | 652 | 30.90 |
| 3人 | 144 | 10.35 | 51 | 9.15 | 8 | 4.93 | 203 | 9.62 |
| 3人以上 | 16 | 1.15 | 20 | 3.59 | 9 | 5.55 | 45 | 2.13 |

（四）被调查农户距离省会距离和职业类型的调查结果分析

从被调查农户距离省会距离占比情况看，距离省会城市距离在201—500千米的农户占比最高，为48.05%，尤其是西部地区，达到了

66.04%（见表4-8）。从职业类型看，大部分农户依然是农业或者以农业为主兼非农业，占比分别为33.27%和26.87%，说明我国农村大部分农户依然从事传统农业（见表4-9）。

表4-8　　　　　　　　　被调查农户距离省会距离占比情况

| 距离省会距离 | 东部 | | 中部 | | 西部 | | 合计 | |
|---|---|---|---|---|---|---|---|---|
| | 人数 | 占比（%） | 人数 | 占比（%） | 人数 | 占比（%） | 人数 | 占比（%） |
| 不到50千米 | 130 | 9.34 | 81 | 14.54 | 22 | 13.58 | 233 | 11.04 |
| 50—200千米 | 529 | 38.03 | 163 | 29.26 | 27 | 16.66 | 719 | 34.07 |
| 201—500千米 | 633 | 45.50 | 274 | 49.19 | 107 | 66.04 | 1014 | 48.05 |
| 500千米以上 | 99 | 7.11 | 39 | 7.00 | 6 | 3.70 | 144 | 6.82 |

表4-9　　　　　　　　　被调查农户职业类型占比情况

| 职业类型 | 东部 | | 中部 | | 西部 | | 合计 | |
|---|---|---|---|---|---|---|---|---|
| | 人数 | 占比（%） | 人数 | 占比（%） | 人数 | 占比（%） | 人数 | 占比（%） |
| 农业 | 444 | 31.92 | 166 | 28.80 | 92 | 56.79 | 702 | 33.27 |
| 以农业为主兼非农业 | 393 | 28.25 | 151 | 27.12 | 23 | 14.20 | 567 | 26.87 |
| 以非农业为主兼农业 | 300 | 21.57 | 142 | 25.49 | 26 | 16.05 | 468 | 22.18 |
| 非农业 | 254 | 18.26 | 98 | 17.59 | 21 | 12.96 | 373 | 17.68 |

## 二　被调查农户家庭收入情况和土地经营情况的调查结果分析

（一）被调查农户的家庭收入情况的调查结果分析

为反映被调查农户的家庭收入情况，主要设计了两道问题，一是被调查农户家庭主要收入来源，二是被调查农户农业收入占总收入的比重。统计结果显示，被调查农户家庭的主要收入来源为在外打工的收入，占比为37.13%，其次才是土地耕作的收入，为31.03%（见表4-10和图4-1）。而表4-11也恰恰说明了农业收入占农户总收入的比重相对比较小，农业收入占总收入的比重在30%以下的农户为39.15%，在30%—50%的农户为35.60%。

表 4-10                            被调查农户家庭主要收入来源

| 主要来源 | 东部 | | 中部 | | 西部 | | 合计 | |
|---|---|---|---|---|---|---|---|---|
| | 人数 | 占比（%） | 人数 | 占比（%） | 人数 | 占比（%） | 人数 | 占比（%） |
| 土地耕作 | 430 | 30.91 | 189 | 33.93 | 33 | 20.37 | 652 | 31.03 |
| 养殖业 | 133 | 9.56 | 40 | 7.18 | 7 | 4.32 | 180 | 8.57 |
| 在外打工 | 452 | 32.49 | 239 | 42.91 | 89 | 54.94 | 780 | 37.13 |
| 小本生意 | 173 | 12.44 | 40 | 7.18 | 23 | 14.20 | 236 | 11.23 |
| 在本地企业打工 | 164 | 11.79 | 22 | 3.95 | 3 | 1.85 | 189 | 9.00 |
| 其他 | 39 | 2.80 | 27 | 4.85 | 7 | 4.32 | 64 | 3.05 |

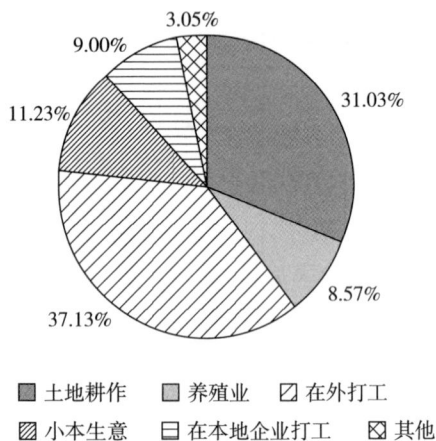

图 4-1  被调查农户家庭主要收入来源情况

表 4-11                            被调查农户家庭农业收入占总收入情况

| 农业收入占总收入比重 | 东部 | | 中部 | | 西部 | | 合计 | |
|---|---|---|---|---|---|---|---|---|
| | 人数 | 占比（%） | 人数 | 占比（%） | 人数 | 占比（%） | 人数 | 占比（%） |
| 30%以下 | 488 | 30.08 | 252 | 45.24 | 86 | 53.09 | 826 | 39.15 |
| 30%—50% | 529 | 38.03 | 166 | 29.80 | 56 | 34.57 | 751 | 35.60 |
| 51%—80% | 259 | 18.62 | 84 | 15.08 | 10 | 6.17 | 353 | 16.73 |
| 80%以上 | 115 | 8.27 | 55 | 9.87 | 10 | 6.17 | 180 | 8.53 |

（二）被调查农户家庭承包地经营情况的调查结果分析

1. 被调查农户承包地面积的调查结果分析

从被调查农户家庭承包地面积统计结果看，承包地面积 0—5 亩的农户所占比重最大，为 43.65%，6—10 亩的农户所占比重为 28.48%，11—15 亩的农户所占比重为 15.69%，而 21—40 亩的农户和 40 亩以上的农户所占比重分别为 3.41% 和 1.04%（见表 4-12 和图 4-2）。这说明我国自实行家庭联产承包责任制以来，农村农户所承包的土地细碎化经营成为农业生产的主要特征，这样的经营模式既浪费土地资源，又增加农业生产成本，制约了农业现代化的发展。

表 4-12　　　　　　　　被调查农户家庭承包地面积占比情况

| 承包地面积 | 东部 | | 中部 | | 西部 | | 合计 | |
|---|---|---|---|---|---|---|---|---|
| | 人数 | 占比（%） | 人数 | 占比（%） | 人数 | 占比（%） | 人数 | 占比（%） |
| 0—5 亩 | 597 | 42.92 | 222 | 39.86 | 102 | 62.96 | 921 | 43.65 |
| 6—10 亩 | 382 | 27.46 | 179 | 32.14 | 40 | 24.69 | 601 | 28.48 |
| 11—15 亩 | 240 | 17.25 | 77 | 13.82 | 14 | 8.64 | 331 | 15.69 |
| 16—20 亩 | 120 | 8.63 | 40 | 7.18 | 3 | 1.85 | 163 | 7.73 |
| 21—40 亩 | 40 | 2.88 | 30 | 5.39 | 2 | 1.23 | 72 | 3.41 |
| 40 亩以上 | 12 | 0.86 | 9 | 1.62 | 1 | 0.62 | 22 | 1.04 |

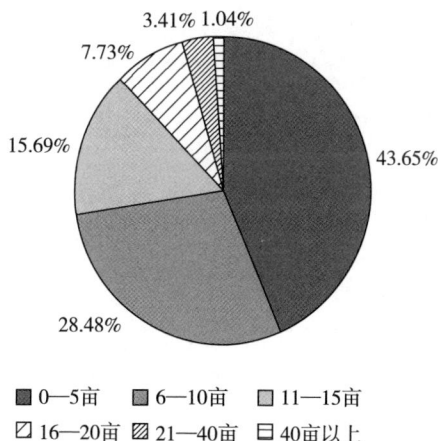

图 4-2　农户家庭承包地面积占比情况

2. 被调查农户每亩地收入的调查结果分析

从被调查农户每亩地收入统计结果看，目前农户每亩地的收入并不高，每亩地收入 100—500 元的农户所占比重为 23.18%；每亩地收入 501—1000 元的农户所占比重为 48.77%，其中，东部地区该项比重为 51.55%，中部地区为 44.88%，西部地区为 38.27%；每亩地收入 1501—2000 元的农户所占的比重仅为 4.08%；每亩地收入超过 2000 元的农户所占比重还不到 2%，仅为 1.94%（见表 4—13）。

表 4—13　　　　　　　　　被调查农户每亩地收入占比情况

| 每亩地收入 | 东部 | | 中部 | | 西部 | | 合计 | |
|---|---|---|---|---|---|---|---|---|
| | 人数 | 占比（%） | 人数 | 占比（%） | 人数 | 占比（%） | 人数 | 占比（%） |
| 100—500 元 | 228 | 16.39 | 195 | 35.01 | 66 | 40.74 | 489 | 23.18 |
| 501—1000 元 | 717 | 51.55 | 250 | 44.88 | 62 | 38.27 | 1029 | 48.77 |
| 1001—1500 元 | 361 | 25.95 | 82 | 14.72 | 22 | 13.58 | 465 | 22.04 |
| 1501—2000 元 | 53 | 3.81 | 25 | 4.49 | 8 | 4.94 | 86 | 4.08 |
| 2000 元以上 | 32 | 2.30 | 5 | 0.90 | 4 | 2.47 | 41 | 1.94 |

### 三　被调查农户土地经营权流转意愿和市民化意愿情况的调查结果分析

（一）被调查农户土地转出意愿的调查结果分析

党的第十七届全国代表大会第三次中央委员会全体会议通过的《中共中央关于推进农村改革发展若干重大问题的决定》强调，要赋予农民更加充分而有保障的土地承包经营权，现有土地承包关系要保持稳定并长久不变。从调查统计数据结果看，不愿意转出自己土地承包经营权的农户所占比重相对较大，为 52.23%，其中东部地区为 50.68%，中部地区为 57.81%，西部地区为 46.30%（见表 4—14）。这说明在当前和今后相当长的时期，有些地区的土地经营权流转不顺畅，这将不利于农民工永久性迁移。大量农民工外出打工，在城乡双向流动，是我国的一大特色，也是一个长期的过程，很多农民工进城后选择把土地免费或者只是象征性收费给亲属耕种，有的甚至撂荒。还有一部分农民工是因为心里有顾虑，担心一旦将土地承包经营权转出，万一将来老了，不能在外面找到合适的工作，回到农村又无法收回土地或转入的一方更改了土地用途破坏了土质，出于这种顾虑，他们不愿意转出土地。

表 4-14　　　　　　　被调查农户土地转出意愿占比情况

| 是否愿意有偿转出自家土地承包经营权 | 东部 | | 中部 | | 西部 | | 合计 | |
|---|---|---|---|---|---|---|---|---|
| | 人数 | 占比（％） | 人数 | 占比（％） | 人数 | 占比（％） | 人数 | 占比（％） |
| 愿意 | 686 | 49.32 | 235 | 42.19 | 87 | 53.70 | 1008 | 47.77 |
| 不愿意 | 705 | 50.68 | 322 | 57.81 | 75 | 46.30 | 1102 | 52.23 |

（二）被调查农户土地经营权流转意愿的调查结果分析

调查数据结果显示，愿意转入土地的农户所占比重为19.24％，愿意转出土地的农户为31.42％，也就是说愿意进行土地经营权流转的农户所占比重为50.66％，刚刚接近一半，而既不愿意转入也不愿意转出土地农户所占比重为25.12％，东部地区该项比重为23.58％，中部地区该项比重为26.03％，西部地区该项比重为35.19％（见表4-15）。这说明不愿意进行承包地流转的农户还占有相当的比重。

表 4-15　　　　　　被调查农户是否愿意进行承包地流转占比情况

| 是否愿意进行承包地流转 | 东部 | | 中部 | | 西部 | | 合计 | |
|---|---|---|---|---|---|---|---|---|
| | 人数 | 占比（％） | 人数 | 占比（％） | 人数 | 占比（％） | 人数 | 占比（％） |
| 愿意转入 | 272 | 19.55 | 111 | 19.93 | 23 | 14.20 | 406 | 19.24 |
| 愿意转出 | 461 | 33.14 | 152 | 27.29 | 50 | 30.86 | 663 | 31.42 |
| 不愿意转入 | 194 | 13.95 | 96 | 17.23 | 10 | 6.17 | 300 | 14.22 |
| 不愿意转出 | 136 | 9.78 | 53 | 9.52 | 22 | 13.58 | 211 | 10.00 |
| 既不愿意转入也不愿意转出 | 328 | 23.58 | 145 | 26.03 | 57 | 35.19 | 530 | 25.12 |

（三）被调查农户市民化意愿的调查结果分析

2018年新修正的《农村土地承包法》和2019年新修正的《土地管

理法》已经明确：不得以退出土地承包经营权作为农户进城落户的条件；国家允许进城落户的农村村民依法自愿有偿退出宅基地，鼓励农村集体经济组织及其成员盘活利用闲置的宅基地。所以，我们在对调查问卷数据进行统计后发现不管是东部、中部还是西部地区，愿意成为市民的占比明显高。但是，即便如此，依然有 50.62% 的农户不愿意成为市民，其中东部地区该项比重为 53.34%，中部地区该项比重为 40.39%，西部地区该项比重为 62.35%（见表 4-16）。也许是因为大部分农户依然无法确定自己成为市民后能否获得与市民同等的待遇，或者对消除城乡用工制度的不平等，建立城乡统一的身份管理制度，使农民真正融入城市去工作和生活心存顾虑。

表 4-16    被调查农户保留土地承包权是否愿意成为市民的占比情况

| 现行土地制度下是否愿意将来成为市民 | 东部 | | 中部 | | 西部 | | 合计 | |
|---|---|---|---|---|---|---|---|---|
| | 人数 | 占比（%） | 人数 | 占比（%） | 人数 | 占比（%） | 人数 | 占比（%） |
| 是 | 649 | 46.66 | 332 | 59.61 | 61 | 37.65 | 1042 | 49.38 |
| 否 | 742 | 53.34 | 225 | 40.39 | 101 | 62.35 | 1068 | 50.62 |

**四　被调查农户对新修正的《农村土地承包法》了解情况的调查结果分析**

调查数据结果显示，农民对新修正的《农村土地承包法》了解甚少，仅占 14.27%，其中东部该项统计结果为 16.32%，中部和西部的该项统计结果分别为 11.13% 和 7.41%。调查结果显示，不完全了解的农户占 55.36%，还有 30.38% 的农户完全不了解新修正的《农村土地承包法》（见表 4-17 和图 4-3）。事实上，即便表示对新修正的《农村土地承包法》了解的农户，大部分农户也不知道该法的主要内容，甚至是涉及农民自身权益保护方面的最核心内容是什么都不清楚。这也无疑阻碍了农村土地经营权流转，地方政府应该积极加强对新修正的《农村土地承包法》的宣传工作。

表4-17　　　　　被调查农户对新修正的《农村土地承包法》
是否了解的占比情况

| 对《农村土地承包法》了解情况 | 东部 | | 中部 | | 西部 | | 合计 | |
|---|---|---|---|---|---|---|---|---|
| | 人数 | 占比（%） | 人数 | 占比（%） | 人数 | 占比（%） | 人数 | 占比（%） |
| 了解 | 227 | 16.32 | 62 | 11.13 | 12 | 7.41 | 301 | 14.27 |
| 不完全了解 | 751 | 53.99 | 310 | 55.66 | 107 | 66.05 | 1168 | 55.36 |
| 不了解 | 413 | 29.69 | 185 | 33.21 | 43 | 26.54 | 641 | 30.38 |

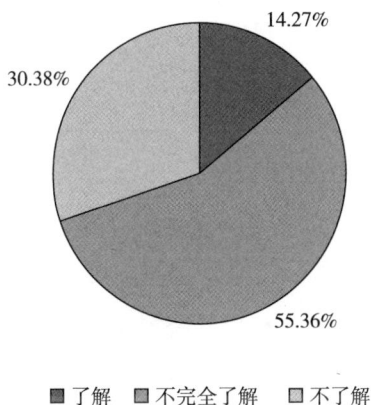

14.27%

30.38%

55.36%

■ 了解　■ 不完全了解　■ 不了解

图4-3　被调查农户对《农村土地承包法》是否了解的占比情况

## 五　被调查农户是否正在进行土地经营权流转的调查结果分析

为了了解农村土地经营权流转运行的真实情况，特意设置此题。调查数据结果显示，农村土地经营权流转的运行情况并不理想，发生率非常低，这也说明目前我国农村土地依然是各家各户细碎化分散经营的一种状态，这不仅限制农户对农业投资的收益，也降低了农业规模效益和效率。而且，家庭小规模经营使人均生产率过低，不足以吸引农户从事农业经营，必将导致一系列问题的出现。被调查农户中有69.67%的农户没有进行土地经营权流转，接近70%，而中部地区和西部地区被调查的农户没有进行土地经营权流转的比重更大，分别为78.10%和72.84%，其中东部地区该项比重为65.92%。进行土地转出的农户比重为16.49%，其中东部地区为18.12%，中部地区为11.31%，西部地区为20.37%；进行土地转入的农户比重为13.84%，该项比重东部地区为15.96%，中部地区为10.59%，西部地区为6.79%（见表4-18和图4-4）。在家庭联产承包责任制的土地制度下，要想实现土地规模经营，只能通过土地经营权流转，促进农地健康有序流转实现规模效应的措施。

表4-18　　　　被调查农户是否正在进行土地经营权流转占比情况

| 是否正在进行土地经营权流转 | 东部 | | 中部 | | 西部 | | 合计 | |
|---|---|---|---|---|---|---|---|---|
| | 人数 | 占比（%） | 人数 | 占比（%） | 人数 | 占比（%） | 人数 | 占比（%） |
| 是，正在转出 | 252 | 18.12 | 63 | 11.31 | 33 | 20.37 | 348 | 16.49 |
| 是，正在转入 | 222 | 15.96 | 59 | 10.59 | 11 | 6.79 | 292 | 13.84 |
| 否 | 917 | 65.92 | 435 | 78.10 | 118 | 72.84 | 1470 | 69.67 |

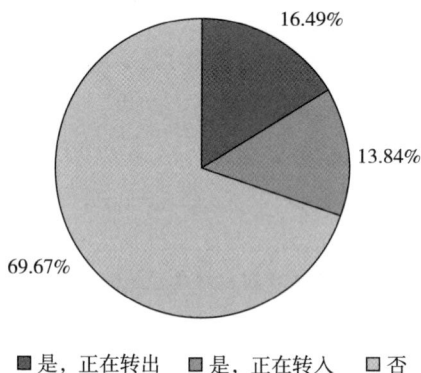

图4-4　被调查农户是否正在进行土地经营权流转占比情况

## 六　被调查农户进行土地转出的调查结果分析

在调查中有些农户是转出土地，有些农户是转入土地，我们想具体了解转出土地的农户的一些状况，具体设计了8个问题，包括农户转出土地的原因、转出土地占承包地的比例、土地经营权流转期限、土地转出后这些农户将从事什么工作、土地都转给哪些人经营、通过何种途径流转土地、土地经营权流转的价格等问题。

（一）被调查农户进行土地转出原因的调查结果分析

被调查农户数据结果显示，因为务农收入低将土地转出去所占的比重为34.60%，其中东部地区为36.84%，中部地区为26.38%，西部地区为 26.31%。因土地转出收入高于自己务农收入的农户所占比重为 21.52%，这说明有近一半的农户是因为务农收入低，将土地转出去，这样可以有更多时间去从事农业以外的工作以增加家庭的总收入，改善家里的物质生活条件。因集体要求将土地出让的占 9.80%。因年老、儿女到城里打工，家中劳动力不足将土地转出的农户所占比重为 14.44%，其中东部地区为 14.28%，中部地区为 11.11%，西部地区为 18.42%，这说明我国农村目前还有相当一部分空巢老人。由于其他原因转出土地的农户所占比重很小，仅为 4.63%（见表 4-19）。

表 4-19　　　　　　被调查农户进行土地转出的原因占比情况

| 正在转出土地的原因 | 东部 | | 中部 | | 西部 | | 合计 | |
|---|---|---|---|---|---|---|---|---|
| | 人数 | 占比（%） | 人数 | 占比（%） | 人数 | 占比（%） | 人数 | 占比（%） |
| 务农的收入低 | 98 | 36.84 | 19 | 26.38 | 10 | 26.31 | 127 | 34.60 |
| 土地转出的收入高于自己务农收入 | 61 | 22.93 | 12 | 16.66 | 6 | 15.78 | 79 | 21.52 |
| 集体要求将土地出让 | 25 | 9.39 | 19 | 26.38 | 1 | 2.63 | 36 | 9.80 |
| 年老、儿女到城里打工，家中劳动力不足 | 38 | 14.28 | 8 | 11.11 | 7 | 18.42 | 53 | 14.44 |
| 打算到城里打工 | 38 | 14.28 | 7 | 9.72 | 10 | 26.31 | 55 | 14.98 |
| 其他 | 6 | 2.25 | 7 | 9.72 | 4 | 10.52 | 17 | 4.63 |

（二）被调查农户转出土地占所承包地比重的调查结果分析

在进行土地转出的农户中，将所承包的土地全部转出去的农户所占比重并不是很大，仅占 15.60%，其中东部地区为 15.12%，中部地区为 21.74%，西部地区为 9.09%。转出土地占承包地比重为 76%—99% 的农户的占比也非常小，仅为 15.88%。事实是大部分农户是将自己承包土地的 26%—50% 转出去，这一比重为 29.81%，其中东部地区为 29.84%，中部地区为 27.54%，西部地区为 33.33%。转出土地占承包地 51%—75% 的农户所占比重为 24.51%（见表 4-20 和图 4-5）。

表 4-20　　　　　　被调查农户转出土地占所承包地比重的情况

| 转出土地占所承包地的比重 | 东部 | | 中部 | | 西部 | | 合计 | |
|---|---|---|---|---|---|---|---|---|
| | 人数 | 占比（%） | 人数 | 占比（%） | 人数 | 占比（%） | 人数 | 占比（%） |
| 1%—25% | 33 | 12.79 | 13 | 18.84 | 5 | 15.15 | 51 | 14.21 |
| 26%—50% | 77 | 29.84 | 19 | 27.54 | 11 | 33.33 | 107 | 29.81 |
| 51%—75% | 61 | 23.64 | 15 | 21.74 | 12 | 36.36 | 88 | 24.51 |
| 76%—99% | 48 | 18.60 | 7 | 10.14 | 2 | 6.06 | 57 | 15.88 |
| 100% | 39 | 15.12 | 15 | 21.74 | 3 | 9.09 | 56 | 15.60 |

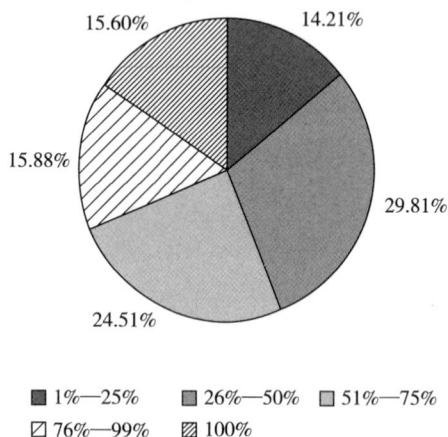

图 4-5　被调查农户转出土地占所承包地比重的情况

（三）被调查农户转出租期的调查结果分析

调查结果显示，农民流转的土地租期比较短，土地经营权流转租期为 1—2 年的农户所占比重为 21.53%，其中东部地区为 14.68%，中部地区为 45.59%，西部地区为 24.24%；3—4 年的为 17.56%，其中东部地区为 14.29%，中部地区为 20.59%，西部地区为 36.36%；5—6 年的为 23.51%，其中东部地区为 24.60%，中部地区为 16.18%，西部地区为 30.30%；7—8 年的为 16.15%，9—10 年的为 5.10%，10 年以上的仅为 16.15%（见表 4-21 和图 4-6）。这是因为大部分流转的土地都是农民 1988 年第二轮联产承包签订的承包协议，30 年承包期限到期后，是否延长土地承包具有不确定性，这给转入土地的农业企业的生产与投入带来很多风险。

**表 4-21**　　　　　　　被调查农户土地转出租期的占比情况

| 您家承包地转出租期为 | 东部 | | 中部 | | 西部 | | 合计 | |
|---|---|---|---|---|---|---|---|---|
| | 人数 | 占比（%） | 人数 | 占比（%） | 人数 | 占比（%） | 人数 | 占比（%） |
| 1—2 年 | 37 | 14.68 | 31 | 45.59 | 8 | 24.24 | 76 | 21.53 |
| 3—4 年 | 36 | 14.29 | 14 | 20.59 | 12 | 36.36 | 62 | 17.56 |
| 5—6 年 | 62 | 24.60 | 11 | 16.18 | 10 | 30.30 | 83 | 23.51 |
| 7—8 年 | 47 | 18.65 | 7 | 10.29 | 3 | 9.09 | 57 | 16.15 |
| 9—10 年 | 15 | 5.95 | 3 | 4.41 | 0 | 0 | 18 | 5.10 |
| 10 年以上 | 55 | 21.83 | 2 | 2.94 | 0 | 0 | 57 | 16.15 |

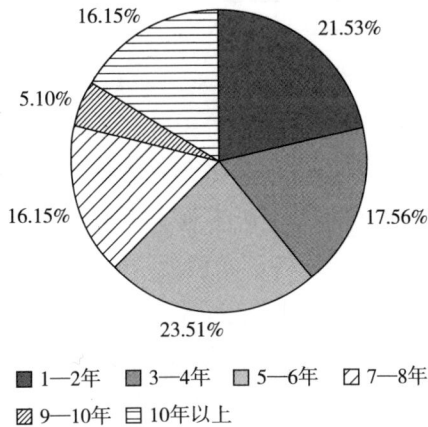

**图 4-6　被调查农户土地转出租期的占比情况**

（四）被调查农户土地出让后打算从事何种工作的调查结果分析

调查数据结果显示，农户出让土地后更多的是打算外出打工，这部分农户所占比重为 39.78%，其中东部地区为 35.34%，中部地区为 48.53%，西部地区为 57.58%；打算在当地企业当工人的农户所占的比重为 19.35%，其中东部地区为 22.56%，中部地区为 14.71%，西部地区为 3.03%；打算做小本生意的农户所占比重为 22.07%；打算从事其他工作的农户所占比重为 9.26%；此项调查结果显示有 9.54% 的农户土地出让后打算什么都不做，这部分农户很可能是一些农村老人，由于年老，身体状况大不如从前，自己无力耕种土地，只好将土地转出去，自己靠土地租金养老（见表4-22）。无论农户选择从事何种工作，土地转出后都将增加农民的家庭总收入。

表4-22　　被调查农户土地出让后打算从事何种工作的占比情况

| 土地出让后您打算从事什么工作 | 东部 | | 中部 | | 西部 | | 合计 | |
|---|---|---|---|---|---|---|---|---|
| | 人数 | 占比（％） | 人数 | 占比（％） | 人数 | 占比（％） | 人数 | 占比（％） |
| 在当地企业当工人 | 60 | 22.56 | 10 | 14.71 | 1 | 3.03 | 71 | 19.35 |
| 什么都不做 | 27 | 10.15 | 6 | 8.82 | 2 | 6.06 | 35 | 9.54 |
| 做小本生意 | 62 | 23.31 | 13 | 19.12 | 6 | 18.18 | 81 | 22.07 |
| 外出打工 | 94 | 35.34 | 33 | 48.53 | 19 | 57.58 | 146 | 39.78 |
| 其他 | 23 | 8.65 | 6 | 8.82 | 5 | 15.15 | 34 | 9.26 |

（五）被调查农户土地转出给哪些人或组织的调查结果分析

在设计调查问卷之前笔者翻阅了大量有关土地经营权流转的文献资料，学术界研究表明农户进行土地经营权流转的首选对象通常是直系亲属，然而调查数据结果与现有文献资料有很大的不同。调查数据结果显示，有33.52％的农户将土地转给亲戚朋友，其中东部地区为28.91％，中部地区为39.13％，西部地区相对较大，为57.58％；剩下更多的农户将土地转给了种植大户，其比重为31.28％，转给农业企业的农户所占比重为20.39％，转给土地股份合作社的农户所占比重为5.59％，转给农业合作社的农户所占比重为3.91％，转给其他的农户所占比重为5.31％（见表4-23）。这也说明随着时间的推移，农户的土地经营权流转对象已经发生了很大的变化，不再仅局限于亲戚朋友之间。

表4-23　　被调查农户土地转出给哪些人或组织的占比情况

| 土地转出给哪些人或组织 | 东部 | | 中部 | | 西部 | | 合计 | |
|---|---|---|---|---|---|---|---|---|
| | 人数 | 占比（％） | 人数 | 占比（％） | 人数 | 占比（％） | 人数 | 占比（％） |
| 种植大户 | 80 | 31.25 | 20 | 28.99 | 12 | 36.36 | 112 | 31.28 |
| 农业企业 | 66 | 25.78 | 7 | 10.14 | 0 | 0 | 73 | 20.39 |

| 土地转出给哪些人或组织 | 东部 | | 中部 | | 西部 | | 合计 | |
|---|---|---|---|---|---|---|---|---|
| | 人数 | 占比（%） | 人数 | 占比（%） | 人数 | 占比（%） | 人数 | 占比（%） |
| 亲戚朋友 | 74 | 28.91 | 27 | 39.13 | 19 | 57.58 | 120 | 33.52 |
| 土地股份合作社 | 10 | 3.91 | 10 | 5.80 | 0 | 0 | 20 | 5.59 |
| 农业合作社 | 8 | 3.13 | 4 | 14.49 | 2 | 6.06 | 14 | 3.91 |
| 其他 | 18 | 7.03 | 1 | 1.45 | 0 | 0 | 19 | 5.31 |

（六）被调查农户每亩地流转价格的调查结果分析

调查数据结果显示，目前我国农村土地经营权流转价格普遍比较低，这导致许多地方出现土地撂荒现象，甚至出现农民为了甩掉土地倒贴一定费用的现象。被调查农户土地经营权流转每亩地价格为100—300元的所占比重为22.76%，301—500元的所占比重为33.13%，501—700元的所占比重为23.37%，可见土地经营权流转价格每亩地在700元以下的所占比重相对较大，为79.26%。这也说明当前农村土地经营权流转过程中多数无价可谈，农民无法得到正常的土地收益。土地经营权流转价格在701—900元的为4.49%，在901—1200元的为8.20%，在1201—1500元的为5.12%，只有2.94%的农户的土地经营权流转价格在1500元以上（见表4-24和图4-7）。

表4-24　　　　　　　被调查农户每亩地流转价格的占比情况

| 当地每亩地流转价格 | 东部 | | 中部 | | 西部 | | 合计 | |
|---|---|---|---|---|---|---|---|---|
| | 人数 | 占比（%） | 人数 | 占比（%） | 人数 | 占比（%） | 人数 | 占比（%） |
| 100—300元 | 92 | 19.33 | 31 | 24.60 | 24 | 54.55 | 147 | 22.76 |
| 301—500元 | 160 | 33.61 | 42 | 33.33 | 12 | 27.27 | 214 | 33.13 |
| 501—700元 | 121 | 25.42 | 24 | 19.05 | 6 | 13.64 | 151 | 23.37 |
| 701—900元 | 19 | 3.99 | 9 | 7.14 | 1 | 2.27 | 29 | 4.49 |
| 901—1200元 | 35 | 7.35 | 17 | 13.49 | 1 | 2.27 | 53 | 8.20 |
| 1201—1500元 | 33 | 6.93 | 0 | 0 | 0 | 0 | 33 | 5.12 |
| 1500元以上 | 16 | 3.36 | 3 | 2.38 | 0 | 0 | 19 | 2.94 |

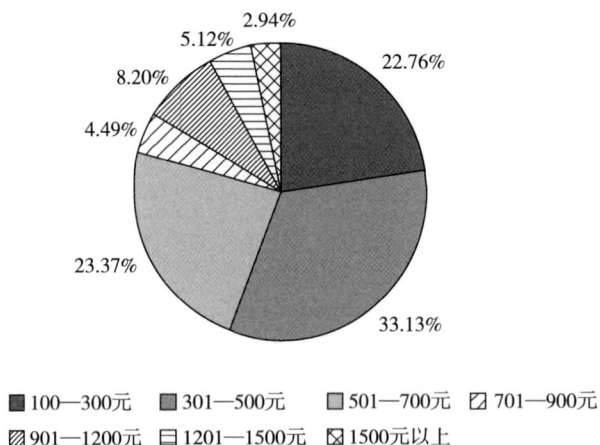

图4-7　被调查农户每亩地流转价格的占比情况

（七）被调查农户是通过何种渠道进行土地经营权流转的调查结果分析

调查数据结果显示，目前我国农村农户进行土地经营权流转更多的是通过熟人介绍，这部分农户所占比重为43.57%，其中东部地区为42.74%，中部地区为35.71%，西部地区为75.00%；通过市场直接交易获得土地的农户所占比重为14.88%，通过中介组织获得土地的农户所占比重为20.47%，还有9.15%的农户是通过乡村集体组织获得土地，剩余11.94%的农户是通过其他方式获得土地（见表4-25和图4-8）。这说明，目前我国农村土地经营权流转市场还远不够完善，缺少服务于农户土地经营权流转的中介组织机构，在一定程度上阻碍了土地经营权流转的速度。

表4-25　被调查农户通过何种渠道进行土地转入或转出的占比情况

| 通过何种渠道进行土地转入或转出 | 东部 | | 中部 | | 西部 | | 合计 | |
|---|---|---|---|---|---|---|---|---|
| | 人数 | 占比（%） | 人数 | 占比（%） | 人数 | 占比（%） | 人数 | 占比（%） |
| 市场直接交易 | 57 | 12.00 | 28 | 22.22 | 11 | 25.00 | 96 | 14.88 |
| 熟人介绍 | 203 | 42.74 | 45 | 35.71 | 33 | 75.00 | 281 | 43.57 |
| 中介组织 | 117 | 24.63 | 15 | 11.90 | 0 | 0 | 132 | 20.47 |
| 乡村集体组织 | 50 | 10.53 | 9 | 7.14 | 0 | 0 | 59 | 9.15 |
| 其他 | 48 | 10.11 | 29 | 23.02 | 0 | 0 | 77 | 11.94 |

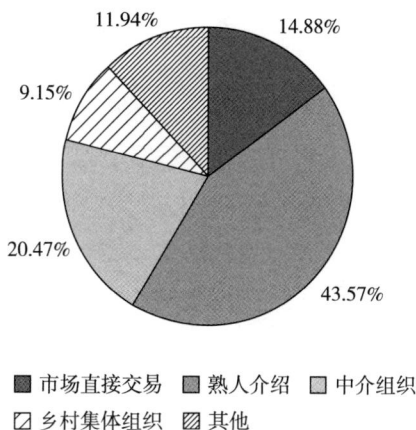

11.94%    14.88%

9.15%

20.47%

43.57%

■ 市场直接交易  ■ 熟人介绍  □ 中介组织
▨ 乡村集体组织  ▨ 其他

**图 4-8  被调查农户通过何种渠道进行土地转入或转出的占比情况**

（八）被调查农户是否签订了土地经营权流转合同的调查结果分析

土地经营权流转涉及承包农户、规模经营主体、村集体经济组织等多方利益，然而在现实中，大部分农户都没有签订土地经营权流转合同。调查数据结果显示，仅有 38.60% 的农户签订了土地经营权流转合同，而 61.40% 的农户没有签订过土地经营权流转合同，其中东部地区为 56.75%，中部地区为 74.02%，西部地区为 75.00%（见表 4-26 和图 4-9）。这样很容易导致土地经营权流转纠纷的产生，损害了农民在土地经营权流转过程中的合法权益。每年各地出现的日益攀升的土地经营权流转纠纷的现象也恰恰证实了这一点，因此地方政府必须加强土地经营权流转管理服务，建立健全土地经营权流转公开市场，加强土地经营权流转合同管理，健全纠纷处理机制等，不断规范土地经营权流转行为，完善土地经营权流转服务，为农户承包经营权流转创造良好的条件，保护农户土地经营权流转的合法权益。

**表 4-26  被调查农户是否签订了土地经营权流转合同的占比情况**

| 是否签订土地经营权流转合同 | 东部 | | 中部 | | 西部 | | 合计 | |
|---|---|---|---|---|---|---|---|---|
| | 人数 | 占比（%） | 人数 | 占比（%） | 人数 | 占比（%） | 人数 | 占比（%） |
| 是 | 205 | 43.35 | 33 | 25.98 | 11 | 25.00 | 249 | 38.60 |
| 否 | 269 | 56.75 | 94 | 74.02 | 33 | 75.00 | 396 | 61.40 |

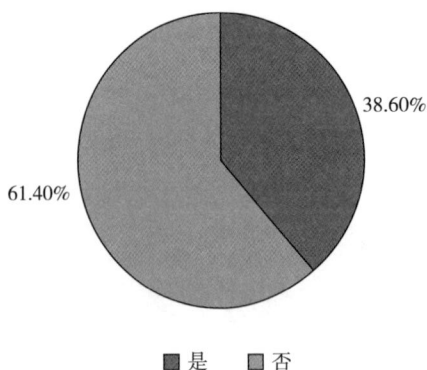

图 4-9　被调查农户是否签订了土地经营权流转合同的占比情况

## 七　被调查农户进行土地转入情况的调查结果分析

为具体了解转入土地农户的一些状况，具体设计了 5 个问题，包括农户转入土地的原因、转入土地的面积、转入土地后由谁经营、转入土地的用途以及转入土地的租金等问题。

### （一）被调查农户转入土地原因的调查结果分析

表 4-18 显示，进行土地转入的农户比重为 13.84%，其中东部地区为 15.96%，中部地区为 10.59%，西部地区为 6.79%。这些农户转入土地是因为家庭劳动力充足，土地不够种的，比重为 11.53%；因为大规模种植收入较高的比重相对较大，为 29.86%。这说明土地规模经营的确使农民获得更多的土地收益。因为国家农业政策有利于提高务农收益的比重仅为 6.10%，说明尽管国家不断加大农业投入，实施惠农政策，但并不能吸引农户转入土地。还有 9.27% 的农户因为找不到合适的非农就业岗位而转入土地，仅有 2.03% 的农户因为喜欢种地转入土地（见表 4-27）。

表 4-27　　　　　　　　　被调查农户转入土地原因的占比情况

| 转入土地的原因是 | 东部 | | 中部 | | 西部 | | 合计 | |
|---|---|---|---|---|---|---|---|---|
| | 人数 | 占比（%） | 人数 | 占比（%） | 人数 | 占比（%） | 人数 | 占比（%） |
| 劳动力充足，土地不够种 | 37 | 17.37 | 12 | 17.91 | 2 | 1.23 | 51 | 11.53 |

续表

| 转入土地的原因是 | 东部 | | 中部 | | 西部 | | 合计 | |
|---|---|---|---|---|---|---|---|---|
| | 人数 | 占比（%） | 人数 | 占比（%） | 人数 | 占比（%） | 人数 | 占比（%） |
| 大规模种植收入较高 | 104 | 48.82 | 26 | 38.80 | 2 | 1.23 | 132 | 29.86 |
| 国家农业政策有利于提高务农收益 | 17 | 7.98 | 9 | 13.43 | 1 | 0.62 | 27 | 6.10 |
| 找不到合适的非农就业岗位 | 33 | 15.49 | 7 | 10.44 | 1 | 0.62 | 41 | 9.27 |
| 看好农业投资前景 | 20 | 9.38 | 4 | 5.97 | 3 | 1.85 | 27 | 6.10 |
| 喜欢种地 | 1 | 0.46 | 8 | 11.94 | 0 | 0 | 9 | 2.03 |
| 其他 | 1 | 0.46 | 1 | 1.49 | 153 | 94.45 | 155 | 35.06 |

（二）被调查农户转入土地面积的调查结果分析

调查数据结果显示，转入土地面积为 5 亩以内的农户所占比重为 23.17%，其中东部地区为 18.45%，中部地区为 30.13%，西部地区为 36.36%；转入土地面积为 5—10 亩的农户所占比重相对较大，为 37.80%，其中东部地区为 38.70%，中部地区为 23.28%，西部地区为 36.36%；转入土地面积为 11—20 亩的农户所占比重为 25.60%，21—30 亩的为 5.69%，31—50 亩的为 3.25%，51—80 亩的为 3.25%，81—100 亩的比重最小，仅为 0.40%（见表 4-28 和图 4-10）。这说明目前我国农村农户转入土地的面积相对比较小，大部分集中在 20 亩以内，其比重相对较大，为 86.57%，这表明转入土地的农户还不能形成土地的规模经营，依然是以家庭为主的传统经营模式，这样就失去了土地经营权流转的意义，也有悖于国家实施土地经营权流转政策的初衷。

表 4-28　　　　　　　被调查农户转入土地面积的占比情况

| 转入土地面积 | 东部 | | 中部 | | 西部 | | 合计 | |
|---|---|---|---|---|---|---|---|---|
| | 人数 | 占比（%） | 人数 | 占比（%） | 人数 | 占比（%） | 人数 | 占比（%） |
| 5 亩以内 | 31 | 18.45 | 22 | 30.13 | 4 | 36.36 | 57 | 23.17 |

| 转入土地面积 | 东部 | | 中部 | | 西部 | | 合计 | |
|---|---|---|---|---|---|---|---|---|
| | 人数 | 占比（%） | 人数 | 占比（%） | 人数 | 占比（%） | 人数 | 占比（%） |
| 5—10 亩 | 72 | 38.70 | 17 | 23.28 | 4 | 36.36 | 93 | 37.80 |
| 11—20 亩 | 54 | 29.03 | 8 | 10.98 | 1 | 9.09 | 63 | 25.60 |
| 21—30 亩 | 7 | 3.76 | 7 | 9.58 | 0 | 0 | 14 | 5.69 |
| 31—50 亩 | 2 | 1.07 | 5 | 6.84 | 1 | 9.09 | 8 | 3.25 |
| 51—80 亩 | 2 | 1.07 | 5 | 6.84 | 1 | 9.09 | 8 | 3.25 |
| 81—100 亩 | 0 | 0 | 1 | 1.36 | 0 | 0 | 1 | 0.41 |
| 100 亩以上 | 0 | 0 | 2 | 2.73 | 0 | 0 | 2 | 0.81 |

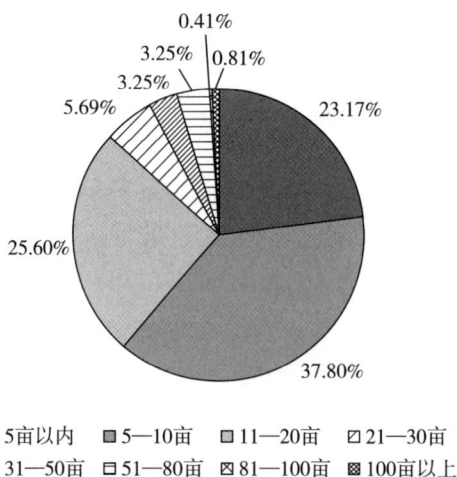

图 4-10 被调查农户转入土地面积的占比情况

（三）被调查农户转入土地后由谁经营的调查结果分析

调查数据结果显示，农户转入土地大部分还是以家庭成员为主，辅以雇工，这部分农户所占比重为 59.42%，其中东部地区为 62.50%，中部地区为 51.52%，西部地区为 50%；转入的土地由家庭成员经营的农户所占比重为 35.51%；只有极少的农户是雇人种植的，所占比重非常小，为 5.07%（见表 4-29 和图 4-11）。这说明目前我国农村的土地尽管进行了土地经营权流转，但是依然是以家庭成员为主进行经营，转入的土地面积比较小，无法形成土地规模经营的局面。

表 4-29　　　　　　　被调查农户转入土地后由谁经营的占比情况

| 转入土地后由谁经营 | 东部 | | 中部 | | 西部 | | 合计 | |
|---|---|---|---|---|---|---|---|---|
| | 人数 | 占比（%） | 人数 | 占比（%） | 人数 | 占比（%） | 人数 | 占比（%） |
| 家庭成员 | 67 | 33.50 | 27 | 40.90 | 4 | 40.00 | 98 | 35.51 |
| 以家庭成员为主，辅以雇工 | 125 | 62.50 | 34 | 51.52 | 5 | 50.00 | 164 | 59.42 |
| 雇人种植 | 8 | 4.00 | 5 | 7.58 | 1 | 10.00 | 14 | 5.07 |

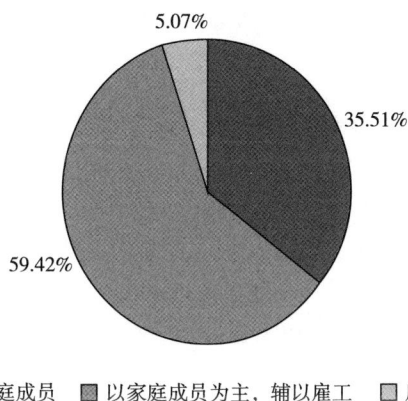

图 4-11　被调查农户转入土地后由谁经营的占比情况

（四）被调查农户转入土地用途的调查结果分析

调查数据结果显示，农户转入土地大部分用于种植经济作物，其所占比重为 56.72%，其中东部地区为 65.04%，中部地区为 41.18%，西部地区为 60%；在我们走访调研的辽宁朝阳，大部分农户都是将转入的土地用于种植经济作物，如各种绿色蔬菜、水果，这样土地收益要远远大于种植其他作物，所以农户首先考虑将转入的土地用于种植经济作物很正常。当然，将转入的土地用于种植什么，还要根据个人情况，也要根据当地的地理、气候环境种适合种植的作物，这样风险相对要小一些，能最大化土地转入方的收益。用于种植粮食作物的农户所占比重为 43.28%，其中东部地区为 34.96%，中部地区为 58.82%，西部地区为 40%（见表 4-30）。这也保证了我国国家粮食安全。

表4-30    被调查农户转入的土地主要用于种植什么的占比情况

| 转入的土地主要用于种植什么 | 东部 | | 中部 | | 西部 | | 合计 | |
|---|---|---|---|---|---|---|---|---|
| | 人数 | 占比（%） | 人数 | 占比（%） | 人数 | 占比（%） | 人数 | 占比（%） |
| 粮食作物 | 43 | 34.96 | 40.00 | 58.82 | 4 | 40.00 | 87 | 43.28 |
| 经济作物 | 80 | 65.04 | 28 | 41.18 | 6 | 60.00 | 114 | 56.72 |

（五）被调查农户转入土地租金的调查结果分析

前面详细分析过农户转出土地的价格情况，土地转入的租金实质上与土地经营权流转的价格是一致的，这里不再进行详细的分析。调查数据结果显示，每亩土地转入租金价格在100—300元的为21.75%，301—500元的为42.46%，501—700元的为13.68%，可见土地转入租金每亩地在700元以下的占比相对较高，为77.89%；而土地转入租金在701—900元的仅为2.46%，在901—1200元的为10.17%，在1201—1500元的为7.01%，只有2.46%的农户的土地经营权流转价格在1500元以上（见表4-31和图4-12）。

表4-31    被调查农户转入土地租金的占比情况

| 转入土地租金 | 东部 | | 中部 | | 西部 | | 合计 | |
|---|---|---|---|---|---|---|---|---|
| | 人数 | 占比（%） | 人数 | 占比（%） | 人数 | 占比（%） | 人数 | 占比（%） |
| 100—300元 | 32 | 15.38 | 25 | 37.88 | 5 | 50.00 | 62 | 21.75 |
| 301—500元 | 97 | 46.63 | 22 | 33.33 | 2 | 20.00 | 121 | 42.46 |
| 501—700元 | 30 | 14.42 | 8 | 12.12 | 1 | 10.00 | 39 | 13.68 |
| 701—900元 | 6 | 2.88 | 0 | 0 | 1 | 10.00 | 7 | 2.46 |
| 901—1200元 | 21 | 10.10 | 7 | 10.60 | 0 | 0 | 29 | 10.17 |
| 1201—1500元 | 16 | 7.69 | 3 | 1.44 | 1 | 10.00 | 20 | 7.01 |
| 1500元以上 | 6 | 2.88 | 1 | 1.52 | 0 | 0 | 7 | 2.46 |

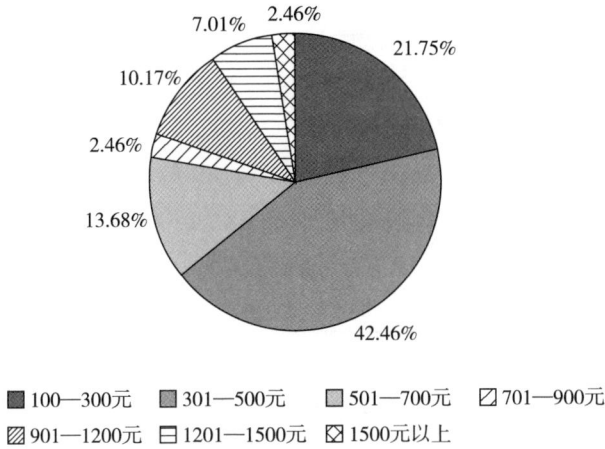

图 4-12 被调查农户转入土地租金的占比情况

（六）被调查农户没有转出土地原因的调查结果分析

为了知道阻碍农户转出土地的真正原因，笔者设计了第 25 题。调查数据结果显示，家庭土地转出租金太低所占的比重为 34.90%，其中东部地区为 32.95%，中部地区为 40.35%，西部地区为 33.95%；而家庭劳动力充足，有人种地所占的比重相对较大，为 37.79%，其中东部地区为 40.55%，中部地区为 30.15%，西部地区为 38.89%；这也说明目前在我国农村尽管有很多劳动力外出务工，但是由于土地经营权流转的租金比较低，大部分土地依然由留守农村的妇女和老人来耕种，这样大大降低了土地的利用效率，也不利于实现土地规模经营。也有 12.81% 的农户是因为担心土地转出去后收不回来，极少数农户是因为担心难以获得土地租金而没有将土地转出去，其所占比重为 5.34%（见表 4-32）。

表 4-32　　　　被调查农户没有转出土地的原因及占比情况

| 您没有转出土地的原因是 | 东部 | | 中部 | | 西部 | | 合计 | |
|---|---|---|---|---|---|---|---|---|
| | 人数 | 占比（%） | 人数 | 占比（%） | 人数 | 占比（%） | 人数 | 占比（%） |
| 转出土地的租金太低 | 399 | 32.95 | 186 | 40.35 | 55 | 33.95 | 640 | 34.90 |
| 家庭劳动力充足，有人种地 | 491 | 40.55 | 139 | 30.15 | 63 | 38.89 | 693 | 37.79 |

续表

| 您没有转出土地的原因是 | 东部 | | 中部 | | 西部 | | 合计 | |
|---|---|---|---|---|---|---|---|---|
| | 人数 | 占比（%） | 人数 | 占比（%） | 人数 | 占比（%） | 人数 | 占比（%） |
| 怕土地转出去后，收不回来 | 191 | 15.77 | 26 | 5.64 | 18 | 11.11 | 235 | 12.81 |
| 怕难以获得土地租金 | 76 | 6.28 | 16 | 3.47 | 6 | 3.70 | 98 | 5.34 |
| 其他 | 54 | 4.46 | 94 | 20.39 | 20 | 12.35 | 168 | 9.16 |

## 八 被调查农户对当地是否有土地经营权流转市场了解的调查结果分析

设置这一问题主要是想知道被调查的村庄是否有土地经营权流转市场，这对土地经营权流转非常重要。调查结果显示，不管是东部地区，还是中部地区和西部地区，农户知道有土地经营权流转市场的比重并不高，东部地区也才刚刚达到36.45%，中部地区则更低，才仅21.01%（见表4-33）。这就说明今后必须建立完善的土地经营权流转的市场机制，才能促进土地更顺畅流转。

表4-33　　　对当地是否有土地经营权流转市场的了解情况

| 当地是否有土地经营权流转市场 | 东部 | | 中部 | | 西部 | | 合计 | |
|---|---|---|---|---|---|---|---|---|
| | 人数 | 占比（%） | 人数 | 占比（%） | 人数 | 占比（%） | 人数 | 占比（%） |
| 有 | 507 | 36.45 | 117 | 21.01 | 48 | 29.63 | 672 | 31.85 |
| 没有 | 452 | 32.49 | 187 | 33.57 | 44 | 27.16 | 683 | 32.37 |
| 不知道 | 432 | 31.06 | 253 | 45.42 | 70 | 43.21 | 755 | 35.78 |

## 九 被调查农户是否参加社会保险的调查结果分析

关于农户是否参加社会保险的统计结果让我们有些意外，原以为大部分农户都参加了新型农村合作医疗保险（以下简称新农合），然而调查数据显示仅有72.37%的农户参加了该项保险，这是将参加新农合的农户所占比重 49.10% 与参加两种以上保险的农户所占的比重 23.27% 相加后的结果，因为在统计结果的时候发现参加两种以上保险的农户，其中一种就是新农合。参加养老保险的农户所占比重相对较小，为 11.47%；由于国家规定了申请农村低保的客观标准，所以参加该项保险的农户所占比重非常小，仅为 7.39%，这也说明目前我国农村的生活水平已经大大提高；新农合主要是以保大病为主，而且医药费的报销不但手续烦琐还要到指定医院就医才可以享受该项保险福利，一些常见病与多发病发生的医疗费用不在参保农民的医疗费用报销范围内，因此医疗费用还是一项负担。此种情况下农民应该参加商业医疗保险作为必要的补充，然而调查数据结果显示，参加商业医疗保险的农户所占的比重非常小，仅为 2.61%，其中东部地区为 3.16%，中部地区为 1.62%，西部地区为 1.23%（见表 4-34）。

表 4-34 　　　　被调查农户是否参加社会保险的占比情况

| 是否参加了社会保险 | 东部 | | 中部 | | 西部 | | 合计 | |
|---|---|---|---|---|---|---|---|---|
| | 人数 | 占比（%） | 人数 | 占比（%） | 人数 | 占比（%） | 人数 | 占比（%） |
| 养老保险 | 170 | 12.22 | 51 | 9.16 | 21 | 12.96 | 242 | 11.47 |
| 新农合 | 642 | 46.15 | 325 | 58.35 | 69 | 42.59 | 1036 | 49.10 |
| 农村低保 | 121 | 8.70 | 26 | 4.67 | 9 | 5.56 | 156 | 7.39 |
| 商业医疗保险 | 44 | 3.16 | 9 | 1.62 | 2 | 1.23 | 55 | 2.61 |
| 否 | 99 | 7.12 | 27 | 4.85 | 4 | 2.47 | 120 | 5.69 |
| 参加两种以上保险 | 315 | 22.65 | 119 | 21.36 | 57 | 35.19 | 491 | 23.27 |

# 第五章　中国农村土地经营权流转的制约因素及其影响分析

自改革开放以来，中国农村土地经营权流转经历了从最初"两权分离"的禁止、尝试、合法化、规范化，到现在"三权分置"的确定与创新五个阶段，在这一过程中土地经营权流转制度变迁呈现出诱致性变迁与强制性变迁相结合、渐进性与需求引导性相结合的特征。土地经营权流转变迁具有明显的滞后性，农村土地经营权流转虽然已经取得一定的成效，但依然存在很多问题。本章依据对辽宁省农户的调查问卷，分析中国农村土地经营权流转存在的主要问题，并从土地产权、土地经营权流转市场、配套制度、政府行为等方面分析制约土地经营权流转的主要因素。在此基础上，借助于辽宁省农户调查问卷的整理数据，建立Logisitc回归模型，利用SPSS19.0软件对农户土地转出意愿的影响因素进行计量检验。

## 第一节　农村土地经营权流转的制度演进与问题分析

### 一　农村土地经营权流转的制度演进过程

中国农村土地经营权流转始于20世纪80年代的沿海发达地区，随着工业化和城市化进程的加快，逐步蔓延到内地。农民工的出现导致大量土地弃耕撂荒，为了提高土地资源的利用效率、实现规模经营、保证国家粮食安全，规范和促进农村土地经营权流转显得必要而紧迫，国家开始谨慎地逐步放开土地使用权流转。改革开放以来，土地经营权流转在政策、法律演变过程中大致经历了以下几个阶段。

（一）土地经营权流转禁止阶段（1978—1983 年）

1978 年，安徽省凤阳县小岗村 18 户农民自发开展的"大包干"拉开了中国农村改革的序幕。从此，中国原有集体所有、集体使用的农村土地制度被集体所有、家庭经营的模式所取代，家庭联产承包责任制得到迅速推广。1982 年中央一号文件《全国农村工作纪要》规定"社员承包的土地，不准买卖，不准出租，不准转让，不准荒废，否则，集体有权收回；社员无力经营或转营他业时应退还集体。"1982 年《中华人民共和国宪法》第十条第四款规定："任何组织或者个人不得侵占、买卖、出租或者以其他形式非法转让土地。"1982 年的《中华人民共和国民法通则》第八条第三款规定："土地不得买卖、出租、抵押或者以其他形式非法转让。"很显然，土地禁止流转是以政策和法律的方式确定下来的。1983 年中共中央发布《关于当前农村经济政策的若干问题的通知》，全国农村开始普遍推行包干到户。到 1983 年年底，全国 98% 左右的基本核算单位都实行了包干到户，家庭承包经营的土地面积占耕地总面积的 97% 左右，基本实现了土地所有权与使用权的分离，使土地经营权流转具备了基本条件。

但此时，在国家政策和法律层面上还不允许土地经营权流转，土地使用权流转在这一时期还处于禁止阶段。

（二）土地使用权流转的尝试阶段（1984—1996 年）

实行家庭联产承包责任制以后，由于农村人口的流动，城市化和工业化进程中农村人口的非农业化转移以及农业的规模化和专业化经营的需要，农村土地经营权流转实际上已经存在。为此，1984 年的中央农村工作会议一号文件明确规定："在延长承包期以前，群众有调整土地要求的，可以本着'大稳定，小调整'的原则，经过充分商量，由集体统一调整。"同时，"鼓励土地逐步向种田能手集中。社员在承包期内，因无力耕种或转营他业而要求不包或少包土地的，可以将土地交由集体统一安排，也可以……由社员自找对象协商转包"。可见，此时，土地经营权流转已经得到了中央政策层面的认可。

到了 20 世纪 80 年代后期，乡镇企业开始在发达农村和大城市郊区兴起，这些地区有相当比例的农村劳动力"离土不离乡"从事非农产业工作，农村出现了一些农户在不得已的情况下将农地弃耕撂荒，而一些农民想多种地又没有足够土地的窘境。在上述情况愈演愈烈的背景下，

1986 年中央一号文件明确指出："随着农民向非农产业转移，鼓励耕地向种田能手集中，发展适度规模的种植专业户。"此时，土地经营权流转呈现不可逆转之势。国家率先在江苏的苏、锡、常，北京的顺义，广东的南海和山东的平度进行适度规模经营试点，规范土地经营权流转，提高土地资源的利用效率。此后，在广大农村地区开始出现了小范围的土地经营权流转，甚至在生产力比较发达的某些地区开始实行土地规模化经营。

这一阶段，由于农村土地产权界定不清等原因，土地经营权流转过程中也出现一些亟待解决的问题。为此，1988 年，国家通过的宪法修正案规定"任何组织或者个人不得侵占、买卖或者以其他形式非法转让土地。土地使用权可以依照法律的规定转让"，首次使土地承包经营权流转具有了法律依据，农村土地经营权流转开始进入尝试阶段，经历了从最初的禁止流转到允许流转的一个过程。但此时国家还禁止土地承包经营权出租，只是允许进行转包。

20 世纪 90 年代初期，农村改革不断深化，在市场化利益的刺激下，各种市场主体对土地产权有了更强烈的偏好，土地经营权流转制度在家庭联产承包责任制基础上进一步发展。党的十四届三中全会《关于建立社会主义市场经济体制若干问题的决议》规定，"在坚持土地集体所有的前提下，延长土地承包期，允许继承开发性生产项目的承包经营权，允许土地使用权依法有偿转让。少数经济比较发达的地方，本着群众自愿原则，可以采取转包、入股等多种形式发展适度规模经营"。

20 世纪 90 年代中后期，乡镇企业发展速度趋缓，进城务工逐步取代在乡镇企业就业成为农村劳动力转移的主流方式。此后，随着改革的逐步深入和对外开放程度的日益提升，国家对农村劳动力转移的政策逐步由"限制流动"和"规范流动"转变为"鼓励流动"和"公平流动"，从而出现规模庞大的以候鸟形式进行迁移的农民工群体，农村很多地区的土地是老弱妇孺在进行粗放经营，甚至出现弃耕撂荒现象。由此，国家开始从政策上允许土地使用权流转，1997 年中央农村工作会议指出："强调稳定土地承包关系，并不是不让流转，而是说流转一定要建立在农民自愿的基础上；发展适度规模也必须坚持条件、适度、多样、引导和服务的原则。"改革被推入触动所有权本质的地方——"排他性"。

此后，一系列政策都是围绕土地经营权流转问题而来，对于有劳动力转移的地方，为了避免土地弃耕撂荒，提高土地资源的利用效率，确保国家粮食安全，可以依据农户自愿的原则，继续进行土地调整，推进土地的规模化经营。

（三）土地使用权流转合法化阶段（1997—2007年）

1997年以后，中国全面开始第二轮土地承包工作。1998年，国家通过了《土地管理法》，首次将"土地承包期限延长30年"的土地政策以法律形式加以规定。同年，国家还通过了《中共中央关于农业和农村工作若干重大问题的决定》，指出，"要坚定不移地贯彻土地承包期再延长30年的政策，同时要抓紧制定确保农村土地承包关系长期稳定的法律法规，赋予农民长期而有保障的土地使用权"，"土地使用权的合理流转，要坚持自愿、有偿的原则依法进行，不得以任何理由强制农户转让。少数确实具备条件的地方，可以在提高农业集约化程度和群众自愿的基础上，发展多种形式的土地适度规模经营"。此后，全国农村地区相继出现了两田制、反租倒包制、股份制以及"四荒"地拍卖等流转形式，土地经营权流转已经初步呈现市场化流转的特点。

2001年中央发布18号文件《中共中央关于做好农户承包地使用权流转工作的通知》，在总结农村土地经营权流转实践的成绩和问题的基础上，全面阐述党的农村土地经营权流转政策。2002年通过并于2003年3月1日实施的《中华人民共和国农村土地承包法》将18号文件上升为法律，进一步明确了农业用地流转的合法地位，标志着家庭长期承包经营、土地合法流转的新型土地制度正式确立。针对土地经营权流转中出现的问题，2005年，国家颁布实施《农村土地承包经营权流转管理办法》，详细规定了与土地经营权流转有关的细则，包括土地经营权流转当事人的权利、流转的原则、流转合同、流转管理等，为各地方政府探索新的土地经营权流转模式、规范土地经营权流转市场、健全土地承包经营权流转机制、监督土地经营权流转合同履行情况提供了法律依据。2007年党的十七大报告再一次强调："坚持农村基本经营制度，稳定和完善土地承包关系，按照依法、自愿、有偿原则，健全土地承包经营权流转市场，发展多种形式的适度规模经营。"2007年通过的《中华人民共和国物权法》明确将土地承包经营权解释为一种"用益物权"，以保护农民流转土地的权利和提高土地经营权流转的成效。自此，土地经营权作为一种物权纳入法律保护范畴。

这一时期，出台土地经营权流转的相关政策主要是为了解决土地经营权流转实践中遇到的各种问题，规范和约束土地经营权流转中可能侵犯农民权益的行为，支持改革和促进土地规模经营，使土地使用权的流转进入合法化阶段。

（四）土地使用权流转规范化阶段（2008—2013 年）

土地经营权流转经历了最初的禁止、尝试与合法化阶段之后，到2008 年开始进入规范化阶段。因此，土地经营权流转并不是像许多人认为的那样是从党的十七届三中全会开始的，而是在党的十七届三中全会之后开始进入规范化阶段。

党的十七届三中全会通过了《中共中央关于推进农村改革发展若干重大问题的决定》，强调："赋予农民更加充分而有保障的土地承包经营权，现有土地承包关系要保持稳定并长久不变"，"允许农民以转包、出租、互换、转让、股份合作等形式流转土地承包经营权"，"逐步建立城乡统一的建设用地市场"，从而确定了土地经营权流转制度在新一轮中国农村改革中的重要地位。党的十七届三中全会对于我国农村土地经营权流转制度的推进和完善有着深远的影响。会后，地方政府纷纷制定相关地方配套政策、出台地方性法规以规范和推动农村土地经营权流转。

2010 年中央一号文件《中共中央 国务院关于加大统筹城乡发展力度进一步夯实农业农村发展基础的若干意见》明确提出："加强土地承包经营权流转管理和服务，健全流转市场，在依法自愿有偿流转的基础上发展多种形式的适度规模经营。严格执行农村土地承包经营纠纷调解仲裁法，加快构建农村土地承包经营纠纷调解仲裁体系。"其对农村土地经营权流转的运行机制和管理机制的规范发展提出了要求。

2013 年中央一号文件《中共中央 国务院关于加快发展现代农业进一步增强农村发展活力的若干意见》指出："围绕现代化农业建设，充分发挥农村基本经营制度的优越性，着力构建集约化、专业化、组织化、社会化相结合的新型农业经营体系，进一步解放和发展农村社会生产力，巩固和发展农业农村大好形势。"2013 年 11 月 9—12 日召开的党的十八届三中全会发布了《中共中央关于全面深化改革若干重大问题的决定》，提出赋予农民更多财产权利，要求建立农村产权流转交易市场，推动农村产权流转交易公开、公正、规范运行。

　　这一时期国家通过进一步完善政策法规体系，规范土地经营权流转，相关部门和政府在农村进行土地经营权流转时引导农民签订土地经营权流转合同，保证公平、公正，对土地经营权流转过程涉及的义务、价格都会进行协调，更好地为农民争取利益，也让土地经营权流转更加规范。

　　（五）"三权分置"的确定与发展新时期（2014年至今）

　　2014年以来，国家逐步确立了"落实集体所有权、稳定农户经营承包权、放活土地经营权"的"三权分置"改革思路，全面推进农村承包地确权登记工作，促进经营权有序流转。2014年中央一号文件《中共中央　国务院关于全面深化农村改革加快推进农业现代化的若干意见》首次提出集体所有权、农户承包权和土地经营权相分离的政策思想。强调有条件的农户应积极参与土地经营权承包，加快健全土地经营权流转市场，完善县乡村三级服务和管理网络，建立工商企业流转农业用地风险保障机制，严禁农用地非农化。2014年11月中共中央办公厅、国务院办公厅印发了《关于引导农村土地经营权有序流转发展农业适度规模经营的意见》，该意见在继续发展我国农业的基础上，指出我国现在农业的发展必须坚持走农业生产的专业化、标准化、规模化、集约化，正式提出"三权分置"的政策规定，要求农村土地所有权、承包权、经营权三权分置，坚持以家庭农户为主要单位，积极培育新型经营主体，发展多种形式的土地经营权流转，巩固和完善农村土地基本经营制度，明确土地经营权的目标指向，再一次强调了土地经营权流转的重要性。

　　2015年11月，中共中央办公厅、国务院办公厅印发《深化农村改革综合性实施方案》，指出："三权分置"是深化农村土地制度改革的基本方向，"坚持集体所有权，落实农户承包权，放活土地经营权"。"三权分置"的确定是基于土地集体所有的属性，是对农户土地承包权的保护，提出土地经营权的流动与"放活"的目的是搭建符合需求的农村产权交易平台。我国土地经营权流转制度进入积极市场化与农业现代化的时期，在保障各方利益的前提下，目标是实现各方资源优势整合与土地生产经济效益的最大化。

　　2016年12月中共中央办公厅、国务院办公厅印发的《关于完善农村土地所有权承包权经营权分置办法的意见》，将"三权分置"正式确立下来。"三权分置"制度改革的历史意义十分重大，是我国自改革开放以来实施"两权分置"后的又一个重大制度创新。为稳定承包关系与预期，2017 年 10 月 31 日的农村土地承包法修正案（草案）明确指出，土地承包关系长久不变，承包期满后再延长 30 年。2017 年，中共中央、国务院印发了《关于深入推进农业供给侧结构性改革加快培育农业农村发展新动能的若干意见》，"强化和进一步推进了习近平总书记提出的土地经营权流转规模经营的实施，大力发展农业经营和服务的主体，以股份制的合作，土地托管和代耕代种为土地经营权流转的方式，完善和加强家庭农场和农民合作社的规模化经营，构建农业规模化经营向着健康的方向发展"。①

2018 年，中央一号文件《中共中央　国务院关于实施乡村振兴战略的意见》中首次提出"宅基地三权分置"的改革举措，拓宽了农村土地经营权流转的范围。2019 年中央一号文件《中共中央　国务院关于坚持农业农村优先发展做好"三农"工作的若干意见》继续强调农业、农村发展改革任务的艰巨性。2019 年 11 月 27 日，中共中央、国务院发布《关于保持土地承包关系稳定并长久不变的意见》，对此做出进一步强调，并指出要不断完善落实农村土地所有权、承包权、经营权"三权分置"政策体系以及坚持第二轮土地承包到期后再延长 30 年②。

新中国成立 70 多年来，农村土地经营权流转经历了从土地所有权与土地承包经营权的"两权分离"到土地所有权、承包权和经营权"三权分置"的过程。"两权分离"的土地制度改革提高了广大农民的积极性、创造性，我国粮食产量持续增长，解决了人民的温饱问题。20 世纪末，随着工业化和城市化的发展，一方面，大量农村劳动力向城市转移，伴随农村剩余劳动力大量向城市非农产业转移，成为兼业农户。此时，农业的经营主体由过往的纯农户家庭转变为纯农户家庭和兼业农户并存，同时农村大量土地被闲置；另一方面，留在农村的经营农户为实现农地经营规模收入，通过规范化的土地经营权流转制度，将农村过于分散、细碎化的农地整合到一起，脱离分散经营的小农户的经营规模，逐步向规模化专业大户、家庭农场经营转变，推动农业的规模化和产业化经营。基于此，党中央在保证土地所有权不变的情况下，放活土

---

① 朱玉龙：《中国农村土地经营权流转问题研究》，博士学位论文，中国社会科学院，2017 年，第 75 页。

② 中共中央、国务院：《关于保持土地承包关系稳定并长久不变的意见》，《人民日报》2019 年 11 月 27 日。

地的经营权，鼓励土地的自由流转。如今又经历了土地所有权、承包权和经营权"三权分置"的土地制度改革。"三权分置"的土地制度适应新时代的要求，是在党的领导下农民的又一次伟大创造。

## 二　农村土地经营权流转制度演进的主要特征

土地经营权流转制度的变迁从国家法律政策层面上经历了最初的"两权分离"时的禁止、尝试、合法化、规范化，到现在"三权分置"的确定与创新五个阶段，在这一过程中土地经营权流转制度变迁呈现如下特征。

### （一）诱致性变迁与强制性变迁相结合

诱致性变迁与强制性变迁是新制度经济学对制度变迁方式做出的界定。诱致性变迁指的是现行制度安排的变更或替代或新制度安排的创造，是由个人或团体响应获利机会自发倡导、组织和实行的。强制性制度变迁是由政府命令和法律引入而实施的，是一种自上而下的强制性制度供给。[①] 需要注意的是，诱致性制度变迁和强制性制度变迁仅仅是两种极端变迁方式的表述，它们不是截然对立的，在变迁过程中往往存在交叉并互相影响。

我国农村土地经营权流转制度的演进过程，具有明显诱致性制度创新的特征。经济发展、城市化进程加快、市场经济体制改革深化、农村非农产业经营制度转变等外在的社会经济制度的变化和社会观念的变革，导致原有家庭联产承包责任制下无法得到的获利机会出现。然而，原有的农村集体土地制度却长期未改变，最终造成了制度不均衡，使外在利润无法内部化。具体说来，在 2006 年国家取消农业税之前，一方面，农民工外出打工，无力耕种土地，不仅无法获得土地收益，还要缴纳与土地相关的各种税费；另一方面，一些种田能手需要扩大规模经营，又没有土地可供使用。虽然在农村土地改革初期并不允许土地经营权流转，但由于土地经营权流转对交易双方都有好处，一些农民率先突破制度束缚，自发地进行土地经营权流转。这在事实上是广大农民自觉突破土地承包权和经营权合二为一的局限，自发地将土地经营权流转出来，双方都得到了实惠，土地资源也得到了优化配置，具有典型的诱致性变迁的特点。但土地经营权流转的数量与巨大的市场需求相比，还只是占很少部分。因为缺乏来自国家的政策支持，流转土地的农民与租种

---

① 盛洪：《现代制度经济学》（下卷），北京大学出版社 2003 年版，第 260 页。

土地的企业都心有顾虑。

从农民方面来看，许多农民愿意把承包地流转出去，但又存在各种担忧，主要表现在：一是租赁出去、入股的土地，自己将来还能不能收回？二是即使能收回，但土地的数量、质量能不能保证？三是如果租赁方在土地上建设了永久性建筑物，到期归还不了土地怎么办？四是土地经营权流转后，自己的收益能否得到应有保障？等等。从土地转入方来看，虽然看到农业的商机，想长期从事农业生产经营，但心理上不能有稳定的预期：一是担心农民随时将承包地要回去或者退出股份合作；二是即使农户愿意长期把承包地租给自己，但国家给农民的承包期限过几年就要到期了怎么办？三是如果自己在土地上租赁期限内不想再继续经营了是否可以转租，如何退出？四是租赁的土地可否抵押融资？等等。

这些都不是农户与流入土地的企业和组织之间自发自觉的力量能够解决的问题，诱致性力量难以推动土地制度进一步向前发展，这些问题必须上升到国家层面才能解决。党和政府历来高度重视农村土地产权问题，虽然农村土地承包权与经营权分离的实践始于民间，但中央的顶层设计始终存在。通过前面的分析，我们已经知道家庭联产承包责任制实行后的相当一段时期，国家禁止农民以任何形式进行土地经营权流转。20世纪80年代后期，面对少量农村土地需要流转的现实，相关法律开始允许承包地有条件转让。土地经营权流转经历了禁止、尝试、合法化、规范化阶段。正是先有了农民自发的诱致性变迁，才推动了政府主导的强制性制度变迁。2016—2018年，党中央、国务院下发的5个一号文件都把完善"三权分置"作为一项重要内容。这些文件针对土地经营权流转的具体方式、参与双方的进入退出、经营权抵押融资、土地经营权流转的信息发布、法律咨询、纠纷仲裁等影响和制约土地经营权流转的方方面面都做出了明确规定，尤其是对农民承包土地的确权颁证，党的十九大郑重宣布第二轮承包期到期后再延长30年，让农民心里更加有底，稳定了市场预期，土地经营权流转的积极性大增。与此同时，中央还加强了对土地经营权流转的约束和规范。可见，中国土地经营权流转制度变迁具有政府主导下强制性制度变迁的特点。

我国农村土地制度的变迁具有诱致性和强制性的特点，是两种方式共同推动的结果。"两权分置"下广大农民群众自发自觉的土地经营权流转，拓宽了提高土地产权制度效率的空间，对"三权分置"提出了需求，做出了探索，发现了问题，积累了经验；中央顶层设计适时出台的一系列政策措施，有效弥补了诱致性力量的不足，为全国广泛推行"三权分置"改革扫除了障碍，加强了规范，把农村土地制度变迁引向深入。

（二）具有渐进性与需求引导性变迁特征

我国经济领域的改革始于 20 世纪 80 年代，采取的是渐进式改革模式，农村土地经营权流转制度的改革也不例外，也是沿着渐进式的制度变迁方式，由局部均衡向整体均衡逐渐扩散的路径来实现的。农村土地经营权流转制度改革的认知方式很明显地反映了这种经验理性传统和渐进式的特征。在农村土地经营权流转制度改革之初并没有设计一揽子改革方案和计划，而是在诱致性制度变迁的基础上，采取局部试点、边改革、边总结、边提高的办法。农村土地经营权流转制度改革的变迁历程，具有自下而上、自上而下相结合进行的渐进性变迁特征。

改革开放之初，我国法律不允许承包地进行流转。但随着社会经济环境的变化，一方面，自 1984 年全国范围内家庭联产承包责任制实施以来，制度改革初期带来的冲击逐渐释放完毕，制度绩效增长趋缓，农业发展速度放慢；另一方面，家庭承包经营的分散式、小规模的经营模式无法满足日益增长的人口对农业发展的需求，农业产出和劳动生产率低下，难以形成规模效益；同时，随着中国城市化的发展，农村劳动力大量转移，在中国的部分地区自发的土地经营权流转行为开始出现。为此，国家开始放松政策，2003 年出台的《农村土地承包法》为中国农村土地经营权流转实践提供了理论指导和法律依据，中国土地经营权流转制度正式确立。2005 年《农村土地承包经营权流转经营管理办法》进一步将农村土地承包经营权明确为用益物权，以实现对农民土地经营权流转权利的保护。2013 年全面深化改革战略的贯彻实施，使土地制度改革进入新阶段。2014 年"经营权"概念的提出，将土地承包经营权划分为承包权和经营权。此后几年的中央一号文件都在此基础上对"三权分置"实现形式进行探索。2018 年 12 月，全国人大常委会第七次会议修订《中华人民共和国农村土地承包法》，从法律层面上确立了土地经营权的地位，农村土地制度由"两权分离"逐步过渡到"三权分置"，这一制度变迁具有明显的渐进性特点。

另外，制度变迁最初总是源于制度需求，即如果依据现有的制度安排，已经无法获得更多的利益，而一旦改变现有的制度安排，就能获得在原有制度下得不到的利益。引发制度需求的原因，早期更多地归结为人口对稀缺资源禀赋带来压力的增加，晚期则更多地归结于经济发展过程中人的经济价值上升、人口变化和技术变迁引发的产品和要素相对价格以及市场规模的变化等。当某种制度安排导致要素生产率长期低于生产可能性边界，以及与之相关联的人们的实际收益长期低于潜在效益时，就会构成对制度需求的持久压力。在中国转型增长过程中，随着工业化、城市化进程的加快，越来越多的农业劳动力转向城镇非农产业。从微观角度分析，土地经营权流转可以使土地转出方获得土地经营权流转收益，使土地转入方获得土地规模经营的好处；从宏观角度分析，土地经营权流转可以提高土地资源利用率，扩大规模经营，推进农业现代化进程。正是对土地经营权流转的制度性需求，促使我国土地经营权流转制度在自发的诱致性变迁与政府主导的强制性制度变迁的相互作用下，走出了一条从最初"两权分离"下禁止流转到允许并小规模试行流转、土地经营权流转合法化以及促进和规范流转，到现在"三权分置"下土地经营权流转创新的渐进式演变道路。

（三）土地经营权流转制度变迁具有明显的滞后性

我国采取的是渐进式改革方式，渐进就意味循序渐进，而不是一步到位，也就意味着对旧体制在时间上的容忍，因而一定的滞后是必然的。

农村土地经营权流转制度的变迁也不例外地表现出了改革的滞后性。土地是不可再生的资源，我国又是一个人口大国，土地资源相当贫乏，特别是耕地资源更是有限。随着工业化、城市化进程的加快，耕地面积减少速度很快。为了提高土地资源的利用效率，保护耕地资源，更为了确保国家粮食安全，我国开始逐渐允许土地经营权流转，进行农村土地经营权流转制度改革。一方面是考虑农民土地经营权流转后的长远生计问题，另一方面也有地方政府对土地财政的考虑。但是，相关法律政策规定得十分笼统，对土地经营权流转双方的权利义务、利益补偿、流转价格、纠纷处理、流转合同等方面还没有具体操作性的规定，因此很难正确引导土地经营权流转。2014年以来，农村土地制度改革进入了以承包地"三权分置"改革为核心的新历史阶段。中共中央、国务院颁布的一系列政策文件为"三权分置"改革进行了宏观设计，明确了未来立法的方向。但是现阶段"三权分置"的规定存在比较大的法律制度缺陷。"三权分置"如何与土地承包经营权确权的成果相衔接、

"经营权"依照《合同法》的 20 年租期限制能否有所突破、"长久不变"的年限等问题都没有明确具体的实施办法。这些都不利于处理土地经营权流转中的利益矛盾，也不利于建立与完善土地经营权流转市场。特别是，对农民的宅基地流转还存在着较为严格的地域限制，从而使流转制度的创新一再滞后于改革与发展的实践需要，土地经营权流转的制度供给远远落后于农民对土地经营权流转的制度需求。

### 三　农村土地经营权流转存在的主要问题

20 世纪 80 年代以来，随着经济体制改革的进一步发展，农村大量剩余劳动力逐步向城镇非农产业转移，形成非永久性迁移的农民工群体。由于农村青壮年劳动力的外流，农村大部分地区的土地由留守人员粗放经营或弃耕撂荒，利用率锐减，导致土地资源严重浪费，呈现诸多问题。

（一）土地经营权流转总体规模小

尽管随着工业化、城镇化进程的加快，近几年农业劳动力转移的数量与日俱增，土地经营权流转的面积也伴随着国家先后出台的相关政策逐年扩大，尤其是在一些经济比较发达的地区，农村土地经营权流转规模有所扩大，速度有所加快，但据农业部统计，2016 年在 13 亿多亩承包地中，全国家庭承包耕地流转面积为 4.79 亿亩，流转的部分约占家庭承包耕地面积的 23.51%。从农户来看，只有 6789 万农户是部分或全部土地被流转，占承包地农户总数的 29.7%①。从表 5-1 中也可以看出，虽然土地经营权流转的面积有所增长，但是增长的速度比较缓慢，如图 5-1 所示。土地经营权流转面积占家庭承包耕地总面积的比重从 2007 年的 0.64% 增长到 2018 年的 21.5%，12 年的时间才增长了 20.86 个百分点，平均每年增长速度为 1.74 个百分点。这就说明国家土地经营权流转相关政策的实施效果并没有达到政策制定的初衷，农村仍然没有摆脱分散化的小规模兼业经营模式，农业生产率极低。根据《全国农村固定观察点调查数据汇编》② 可以看出，全国农户耕地块数有所下

---

① 张红宇：《从"两权分离"到"三权分置"——中国农地制度的绩效分析》，《农村经营管理》2016 年第 3 期。

② 本书之所以采用《全国农村固定观察点调查数据汇编》所提供的数据，是因为农村固定观察点调查体系覆盖 23000 个农户、360 个行政村，样本分布在全国除香港、澳门、台湾以外的 31 个省（自治区、直辖市）。农村固定观察点的基本任务是通过对固定不变的村和户进行长期跟踪调查，取得连续数据，通过对农村基层各种动态信息的及时了解，取得系统周密的资料，进而对农村经济社会发展进行综合分析，为研究农村问题、制定农村政策提供依据。

降，无论是年内转包入土地面积还是转包出土地面积都有增长，见表5-2和图5-2、图5-3和图5-4。但农村土地经营权流转总体规模比较小，从表5-3中可以看出，2000—2015年在全国不同地区，不管是东部、中部还是西部，年末家庭经营耕地单块面积在5亩以上的每户平均甚至还不到0.2块，而单块面积不足一亩的耕地每户平均接近2块，说明目前农户经营的耕地还是比较零散，如果不进行土地经营权流转根本无法形成土地的规模化经营。

表 5-1　　　2007—2018 年我国耕地流转面积和经营耕地面积情况

单位：亿亩,%

| 年份 | 2007 | 2008 | 2009 | 2010 | 2011 | 2012 |
|---|---|---|---|---|---|---|
| 流转面积 | 0.64 | 1.09 | 1.50 | 1.87 | 2.28 | 2.78 |
| 经营耕地面积 | 18.26 | 18.26 | 18.26 | 18.26 | 18.26 | 20.27 |
| 所占比重 | 3.50 | 5.97 | 8.21 | 10.24 | 12.49 | 13.71 |
| 年份 | 2013 | 2014 | 2015 | 2016 | 2017 | 2018 |
| 流转面积 | 3.41 | 4.03 | 4.47 | 4.71 | 5.12 | 5.30 |
| 经营耕地面积 | 20.30 | 20.25 | 20.25 | 20.24 | 20.24 | 21.50 |
| 所占比重 | 16.80 | 19.90 | 22.07 | 23.26 | 25.30 | 24.65 |

资料来源：根据 2008—2019 年《中国统计年鉴》和 2008—2009 年《中国农村统计年鉴》整理所得。

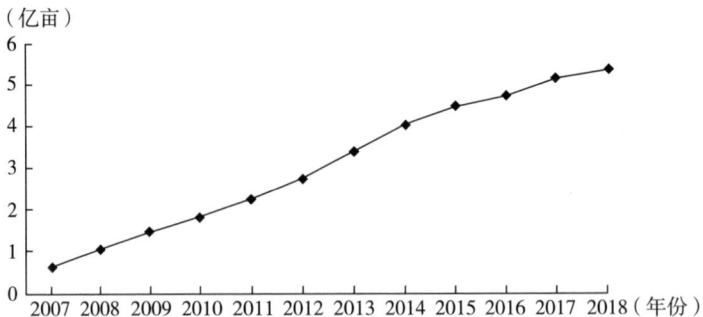

图 5-1　2007—2018 年我国耕地流转面积

表 5-2　　2000—2015 年全国农户户均耕地经营规模及耕地转包情况

单位：亩/户，块/户

| 年份 | 年末经营耕地面积[a] | 年内转包入[b] | 年内转包出[c] | 年末经营耕地块数[d] |
|------|------|------|------|------|
| 2000 | 7.43 | 0.32 | 0.24 | 5.90 |
| 2001 | 7.63 | 0.37 | 0.22 | 5.75 |
| 2002 | 7.55 | 0.44 | 0.22 | 5.75 |
| 2003 | 7.25 | 0.43 | 0.30 | 4.91 |
| 2004 | 7.34 | 0.45 | 0.27 | 4.96 |
| 2005 | 7.32 | 0.46 | 0.29 | 4.79 |
| 2006 | 7.32 | 0.56 | 0.35 | 4.71 |
| 2007 | 7.22 | 0.63 | 0.40 | 4.44 |
| 2008 | 7.16 | 0.54 | 0.49 | 4.26 |
| 2009 | 7.12 | 0.68 | 0.47 | 4.10 |
| 2010 | 6.83 | 0.37 | 0.60 | 4.02 |
| 2011 | 7.04 | 0.47 | 0.63 | 3.98 |
| 2012 | 7.26 | 0.50 | 0.73 | 3.58 |
| 2013 | 7.03 | 0.50 | 0.75 | 3.51 |
| 2014 | 7.11 | 0.68 | 0.88 | 3.33 |
| 2015 | 7.07 | 0.81 | 0.92 | 3.27 |

　　注：a. 经营耕地面积是指家庭年末或年初实际经营的全部耕地面积，包括实际承包集体生产的耕地面积和家庭自营的耕地面积（含自留地、饲料地和零星开荒地），还包括经营他人转包的耕地面积，但不包括转包的给他人耕种或为他人临时耕种的耕地面积。

　　b. 指年内从其他经营主体新转入而在年末转包行为尚未结束的耕地面积。

　　c. 指年内已转包给他人耕种的耕地面积。

　　d. 反映耕地的零散程度。

　　资料来源：农村固定观察点办公室《全国农村固定观察点调查数据汇编（2000—2009年）》和《全国农村固定观察点调查数据汇编（2010—2015 年）》①。

---

　　①　本书有关土地经营权流转的相关数据均在《全国农村固定观察点调查数据汇编（2000—2009 年）》（中国农业出版社 2010 年版）和《全国农村固定观察点调查数据汇编（2010—2015 年）》（中国农业出版社 2017 年版）里查到，其他年鉴无法获取全国土地经营权流转的相关数据，由于这一统计数据之前是十年一汇编，现在是五年一汇编，所以目前只能获取到 2015 年之前全国土地经营权流转的相关数据。

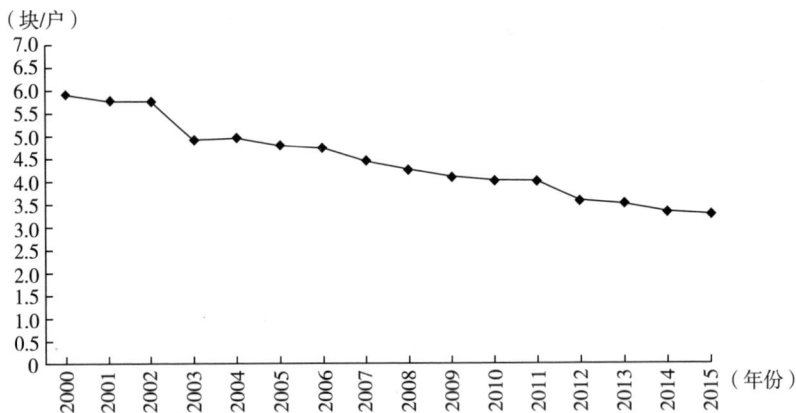

图 5-2　2000—2015 年全国农户年末经营耕地块数

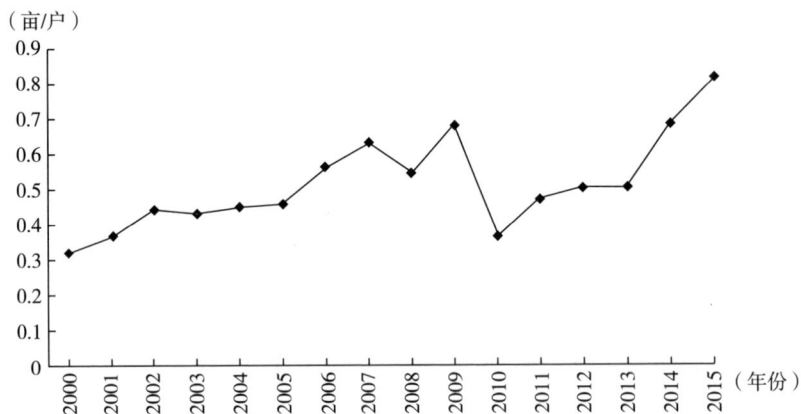

图 5-3　2000—2015 年全国农户年内转包入耕地面积

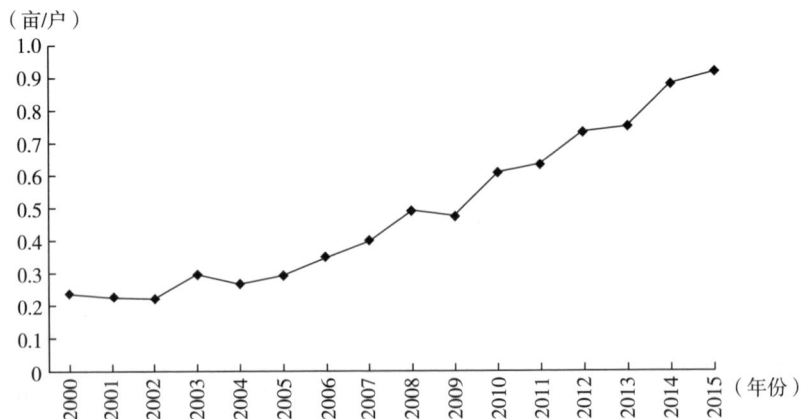

图 5-4　2000—2015 年全国农户年内转包出耕地面积

表5-3　　2000—2015年全国不同地区年末家庭实际经营耕地块数

单位：块/户

| 年份 | 东部 | | | | 中部 | | | | 西部 | | | |
|---|---|---|---|---|---|---|---|---|---|---|---|---|
| | 不足1亩 | 1—3亩 | 3—5亩 | 5亩以上 | 不足1亩 | 1—3亩 | 3—5亩 | 5亩以上 | 不足1亩 | 1—3亩 | 3—5亩 | 5亩以上 |
| 2000 | 2.84 | 1.04 | 0.20 | 0.08 | 3.28 | 1.16 | 0.38 | 0.40 | 7.09 | 1.62 | 0.31 | 0.12 |
| 2001 | 2.64 | 1.01 | 0.21 | 0.08 | 3.21 | 1.16 | 0.37 | 0.42 | 6.86 | 1.60 | 0.30 | 0.11 |
| 2002 | 2.64 | 0.97 | 0.22 | 0.08 | 3.09 | 1.09 | 0.40 | 0.45 | 7.02 | 1.47 | 0.26 | 0.10 |
| 2003 | 2.16 | 0.99 | 0.26 | 0.10 | 2.67 | 1.28 | 0.38 | 0.43 | 4.93 | 1.45 | 0.26 | 0.11 |
| 2004 | 2.16 | 0.99 | 0.25 | 0.09 | 2.37 | 1.27 | 0.39 | 0.47 | 5.34 | 1.57 | 0.26 | 0.10 |
| 2005 | 2.04 | 0.99 | 0.23 | 0.09 | 2.36 | 1.25 | 0.38 | 0.47 | 5.02 | 1.48 | 0.24 | 0.10 |
| 2006 | 1.90 | 0.99 | 0.25 | 0.08 | 2.24 | 1.19 | 0.38 | 0.47 | 4.95 | 1.53 | 0.26 | 0.10 |
| 2007 | 1.90 | 0.97 | 0.24 | 0.09 | 2.18 | 1.17 | 0.37 | 0.48 | 4.36 | 1.44 | 0.28 | 0.11 |
| 2008 | 1.85 | 0.94 | 0.24 | 0.10 | 2.07 | 1.12 | 0.37 | 0.49 | 4.08 | 1.46 | 0.30 | 0.12 |
| 2009 | 2.50 | 0.93 | 0.24 | 0.11 | 1.88 | 1.11 | 0.36 | 0.47 | 3.07 | 1.50 | 0.29 | 0.12 |
| 2010 | 1.72 | 0.87 | 0.25 | 0.09 | 1.86 | 1.10 | 0.36 | 0.47 | 3.89 | 1.30 | 0.29 | 0.12 |
| 2011 | 1.69 | 0.91 | 0.27 | 0.10 | 1.75 | 1.06 | 0.36 | 0.49 | 3.80 | 1.26 | 0.29 | 0.13 |
| 2012 | 1.51 | 0.87 | 0.28 | 0.11 | 1.71 | 1.02 | 0.36 | 0.49 | 2.95 | 1.22 | 0.27 | 0.14 |
| 2013 | 1.53 | 0.84 | 0.29 | 0.12 | 1.65 | 0.96 | 0.35 | 0.48 | 2.97 | 1.15 | 0.23 | 0.14 |
| 2014 | 1.33 | 0.76 | 0.28 | 0.11 | 1.55 | 0.94 | 0.37 | 0.50 | 2.87 | 1.09 | 0.25 | 0.15 |
| 2015 | 1.26 | 0.73 | 0.28 | 0.11 | 1.53 | 0.91 | 0.38 | 0.48 | 2.94 | 1.03 | 0.23 | 0.13 |

　　注：为与所参考的资料来源保持一致，本表中不同亩数区间首尾数值有重叠。

　　资料来源：农村固定观察点办公室：《全国农村固定观察点调查数据汇编（2010—2015年）》，中国农业出版社2017年版。

（二）土地经营权流转总体不够规范

　　农村土地经营权流转过程的市场化，必然要求各级地方政府和村集体提高农村土地经营权流转的谈判、协调以及合同签订工作的规范化程度，并为流转后土地的使用、合同履行提供良好的制度保障。但我国大部分地区的土地经营权流转多发生在亲戚及邻居之间，属于自发性流转，土地经营权流转也因此呈现出随意性和不稳定性的特征。

　　总体来说，在农村土地经营权流转过程中，流转手续和流转运作程序都不够规范，虽然我国相关法律法规规定进行农村土地经营权流转时应签订书面合同，但是现实中大多数农户并没有签订土地经营权流转的书面合同，只有口头约定协议，随意性较大。即便是签订了书面流转合同，大部分农民受到文化程度的限制不能深刻认识签订的合同内容，为数不多的农户签订的合同多数也基本上都存在内容不完整、条款不齐全、标的不明确、流转双方权利义务制定不规范等问题，更没有经合同管理机构审查、鉴证或公证机关公证。实际上大部分农户在把自己的土地经营权转让给合作社的时候在大多数情况下是以口头协议的形式完成土地经营权流转的，也就是农户之间私下对土地进行"交易"，并没有按照法律规定的程序先向集体申请并得到允许。所以说，这种流转行为，特别是在长期的土地经营权流转中，一般由于流转手续不规范，缺乏利益协调机制。这些不规范的行为极易为日后土地经营权流转埋下纠纷隐患，并带来一些遗留问题。一旦农民因为一些原因在土地经营权上和合作社发生了纠纷，很难对这些农民提供法律保护以维护其合法权益。紧接着，农民的利益没有保障就导致农民土地经营权流转的积极性下滑，从而影响国家政策引导农村土地大面积整合规模化经营管理以及农村土地经营权流转市场活跃地顺利进行。尤其是，随着农业负担的减少、农业补贴的增加、农地价值的上升，农民、集体、经营主体之间很容易就地块边界、流转价格、利益分配等问题产生纠纷，影响土地经营权流转工作的顺利进行。2016 年，全国 30 个省、区、市（不含西藏）村民委员会、乡镇人民政府和农村土地承包仲裁委员会共受理涉及土地承包纠纷 25.7 万件，比 2015 年增长了 21.1%，占受理纠纷总量的 67.4%，上升了 4.3 个百分点，连续两年呈上升趋势。土地经营权流转纠纷约 10.8 万件，占受理纠纷总量的 28.3%①。

（三）土地经营权流转中农民权益受损

目前，我国缺少覆盖广大农村地区的社会保障制度，多数农民依然把土地作为自己的生存保障，把土地收入视为家庭收入的主要来源，依靠土地解决其家庭成员的看病、子女上学和自身养老的问题。所以，现实中农民参与土地经营权流转的积极性并不高，他们对土地经营权流转还存在后顾之忧，担心自己手中的土地一旦转出去后，如果收不回来，自己的就业与生存会失去保障。虽然国家规定农民是土地经营权流转的

---

① http://www.soutudi.so/news-15540-63-view.htm，2018 年 5 月 8 日。

主体，土地经营权流转应遵循"依法、自愿、有偿的原则"进行，但从实际情况看，由于农民在经济、政治上的弱势地位，一些基层干部无视了这一原则，不顾农民意愿，强制土地经营权流转，使农民权益往往受到多方面侵害。

一是农民土地经营权流转意愿受到干涉。对农民土地承包经营权流转意愿的干涉主要来自发包方——村集体经济组织和地方政府。现实中，农民土地经营权流转中的权益经常被村集体经济组织以所有者身份侵占，甚至有部分村委会干部违背农民意愿，未经农户同意，私下与企业签订土地包租合同，并代企业先行垫付土地租金，然后强行流转农户的土地承包经营权；有的村庄违背农户意愿，以土地规模经营为借口，无偿收回、非法转让、出租农民承包的土地，随意终止承包合同；有些地方政府在利益的驱使下，无视法律规定，或迫使农民低价流转土地，或强迫农民以土地换社保、换住房，以获得更多的土地财政收入。上述情况表明，一些农村的土地经营权流转，事实上已成为以村集体或地方政府为主导的土地兼并。

二是农民难以获得土地增值收益。在农民普遍缺乏资金和技术的背景下，分散的小规模农户在与工商企业的对话中处于弱势地位，难以获得与工商企业平等谈判的权利，农户一般只能从土地承包经营权的转让中获得一个较低的固定收益，而不能参照产业发展、土地经营效益提高和物价上涨分享土地增值收益。以浙江省遂昌县为例，该县 2018 年实行出租承包地的有 8640 户，面积总共 2.639 万亩，占当地流转农地总面积的 60%；这背后的原因是农民对政策的认识高度还有待深入，他们认为保住土地至少有利无害，但对于如何使手中的土地实现高收益流转，则还不能做出应对之策。①

三是农民难以获得土地经营权流转中利益损失的风险补偿。很多农户在土地经营权流转中没有签订书面流转合同，或合同内容不完备、不规范，容易引发纠纷。尤其是那些将整村的土地进行成片流转的地区，其实有些农民实际上并不愿意参与土地经营权流转，但迫于村里人情、舆论或因为村干部做工作的压力而不得不流转，在土地经营和收益分配

---

① 王璟淳：《转型时期俄罗斯农村土地经营权流转制度研究及借鉴》，硕士学位论文，江西财经大学，2019 年，第 41—44 页。

上更容易产生纠纷，而且由于缺乏利益协调机制，农户很难通过法律诉讼的渠道维护自己的正常利益，从而使农户土地经营权流转面临较大的风险。这种由于制度不健全、流转不规范所产生的风险损失，在现有的制度安排下农民很难获得相应的补偿。租用土地的农业企业、经营大户、专业合作社普遍缺乏风险意识，加之农业经营保险、担保制度也不健全，一旦遭遇自然灾害则会发生较大损失，这种情况下，农民不仅无法取得应得的土地经营权流转收益，甚至要为土地上的部分农业设施的损毁买单。土地经营权流转中因此而导致的纠纷甚至激烈冲突的群体性事件并不罕见。

（四）土地经营权流转期限比较短

迄今为止，多数土地经营权流转年限只有 1 年或者 2—5 年，少数在 10 年以上。一方面，从转出土地的农户看，年龄较大的农民总是希望"随时"能收回自己的土地自己耕种，土地是他们最后的事业和生存保障；而长期在外务工的青年人则希望获得更多的土地经营权流转费用，短期合约到期时，无论是续约还是重新签约流转，他们都可以重新"议价"，所以总体来看农户倾向于短期流转。另一方面，从土地转入方来看，多数新型农业经营主体希望长期流转，只有经营期长，他们才敢"大投入"，这样才能有高收益。而且，他们担心农户看到土地产出效益提高后，后悔当初流转价格低，续约时提高价格或收回土地。在第四章对土地经营权流转问题调研数据进行统计分析时，发现很多农户的土地经营权流转租期一般都很短，土地经营权流转租期 1—2 年的农户所占比重为 21.53%，3—4 年的为 17.56%，5—6 年的为 23.51%，7—8 年的为 16.15%，9—10 年的为 5.10%，10 年以上的仅为 16.15%（见表 5-4 和图 5-5）。土地经营权流转期限短也给转入土地的新型农业经营主体的生产与投入带来很多风险。

表 5-4　　　　　　　　被调查农户土地转出租期的占比情况

| 您家承包地 转出租期为 | 东部 | | 中部 | | 西部 | | 合计 | |
|---|---|---|---|---|---|---|---|---|
| | 人数 | 占比（%） | 人数 | 占比（%） | 人数 | 占比（%） | 人数 | 占比（%） |
| 1—2 年 | 37 | 14.68 | 31 | 45.59 | 8 | 24.24 | 76 | 21.53 |
| 3—4 年 | 36 | 14.29 | 14 | 20.59 | 12 | 36.36 | 62 | 17.56 |
| 5—6 年 | 62 | 24.60 | 11 | 16.18 | 10 | 30.30 | 83 | 23.51 |
| 7—8 年 | 47 | 18.65 | 7 | 10.29 | 3 | 9.09 | 57 | 16.15 |

续表

| 您家承包地转出租期为 | 东部 | | 中部 | | 西部 | | 合计 | |
|---|---|---|---|---|---|---|---|---|
| | 人数 | 占比（%） | 人数 | 占比（%） | 人数 | 占比（%） | 人数 | 占比（%） |
| 9—10 年 | 15 | 5.95 | 3 | 4.41 | 0 | 0 | 18 | 5.10 |
| 10 年以上 | 55 | 21.83 | 2 | 2.94 | 0 | 0 | 57 | 16.15 |

资料来源：笔者通过调查问卷进行整理得出。

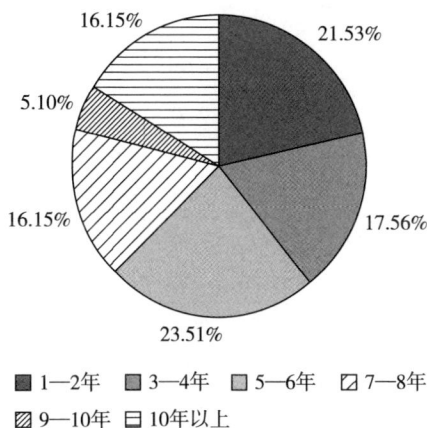

图 5-5　被调查农户土地转出租期的占比情况

外界环境的不确定性使农民们普遍担心政策有变化，普遍不愿意签长久合同，增加了土地经营权流转的短期行为和随意性。由于租期短，转入户对土地的投入很少，对土地粗放经营，掠夺性使用，使土地肥力严重下降；有些转入土地的工商企业受利益驱动甚至违规使用高毒残留农药，致使农产品质量安全问题十分突出。

（五）土地经营权流转的地区差异较大

我国区域经济发展存在不平衡，各地具体制度环境也存在较大差异，土地经营权流转的区域特征也比较明显，就全国而言，地区差异较大。2000—2015 年，东部、中部和西部地区农户户均经营耕地规模几乎没有明显的变化（见表 5-5 和图 5-6）。但土地经营权流转规模差异明显，无论是农户土地转包入还是转包出，中部地区流转规模较高，而且呈现递增趋势，西部地区流转规模最低，且增长速度缓慢（见图 5-7和图 5-8）。

表 5-5          2000—2015 年全国不同地区农户户均耕地经营

规模及耕地转包情况        单位：亩/户

| 年份 | 东部 | | | 中部 | | | 西部 | | |
|------|------|------|------|------|------|------|------|------|------|
| | 经营耕地 | 转包入 | 转包出 | 经营耕地 | 转包入 | 转包出 | 经营耕地 | 转包入 | 转包出 |
| 2000 | 4.73 | 0.18 | 0.21 | 10.03 | 0.60 | 0.34 | 7.38 | 0.11 | 0.12 |
| 2001 | 4.68 | 0.19 | 0.16 | 9.93 | 0.69 | 0.34 | 7.63 | 0.13 | 0.14 |
| 2002 | 4.57 | 0.14 | 0.18 | 10.53 | 0.94 | 0.32 | 6.73 | 0.13 | 0.15 |
| 2003 | 4.35 | 0.15 | 0.29 | 10.10 | 0.85 | 0.36 | 5.99 | 0.23 | 0.25 |
| 2004 | 4.41 | 0.18 | 0.20 | 10.91 | 0.89 | 0.39 | 6.02 | 0.18 | 0.20 |
| 2005 | 4.32 | 0.19 | 0.25 | 11.03 | 0.93 | 0.40 | 6.00 | 0.17 | 0.19 |
| 2006 | 4.23 | 0.23 | 0.30 | 11.02 | 1.13 | 0.49 | 5.89 | 0.18 | 0.24 |
| 2007 | 4.51 | 0.32 | 0.28 | 10.80 | 1.26 | 0.66 | 5.82 | 0.19 | 0.21 |
| 2008 | 4.30 | 0.29 | 0.33 | 10.74 | 1.03 | 0.82 | 5.93 | 0.18 | 0.26 |
| 2009 | 4.52 | 0.35 | 0.34 | 10.57 | 1.29 | 0.74 | 6.06 | 0.28 | 0.29 |
| 2010 | 4.49 | 0.25 | 0.47 | 10.47 | 0.63 | 0.94 | 5.92 | 0.19 | 0.32 |
| 2011 | 4.56 | 0.16 | 0.42 | 10.70 | 0.96 | 1.02 | 5.74 | 0.19 | 0.35 |
| 2012 | 4.54 | 0.17 | 0.41 | 10.94 | 0.97 | 1.24 | 6.50 | 0.25 | 0.40 |
| 2013 | 4.56 | 0.16 | 0.40 | 10.76 | 0.98 | 1.32 | 6.10 | 0.25 | 0.40 |
| 2014 | 4.37 | 0.20 | 0.43 | 11.03 | 1.46 | 1.62 | 6.14 | 0.22 | 0.42 |
| 2015 | 4.35 | 0.17 | 0.42 | 11.03 | 1.90 | 1.74 | 6.15 | 0.26 | 0.50 |

资料来源：《全国农村固定观察点调查数据汇编（2000—2009 年）》和《全国农村固定观察点调查数据汇编（2010—2015 年）》。

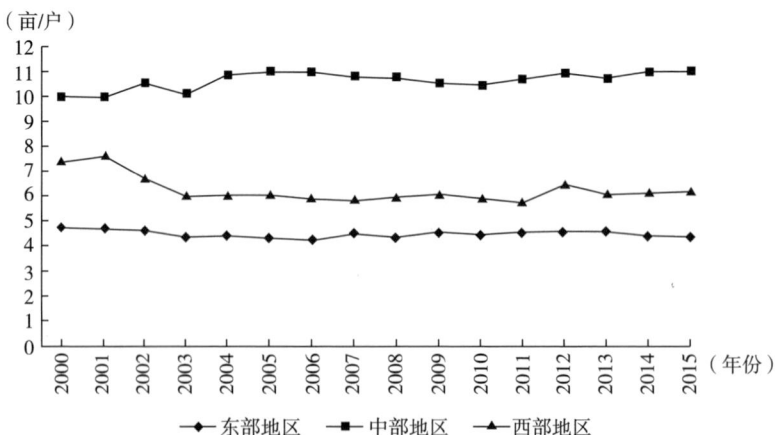

图 5-6 2000—2015 年全国不同地区农户户均耕地经营规模

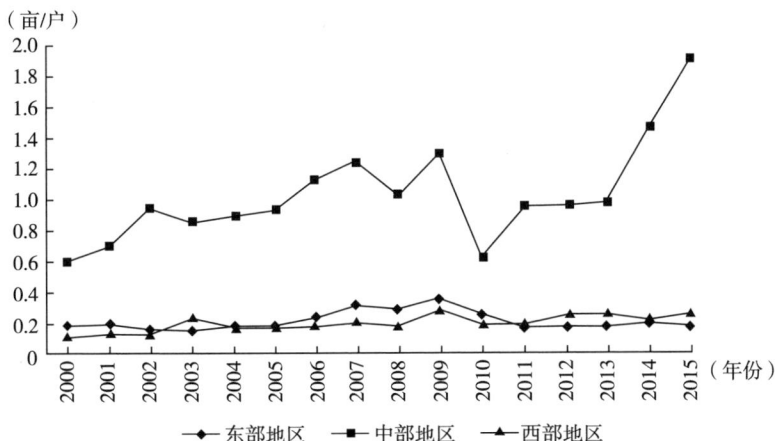

图 5-7　2000—2015 年全国不同地区农户户均转包入耕地面积

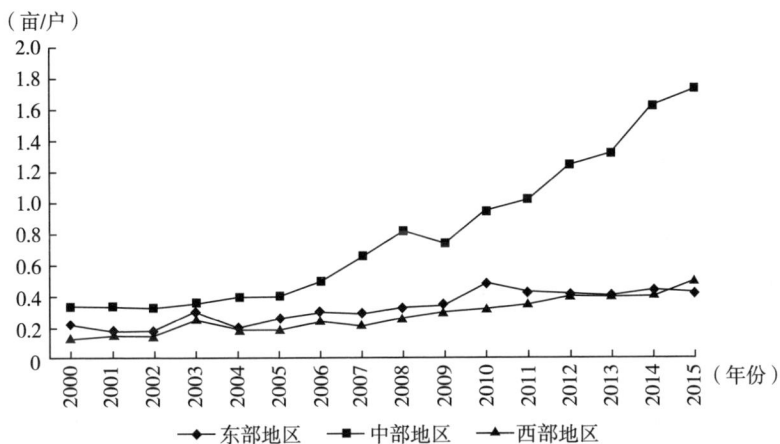

图 5-8　2000—2015 年全国不同地区农户户均转包出耕地面积

　　虽然近几年我国农村土地经营权流转不论是从面积还是从规模上都在不断扩大，但是地区与地区之间的发展却表现得极不平衡。从 2000—2015 年不同地区的转包入和转包出耕地占经营耕地面积的比重（年内转入耕地面积和年内转包出耕地面积分别与年初经营耕地面积之比）也可以看出中部地区无论是农户转包入还是转包出耕地占经营耕地面积比重比较大，而西部和东部地区则比较低，虽然农户转包入和转包出耕地的比重有所增长，但是中部地区明显快于中部和东部地区（见表5-6、图5-9 和图5-10）。

表 5-6 2000—2015 年全国不同地区转包入和转包出
耕地占经营耕地面积比重    单位:%

| 年份 | 转包入耕地占经营耕地的比重 | | | 转包出耕地占经营耕地的比重 | | |
|------|------|------|------|------|------|------|
| | 东部 | 中部 | 西部 | 东部 | 中部 | 西部 |
| 2000 | 3.81 | 5.98 | 1.49 | 4.44 | 3.39 | 1.63 |
| 2001 | 4.06 | 6.95 | 1.70 | 3.42 | 3.42 | 1.83 |
| 2002 | 3.06 | 8.93 | 1.93 | 3.94 | 3.04 | 2.23 |
| 2003 | 3.45 | 8.42 | 3.84 | 6.67 | 3.56 | 4.17 |
| 2004 | 4.08 | 8.16 | 2.99 | 4.54 | 3.57 | 3.32 |
| 2005 | 4.40 | 8.43 | 2.83 | 5.79 | 3.63 | 3.17 |
| 2006 | 5.44 | 10.25 | 3.06 | 7.09 | 4.45 | 4.07 |
| 2007 | 7.10 | 11.67 | 3.26 | 6.21 | 6.11 | 3.61 |
| 2008 | 6.74 | 9.59 | 3.04 | 7.67 | 7.64 | 4.38 |
| 2009 | 7.74 | 12.20 | 4.62 | 7.52 | 7.00 | 4.79 |
| 2010 | 5.57 | 6.02 | 3.21 | 10.47 | 8.98 | 5.41 |
| 2011 | 3.51 | 8.97 | 3.31 | 9.21 | 9.53 | 6.10 |
| 2012 | 3.74 | 8.87 | 3.85 | 9.03 | 11.33 | 6.15 |
| 2013 | 3.51 | 9.11 | 4.10 | 8.77 | 12.27 | 6.56 |
| 2014 | 4.58 | 13.24 | 3.58 | 9.84 | 14.69 | 6.84 |
| 2015 | 3.91 | 17.23 | 4.23 | 9.66 | 15.78 | 8.13 |

资料来源:根据《全国农村固定观察点调查数据汇编（2000—2009 年）》和《全国农村固定观察点调查数据汇编（2010—2015 年）》数据整理所得。

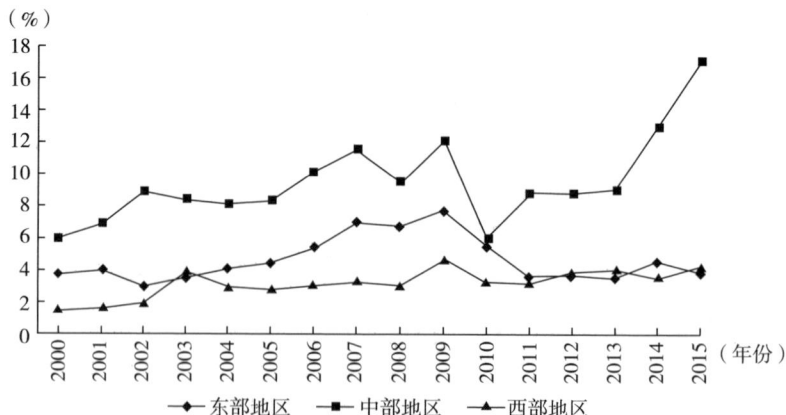

图 5-9 2000—2015 年全国不同地区转包入耕地占经营耕地面积比重

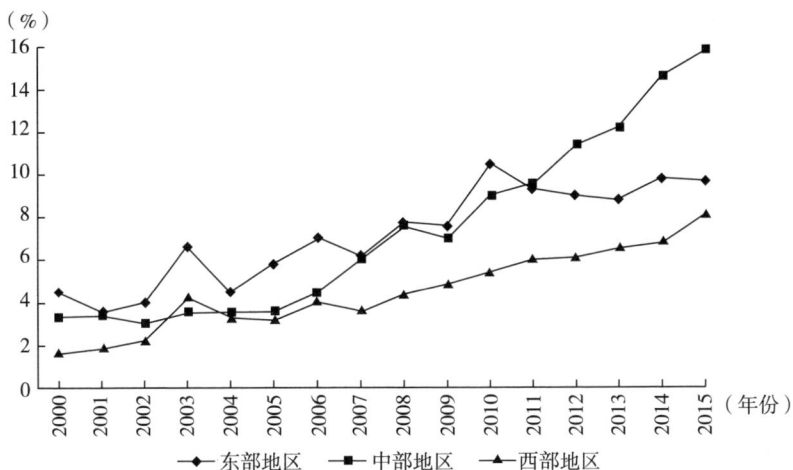

图 5-10　2000—2015 年全国不同地区转包出耕地占经营耕地面积比重

（六）改变了流转土地的农业用途

我国人多地少，可用作耕地的面积有限，尤其是人均占有可耕地面积就更低，因此国家一直十分重视对土地尤其是耕地的保护，也制定了一些政策法规来限制农地改变用途。但是随着我国土地经营权流转规模的不断扩大，进入农业领域的工商企业日益增多，促使土地经营权流转的资金持续攀升和农业经营成本的增加。有些地区，尤其是在经济较发达、地理条件较好的地区，一方面，受到土地经营权流转中潜在利益的驱动，以土地经营权流转为借口，大量占用耕地，不顾实际情况发展农业观光园区、休闲园区等，实际上是绕过国家有关法规，从根本上改变了土地的农业用途；另一方面，传统的粮食价格比较低，为了获得高额的经济回报，许多新型农业经营主体将转入的土地用于种植蔬菜、水果、花卉等，发展高效农业、设施农业等。特别是近年来，在快速发展的土地经营权流转过程中，转入农地的企业大多数不愿意耕种粮食的报道屡见不鲜。虽然国家出台了相应政策法规禁止改变农地用途，但即便如此租用的农地被改变用途的现象仍十分严重，这与传统农业的效益低下、经营时期长、自然和市场风险都较大的情况密不可分。流转农地"非粮化"和"非农化"倾向势必进一步打击传统农业，造成传统农业的生存危机，影响粮食种植产业的发展，使我国粮食产量存在安全隐患。截至 2016 年 6 月底，我国农地流转面积达到 4.7 亿亩，占承包地总流转面积的 1/3，随之增加的是企业对土地经营权流转的需求，导致种植粮食的耕地越来越少，在某些地区占比还不到 6%。根据相关科研机构的调查数据显示，2014 年我国一些省份的农地"非粮化"程度已经达到了 61.1%，甚至随着土地经营权流转规模的扩大，这种情况还有不断加剧的趋势①。

（七）土地经营权流转多发生于农户之间

根据农村固定观察点提供的数据，从 2010—2015 年土地经营权流转去向的数据看，就其所占比例而言，流向农户的土地面积在流转总面积中占绝对多数，所占的比重平均每年达到 64.94%，其总量远高于其他主体之和（见表 5-7 和图 5-11）。这表明，在我国现阶段的土地经营权流转中，仍然以农户经营为主，占据第二名位置的是专业合作社，转包给村外的形式也多以农户经营为主。诸如土地信托、土地银行等流转形式，相比传统的出租等经营方式具有更好的制度优势、技术优势、资金优势，能够有效地实现市场化运作，从而提升效率和收益，因此被认为是土地经营权流转的高级组织形式和现代组织形式。然而，这些技术含量高、优势相对明显的组织形式并没有得到快速发展，也就没能有效发挥其应有的组织优势。这说明我国现阶段虽然存在各式各样的土地经营权流转形式，但是新型的模式在规模上还无法与传统模式相比，这些新形式的土地经营权流转模式，想要深入人心，形成规模化，除了当地有关部门的积极培育之外，还需要很多工作要做。

**表 5-7**           **2010—2015 年样本农户转包出耕地流向**

| 年份 | 转包出户数（户/村） | 转包出面积（亩/村） | 流转面积*比重（%） | | | |
|------|------|------|------|------|------|------|
| | | | 转包给企业 | 转包给农民专业合作组织 | 转包给其他农户 | 转包给村外 |
| 2010 | 54.78 | 256.17 | 9.28 | 0.92 | 68.93 | 19.68 |
| 2011 | 57.57 | 283.69 | 11.39 | 3.86 | 71.08 | 12.65 |
| 2012 | 60.08 | 280.85 | 14.82 | 3.74 | 62.06 | 15.13 |
| 2013 | 60.09 | 319.28 | 7.17 | 10.61 | 60.29 | 16.68 |

① 丁文：《农地流转政策议程设置研究》，博士学位论文，南京农业大学，2017 年，第86 页。

续表

| 年份 | 转包出户数（户/村） | 转包出面积（亩/村） | 流转面积*比重（%） | | | |
| --- | --- | --- | --- | --- | --- | --- |
| | | | 转包给企业 | 转包给农民专业合作组织 | 转包给其他农户 | 转包给村外 |
| 2014 | 70.26 | 354.48 | 8.84 | 10.31 | 68.12 | 14.32 |
| 2015 | 72.91 | 405.15 | 8.58 | 11.73 | 59.15 | 12.67 |

注：*指年内转包给村外农户、企业和其他各类经济组织的耕地面积。

资料来源：农村固定观察点办公室：《全国农村固定观察点调查数据汇编（2010—2015）》，中国农业出版社2017年版。

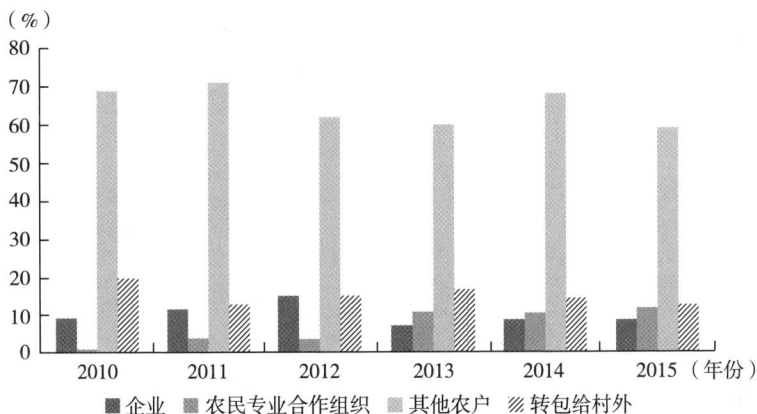

**图5-11　2010—2015年样本农户转包出耕地流向**

# 第二节　制约土地经营权流转的主要因素分析

制约土地经营权流转的因素有很多，包括法律制度因素、市场机制因素、配套制度因素和政府规制因素。这些因素从不同程度约束土地经营权流转，甚至在一定条件下直接决定了土地经营权流转的期限、总体规模、规范程度和农民利益等问题。接下来，本节从法律制度因素、市场机制、配套制度和政府规制行为等角度深入分析制约土地经营权流转的主要因素。

## 一　土地经营权流转市场不健全

土地经营权流转在我国农村已成为一种普遍现象，然而，当前我国农村土地经营权流转市场还极不成熟，仍未形成市场化运作的流转机制，很多地区的土地经营权流转还不规范，没有健全的土地经营权流转市场势必会阻碍土地经营权流转的速度和规模。

（一）流转市场机制不健全

土地经营权流转市场机制包括供求机制与价格机制，其中价格机制为核心，在土地经营权流转之后，土地使用权与承包权分离。我国目前土地经营权流转市场机制尚不健全，流转的市场也尚未形成；既缺乏系统指导农村土地经营权流转的权威性政策、法规，又缺乏相应的市场规则和监督机构来引导，导致土地经营权流转缺乏透明度、公平性，交易成本高，价格也未起到资源配置的杠杆作用，仅仅给予农民很低的经济补偿。大部分地区土地经营权流转信息体系尚未建立起来，土地经营权流转双方信息有效对接机制也未形成。土地经营权流转显示大厅尚未建立，相关的工作人员配备不全。农户进行土地交易范围大多局限在本村民小组和亲友"小圈子"内，交易量少，纠纷多，难以大规模规范流转，不少地方农村土地经营权流转基本处于无序状态。这不仅给农民的生活造成问题，也给农村经济的稳定性带来不良影响。

（二）农村土地经营权流转服务平台不足

大部分农村地区没有建立土地经营权流转的服务平台，缺少基本的交易场所和基础设施。即便有些地区建立了农村土地经营权流转交易中心等流转平台，但往往是有硬件无软件，有形市场虽然建立了，其建设标准和服务内容与城市土地经营权流转平台相比仍有较大的差距。主要表现在：

一是缺少网络交易平台。现有市场化土地经营权流转网络服务平台尽管连接了流转双方，却不能提供网上直接交易服务，比如无法在线签订合同，也无法保障合同的规范性和有效性，因此现有市场化网络服务平台本质上仍是信息平台而非交易平台。

二是土地经营权流转的维权和监督机制不完善。现有网络服务平台在线上土地经营权流转信息确认与审核方面，既无法确认用户身份，也不能有效监督土地经营权流转合同的签订情况，加大了土地经营权流转中的欺诈、欺骗等行为的风险，并且当此类行为发生后，这些平台亦无法为用户进行有效维权；此外，有些市场化平台在追求盈利动机的驱使下，对流转土地是否符合流转条件、流转过程是否符合相关规定以及流转双方的合法权益是否得到切实保障等问题均重视不足，导致时而会出现一些违反国家与地方土地经营权流转政策的行为。

三是发布的土地资源信息质量较低。在现有市场化土地经营权流转网络服务平台上，一方面，流出方出于自身利益的考量，可能会故意隐瞒部分土地信息，并且由于流出方自身土地评估专业性不足也可能会导致土地评估信息出现漏洞；另一方面，现有市场化服务平台提供的土地质量评估并不权威，也没有涵盖土地资源信息所有维度，在实际操作中较易出现问题，难以有效解决土地经营权流转过程中信息不对称问题。尽管现有平台都致力于解决流转过程中的信息不对称问题，并且有些平台在降低土地经营权流转信息搜寻成本方面取得了一定成效，但在信息成本、议价成本和谈判成本等方面所起作用不大。

四是现有市场化流转平台无法满足县域城市的个性化服务需求。农村土地经营权流转存在差异，很多乡镇"土地经营权流转服务中心"流转管理制度和交易规则也有所不同，但是现有的平台所采取的服务形式却是统一的，并不能适应地方政府的个性化需求，不能有针对性地服务于各地域。

（三）缺乏农村土地经营权流转价格评估机制

目前，我国农村土地分等定级和价格评估工作尚未全面展开，还缺少计算农村土地价格的权威的计算方法和衡量标准，导致农民在流转土地时缺乏合理的价格参考，农民的自主定价又无法使土地价值最大化，因此土地经营权流转价格普遍偏低，严重背离了土地价值，土地经营权流转的效益难以有效体现。农民自身文化水平有限，在流转信息的收集获取方面处于劣势地位，在与土地流入方协商谈判土地经营权流转价格时较为不利，也因此使一些工商企业有机会在土地经营权流转中竞相压低租金、损害农民利益。有些农户在转出土地的时候随意开价，使土地经营权流转价格不能真实反映土地的内在价值，在某种程度上阻碍了土地经营权流转。在农村土地经营权流转价格形成机制不完善的情况下，分散的农户在定价权上处于不利地位，难以形成公正合理的土地经营权流转价格，难以保障土地经营权流转中的农民权益。尤其是，我国人均占有耕地面积小，农民转让的土地面积不大，流转期限又比较短，土地经营权流转的租金收入并不具有长期稳定性，也制约了土地经营权流转的效率。在土地经营权流转价格评估中，地方政府的公共服务缺位，缺乏专业的机构和工作方法，传递平台及宏观调控手段相对落后。

（四）农村土地经营权流转中介服务组织匮乏

农村缺乏土地经营权流转中介组织，土地经营权流转的市场信息不对称，缺少有效的传递渠道，这就导致转出土地意愿的农户和转入土地意愿的工商企业或种植大户都漫无目的地寻找交易对象，流转双方都面临一定的搜寻成本，从而影响了土地经营权流转的速度、规模和效益，导致土地经营权流转效率低下。当前，大多数地方的农村土地经营权流转都是由集体经济组织充当中介组织。集体组织充当土地经营权流转中介组织具有一定的先天优势，但也具有先天的制度缺陷，中介需要公平公正的立场，而集体经济组织既当"裁判员"又当"运动员"，很容易产生角色错位，失去中介服务组织应有的效率和媒介功能，损害其他交易主体的合法权益。要么缺乏中介机构，要么就是中介机构的质量参差不齐，有些网络平台的广告信息比土地经营权流转信息都要多，这就导致农户自行进行土地经营权流转，无法使土地的效用达到最大化。

**二 配套制度不完善**

作为农村土地制度改革核心内容的土地经营权流转，离不开各种配套制度的支撑。当前我国农村土地经营权流转不畅，与土地经营权流转相关配套制度改革滞后密切相关。

（一）户籍制度改革滞后

农村土地经营权流转的首要前提是农业剩余劳动力向城镇非农产业转移，而我国户籍制度是在计划经济体制下建立和完善起来的社会管理制度，带有计划经济体制的深刻烙印。改革开放以来，为了适应经济和社会发展的要求，国家对户籍制度进行了多次改革，逐步放宽了对人口流动的限制，因而大量的农民进城打工。但这种户籍制度改革并非根本性改革，只是局部的、渐进性的改革，呈现明显的滞后性。农民工虽然可以随意进入城市务工，但城乡分割的户籍制度却使城乡劳动力同工不同酬，农民工进城就业受到歧视，使之无法享受城市的社保、医疗、教育等公共产品，只能继续依赖土地作为生存的最终保障。也正是基于此，大多数农民即便在城镇非农产业拥有较稳定工作，也不敢放心大胆地将土地长久转让出去，因自己的农民身份担心未来政策的多变，为自己留条后路，所以不会轻易放弃土地承包权。很多农户都是年轻人外出打工，留守老人或者妇女在家继续从事简单的、传统的农业生产，不仅可以为一家人提供口粮，而且更重要的是将来自己一旦在城市遇到风险，还可以返回农村重新就业。

笔者在对辽宁的部分农村地区进行调查时，发现多数没有参加流转的农户基本都是这种情况，这不仅使土地利用率低下，而且阻碍了土地经营权流转的速度和规模。大部分农户对土地经营权流转的积极性不太高，表现为既不想转出土地，又不想转入土地扩大经营规模，认为土地经营非常不合算。这既不利于劳动力资源市场配置，也不利于农民工市民化，从而导致土地流转效率低下。

（二）农村社会保障制度不完善

我国土地经营权流转进程仍然比较缓慢，根本原因在于农民对社会保障制度信任度低。首先，部分农民基于祖辈对土地的深厚情感，即便从事了非农工作，通常也不会放弃土地经营权。其次，随着城镇化的发展，农民工涌入城镇，但他们仍然无法同等享受城市居民的社会保障，这一部分农民通常选择将土地经营权流转给亲朋好友，造成土地经营权流转的零散化，不利于规模化的农业经营。再次，农民作为土地流入方，需要承担自然环境不稳定以及市场波动大的风险，对于社会保障也有现实需求。我国当前的农村社会保障制度还存在着城乡差距过大的问题，城市人均基础养老补助达到农村人均基础养老补助的十倍之多，且农村社会保障的种类不齐全，表明我国对农村社会保障的经费投入存在不足。土地经营权流转后，农民的社会保障不持续，不长久，所以，不敢大胆放心地长久转出土地，他们担心将来无法解决养老问题。所以，要想使农民彻底摆脱土地的束缚，必须健全农村各种社会保障制度，包括农村养老、医疗、住房、最低生活保障等，否则农民永远不会长期转出土地承包经营权，土地也无法实现真正意义的有效流转，土地规模经营更无从谈起。

就目前我国农村现状看，城市的住房保障体系将农民工排除在外。尽管国家推行新农合制度实施以来，农村居民确实从中获得补偿，得到实惠。但新农合以保大病为主，对参合农民就医报销加以限制，很多农民患病程度在达到新农合规定的大病标准时，也没有到定点医疗机构就医。这说明我国农村医疗保险制度还不够完善，一旦农村土地经营权流转后缺乏相应的风险救济和社会保障制度，农民就无法抵御各种经营风险和市场风险。农民工文化程度普遍较低，缺乏非农就业技能，所以无法保证其在非农领域获得长期稳定的收入。这就导致农民对"食之无味"的土地仍然保留很强的依赖性，在各种城乡分割的体制束缚下无路可退的农民只好紧紧抓住手中的土地，宁愿抛荒也不愿流转，以免失去最后的保障。这严重制约了农村土地经营权流转的进程。

（三）农村金融制度支持不到位

作为土地转入方的种田大户和企业想要发展农业生产，必须有雄厚的资金作为支持。但我国目前缺少完善的信用体系，农村土地经营权流转还无法获得强有力的金融支持，银行系统和信用社尚不能及时向那些自有资金不足的种田大户和企业提供抵押贷款和信用贷款，这在一定程度上会制约土地的市场化流转，也制约了农地的规模化经营。

规模经营相对传统农业生产需要更多的资金，因为农民必须购买农业机械设备和进行一些必要的农业基础设施建设。然而，一方面，由于金融机构发放的农村贷款期限一般比较短，贷款规模也比较小，农业贷款数量难以有效满足农业生产投资的需要；另一方面，由于大多数农民可供抵押的财产少，而我国现行相关法律规定，对于按家庭承包方式取得的土地承包经营权不可以抵押，除此之外，宅基地也不可以抵押。虽然宅基地上的房屋可以作为抵押的物品，但是根据"房地一体"原则，一旦宅基地上的房屋被用来担保物权，则该房屋所占的宅基地使用权也将易主，同时农村的最低生活保障也将受影响，因此，金融机构等债权人一般不愿意接受借款人用农村房屋作为抵押。以宅基地上之房屋作为抵押实现融资难以符合当前农村放贷机构严格的抵押担保条件，所以，难以通过投资转入更多土地，扩大经营规模。

**三 政府规制行为不规范**

土地经营权流转在广大农村方兴未艾，地方政府在积极引导扶持的同时也逐渐呈现出一些对土地经营权流转的阻碍表现，这在一定程度上制约了农村土地承包经营权流转的有序进行，主要表现在以下几个方面。

一是基层政府定位不当，越权流转农户承包地。在土地经营权流转中，原本农民是土地经营权流转的主体，然而在利益的驱使下，部分乡镇或村集体组织竟为了政绩和部门利益，不考虑农民在这一经济活动中的主体地位，常违背中央精神，采用强制措施，直接代替农民充当土地经营权流转的主体，越权流转农户承包地，剥夺农民的参与权、知情权。甚至在有些地区，村干部并未征得农民的同意，擅自做主，私下与工商企业签订土地经营权流转合同，而农民对于合同内容一无所知，对于流转价格也毫无发言权。有的基层政府组织甚至违背国家关于土地经营权流转的相关政策，擅自做主，允许工商企业改变承包土地的农业用途，从而使土地经营权流转处于放任自流和无序化状态。

二是政府缺位管理。在农村土地经营权流转中，有的基层政府没有起到很好的引导作用，存在"缺位"现象。一方面，对农村土地经营权流转过程的程序缺乏规范化管理，政府既没有提供统一的合同形式，在农村土地经营权流转市场管理中尚未制定具体实施细则，也没有制定明确的流转章程，使这一活动在很多地区仅仅是口头协议，从而为土地经营权流转留下了后患。另一方面，基层政府对农村土地经营权流转的监管不到位，对土地经营权流转后的利用缺乏管理，对土地经营权流转程序、流转方式、流转方向关注不够，对土地经营权流转的合同没有给予充分重视，以致转入土地的一方对流转的土地进行掠夺式生产经营，造成对土地资源的浪费与破坏，使当地的土地经营权流转呈现出乱挖乱建的不合理状态，从而制约了土地经营权流转的有效性和合理性。

三是行政程序违规。目前，土地经营权流转大多数是在农户之间自发进行的流转，多数是以口头协议的形式，而无正规书面合同，更没有向集体申请，经过行政审批这一程序。即便少数参与土地经营权流转的农户向集体申请了，然而各地在操作中却没有规范的程序和办法可依，这就给某些村干部的寻租行为提供了空间，导致出现寻租行为和随意征收、低价征收的现象，不利于保护农民的私有财产权，也为以后的土地经营权流转纠纷埋下隐患。

# 第三节　农民工市民化意愿影响因素的实证检验

农户不仅是土地经营权流转过程中的土地供给方，也是土地经营权流转和经营的利益主体，其土地转出意愿不仅对土地经营权流转期限、流转模式、流转规模，而且对农民工市民化的意愿有着根本性的影响。在当前国家推行土地经营权流转的情况下，农民工是否愿意参与土地经营权流转？有多大比例的农民愿意转出土地？农民工是否愿意成为市民？这些问题的回答将对我国促进土地经营权流转、推进农民工市民化提供直接的现实依据。土地能否流转，形成规模经营最终仍要取决于农户的决策，影响农户土地转出的因素成为土地经营权流转能否发生的先决条件。为了回答农户土地转出行为受到哪些因素的影响，或是哪些因素阻碍农户退出土地承包经营权等问题，笔者以发放调查问卷和实地走访的方法，选择辽宁省内不同类型的农业县（市）区作为此次调研的样本区。

## 一　数据来源与模型选择

### （一）数据来源

本书数据为笔者于 2020 年 7 月通过走访、现场问卷和微信扫码填写问卷等途径获得。全部问卷发放地涉及辽宁省丹东市宽甸满族自治县、大连庄河市、大连瓦房店市、辽阳市辽阳县、盘锦市大洼县、朝阳市朝阳县、沈阳市法库县、沈阳市沈北新区、沈阳市辽中区、锦州市黑山县、本溪市本溪满族自治县、鞍山市岫岩满族自治县、阜新市彰武县、营口大石桥市 14 个典型农业县（市）区，涵盖 20 个行政村。为了力求保证调查的客观真实，对设计调查问卷、挑选调查员、实地问卷调查、问卷整理等各环节严格把关。本次调查共发放问卷 1708 份，收回有效问卷 1629 份，有效率 95.37%，数据均来源于问卷。经整理，接下来在分析影响农民工市民化意愿的因素时选取 12 个不同自变量，样本总量已经远远超过了自变量的 20 倍①。

### （二）模型选择

本书旨在研究农民工市民化意愿的影响因素，在问卷设计中，因变量选择答案设为"愿意"和"不愿意"两种情况，即回答二分变量。对于因变量为二元离散变量的情况，由于不满足一般线性回归约束条件，无法直接使用多元线性回归分析方法。不过，由于 Logistic 模型是将逻辑分布作为随机误差项的概率分布的一种二元离散选择模型，适用于对按照效用最大化原则进行的选择行为的分析②，因而本书在仅考虑农户自身利益最大化的前提下，选择 Logistic 模型对影响农民工市民化

---

① 通常，Logistic 回归分析要求自变量越多，样本数应越多，各组样本数应达到自变量的 5—20 倍。

② 曹建华、王红英、黄小梅：《农村土地经营权流转的供求意愿及其流转效率的评价研究》，《中国土地科学》2007 年第 5 期。

意愿的诸多影响因素进行回归分析。

Logistic 模型具体形式为：

$$P\ (Y=1/X)\ =\frac{1}{1+e^{-Y}}=\frac{1}{1+\exp\ [-\ (\beta_0+\beta X)\ ]} \quad\quad (5.1)$$

对 Logistic 回归模型的概率（P）做 Logit 变换，得：

$$\text{logit}\ (P)\ =\ln\left(\frac{P}{1-P}\right)=\beta_0+\beta_1X_1+\beta_2X_2+\cdots+\beta_mX_m \quad (5.2)$$

其中，$Y$ 为农民工市民化的意愿，$Y=1$ 表示农民工愿意成为市民，$Y=0$ 表示农民工不愿意成为市民；$X_i$ 是解释变量，即农民工市民化意愿的各影响因素；$\beta_0$ 为常数项即截距。$\beta_1$，$\beta_2$，$\cdots$，$\beta_m$ 为回归系数，表示影响因素的大小，若想知道农民工市民化意愿的强弱，主要看回归系数的正负，如果回归系数为正值且显著性异于零，则农民工市民化的意愿随着该变量数值的增加而逐渐增强；如果回归系数为负值且显著性异于零，则意味着农民工的意愿随着该变量数值的增加而逐渐减弱。P 表示农民工愿意成为市民的概率，即 $Y=1$ 的概率；1-P 表示农民工不愿意成为市民的概率，即 $Y=0$ 的概率。

**二　农民工市民化意愿影响因素的计量检验**

（一）变量选择与研究假设

1. 变量选择及解释

本模型被解释变量是农民工市民化的意愿，"1"表示农民工愿意成为市民，"0"表示农民工不愿意成为市民。农民工市民化的意愿受到多种因素的影响和制约，所以农民工市民化的意愿是一个动态的心理状态，这些影响因素就成为本书研究所要选择的自变量。从理论上讲，农民工主要通过成本收益比较的结果做出是否愿意在城镇成为永久性市民的决策，但无论是农民家庭情况、个体特征还是区域条件都可能对其产生直接或间接影响。相应地，本书选取了个体特征方面的"年龄""文化程度""家庭人口数"3个变量[1]，家庭特征方面的"承包地面

---

① 现有相关研究成果中，很多学者将"性别"列为自变量之一，本书虽然也在调查问卷中将其作为问题之一，但没有作为模型分析的自变量。这样处理的理由在于，作为一项重要决策，无论是农户转出土地的意愿还是农民工市民化的意愿，均是家庭整体权衡的结果，而不是个人决策的结果。事实上，本书在此之前也确实将"性别"作为一个自变量进行了回归检验，但回归结果却相当不理想，甚至没有通过20%的置信度检验。

积""子女教育和医疗""城镇就业收入增长""城镇生活成本""城镇住房成本""农户土地转出意愿"6个变量,区域环境方面的"土地延包政策""土地经营权流转市场""城镇公共物品"3个变量。本书将用这12个不同维度的变量来考察其与农民工市民化意愿是否有关联以及有什么样的关联。表5-8详细反映了这些自变量赋值及其在样本中的分布情况。

为了分析的需要对表5-8中的12个自变量做了处理,都设置成二分变量。12个变量中,$X_1$—$X_{11}$为控制变量,农民工土地转出意愿($X_{12}$)为核心解释变量。"年龄($X_1$)"中将18—25岁、26—35岁定义为0,将36—45岁、46—55岁、55岁以上定义为1;"文化程度($X_2$)"中将小学及以下、初中定义为0,高中(中专)、大学(大专)及以上定义为1;"家庭人口数($X_3$)"中将家庭人口2人、3人定义为0,家庭人口数4人、5人及5人以上定义为1;"承包地面积($X_4$)"中将承包地面积在0—5亩、6—10亩定义为1,将11—15亩、16—20亩以及20亩以上的都定义为0;"子女教育和医疗($X_5$)"是指在问卷中子女能够在城镇享受到更好的教育和医疗;"城镇就业收入增长($X_6$)"就是指与务农相比收入的增长情况;"城镇生活成本($X_7$)"是指问卷中农户在城镇的生活成本;"城镇住房成本($X_8$)"是指问卷中农户在城镇生活的住房成本;"土地延包政策($X_9$)"是指党的十九大报告提出的第二轮土地承包到期后再延长30年;"土地经营权流转市场($X_{10}$)"是指当地是否有土地经营权流转的专门市场;"城镇公共物品($X_{11}$)"用问卷中的"交通便利性"来代替;"农民工土地转出意愿($X_{12}$)"是指农户土地转出的意愿。

表5-8 解释变量及其赋值分布情况

| 解释变量 | N | 变量赋值及其分布情况 |
|---|---|---|
| $X_1$=年龄 | 1629 | 0=18—25岁、26—35岁(36.53%);1=36—45岁、46—55岁、55岁以上(63.47%) |
| $X_2$=文化程度 | 1629 | 0=小学及以下、初中(78.45%);1=高中及以上(21.55%) |
| $X_3$=家庭人口数 | 1629 | 0=2人、3人(50.28%);1=4人、5人及5人以上(49.72%) |

续表

| 解释变量 | N | 变量赋值及其分布情况 |
|---|---|---|
| $X_4$ = 承包地面积 | 1629 | 0 = 11—15 亩、16—20 亩、20 亩以上（19.46%）；1 = 0—5 亩、6—10 亩（80.54%） |
| $X_5$ = 子女教育和医疗 | 1629 | 0 = 子女不能在城镇享受很好的教育和医疗（19.73%）；1 = 子女能在城镇享受很好的教育和医疗（80.27%） |
| $X_6$ = 城镇就业收入增长 | 1629 | 0 = 不能获得高于农村的务农收入（71.03%）；1 = 能获得高于农村的务农收入（28.97%） |
| $X_7$ = 城市生活成本 | 1629 | 0 = 在城镇生活成本不大（54.70%）；1 = 在城镇生活成本太大（45.30%） |
| $X_8$ = 城市住房成本 | 1629 | 0 = 在城镇没有自己的住房，长期租房（54.51%）；1 = 在城镇有自己的住房（45.49%） |
| $X_9$ = 土地延包政策 | 1629 | 0 = 对党的十九大报告提出的第二轮承包到期后再延长 30 年不满意或无所谓（45.86%）；1 = 对党的十九大报告提出的第二轮承包到期后再延长 30 年满意（54.14%） |
| $X_{10}$ = 土地经营权流转市场 | 1629 | 0 = 当地没有土地经营权流转的专门市场或不知道（89.64%）；1 = 当地有土地经营权流转的专门市场（11.36%） |
| $X_{11}$ = 交通便利性 | 1629 | 0 = 在城镇生活交通不便利（49.07%）；1 = 在城镇生活交通便利（41.93%） |
| $X_{12}$ = 农民工土地转出意愿 | 1629 | 0 = 农民工不愿意转出土地（54.21%）；1 = 农民工愿意转出土地（45.79%） |

注：为了分析的需要，解释变量都做了处理，都变换为二分变量。

2. 假设命题

在已有相关研究结论和自变量选择过程分析的基础上，本书提出如下相关待检验命题。

命题 1：年龄小的农民工，其迁移到城镇生活的机会成本较低，他们相较于年龄较大的农民工更容易适应城市的生活，因而年龄越小的农民工其成为市民的意愿就会越强；反之，其成为市民的意愿就越弱。

命题 2：文化程度高的农民工相比文化程度低的农民工更容易接受新事物，也更容易因具有较高的人力资本而在非农产业领域找到收入较高且相对稳定的工作，对土地的依赖程度也降低，所以文化程度越高的农民工，成为市民的意愿就越强；而文化程度越低的农民工越不愿意成为市民。

命题 3：家庭人口数量也是农户考虑是否在城镇生活的一个重要因素，家庭人口数量越多，其在城镇生活的压力就越大，而家庭人口数量越少在城镇生活的成本就越小，因而家庭人口越少的农民工成为市民的意愿就越强；反之，其成为市民的意愿就越弱。

命题 4：农户的土地承包面积越多，其对土地预期的收入也就越高，就越依恋土地，其成为市民的意愿就越弱；反之，其成为市民的意愿就会越强。

命题 5：现在农村非常重视子女的教育问题，所以农民工子女在城镇享受到的教育和医疗越好，其成为市民的意愿就越强；反之，其成为市民的意愿就会越弱。

命题 6：农民在城镇务工的收入越超过其在农村经营土地的收入，农民工就越愿意将手中的土地转出去，成为市民的意愿就会越强；反之，其成为市民的意愿就越弱。

命题 7：农民工是否愿意成为市民，其实很大程度上取决于其在城镇的生活成本，农民工在城镇生活的成本越高于其在农村生活的成本，其成为市民的意愿就越弱；反之，其成为市民的意愿就会越强。

命题 8：能否在城镇拥有自己的住房，是农民工能否成为市民的一个非常重要的因素，如果农民工在城镇拥有自己的住房，或者短期内先租房居住，但未来也能实现购买住房的预期，其成为市民的意愿就强；反之，其成为市民的意愿就弱。

命题 9：党的十九大报告提出第二轮土地到期后再延长 30 年不变，这对于农民来说等于吃了一颗"定心丸"。他们如果在城镇务工，更愿意将自己的土地经营权流转给种田大户、股份合作社或者家庭农场，从前农民对于转出土地有心里顾虑，担心土地转出后，承包到期后无法收回土地的承包经营权，但现在通过的《民法典》进一步保障了农民的土地收益权益。

命题 10：农户的土地经营权流转更多的是经过口头协议，将土地转给了亲戚或者村子里的熟人，这样的土地经营权流转还无法形成规模化经营，更多的依然是分散的传统经营模式。如果当地有专门为农户流转土地的市场，信息比较透明，这样有利于使农户流转土地的过程签订正规的书面合同，农民将土地经营权流转出去后，有了《民法典》的保障，也没有了后顾之忧，其成为市民的意愿就会变强；反之，其成为市民的意愿就会变弱。

命题11：如果农民工在城镇生活能够享受到交通带来的便利，节约了每天务工往返的交通成本，那么其成为市民的意愿就会变强；反之，其成为市民的意愿就会变弱。

命题12：农民工市民化的意愿与其是否愿意转出土地有密切的关系，农民工越愿意转出土地，就说明其对土地的依恋就越弱，其成为市民的意愿也就越强；反之，其成为市民的意愿也就越弱。

（二）实证检验结果与分析

1. 农民工市民化意愿模型的实证检验

本书使用SPSS19.0统计软件作为数据分析工具，以农民工"是否愿意成为市民"为因变量，以所引进的12个变量为解释变量，建立二项分类Logistic回归模型（显著性水平为0.05），其统计结果见表5-9。

**表5-9　农民土地经营权流转意愿模型的Logistic回归分析结果**

| 解释变量 | B | S. E. | Wals | Df | sig. | Exp（B） |
|---|---|---|---|---|---|---|
| 年龄 | -0.308 | 0.115 | 7.154 | 1 | 0.007 | 0.735 |
| 文化程度 | 0.419 | 0.136 | 9.456 | 1 | 0.002 | 1.520 |
| 家庭人口数 | -0.211 | 0.113 | 3.507 | 1 | 0.061 | 0.810 |
| 承包地面积 | -0.518 | 0.150 | 11.930 | 1 | 0.001 | 0.595 |
| 子女教育和医疗 | 1.030 | 0.176 | 34.315 | 1 | 0.000 | 2.800 |
| 城镇就业收入增长 | 0.577 | 0.130 | 19.660 | 1 | 0.000 | 1.781 |
| 城镇生活成本 | -0.457 | 0.124 | 13.598 | 1 | 0.000 | 0.633 |
| 城镇住房成本 | -0.344 | 0.121 | 8.128 | 1 | 0.004 | 0.709 |
| 土地延包政策 | 0.228 | 0.115 | 3.957 | 1 | 0.047 | 1.256 |
| 土地经营权流转市场 | 0.593 | 0.170 | 12.123 | 1 | 0.000 | 1.810 |
| 交通便利性 | 0.280 | 0.126 | 4.920 | 1 | 0.027 | 1.324 |
| 农民工土地转出意愿 | 0.429 | 0.114 | 14.264 | 1 | 0.000 | 1.535 |
| 常量 | -1.643 | 0.203 | 65.504 | 1 | 0.000 | 0.193 |

依据表5-9所报告的回归结果，选定区域内农民工市民化意愿的

Logistic 回归方程，可概括如下：

$$logit（P）= -1.643 - 0.308X_1 + 0.419X_2 - 0.211X_3 - 0.518X_4 + 1.030X_5 + 0.577X_6 - 0.457X_7 - 0.344X_8 + 0.228X_9 + 0.593X_{10} + 0.280X_{11} + 0.429X_{12} \tag{5.3}$$

从表 5-9 不难看出，在 12 个解释变量中，年龄、文化程度、承包地面积、子女教育和医疗、城镇就业收入增长、城镇生活成本、城镇住房成本、土地经营权流转市场和农民工土地转出意愿 9 个变量对土地转出意愿的影响非常显著（显著度均小于 0.01），模型总体也具有很高的显著性水平，说明模型具备很强的解释力。

2. 农民工市民化意愿模型结果分析

本小节利用模型检验的参数估计结果来验证前述假设命题。

首先，关注与农民工个体特征相关的因素。其中，"年龄""文化程度"的显著度分别为 0.007 和 0.002，均小于 0.01，对农民工市民化意愿的影响非常强烈，影响方式同命题 1 和命题 2 相吻合。年龄越大的农民工其成为市民的意愿越弱（幂值为 0.735）。"家庭人口数"显著度为 0.061，虽然超过了 0.05，但是小于 0.1，依然通过了检验，符合预期，说明家庭人口数量越多，其在城镇生活的压力就越大，而家庭人口越少在城镇生活的成本就越小，因而家庭人口越少的农民工成为市民的意愿就越强，反之家庭人口越多的农民工，其成为市民的意愿就越弱（幂值为 0.810）。

其次，关注家庭特征方面的因素。其中，"承包地面积""子女教育和医疗""城镇就业收入增长""城镇生活成本""城镇住房成本""农户土地转出意愿"均对农民工市民化的意愿影响非常显著。"承包地面积"的显著度（sig. = 0.001）符合预期，通过检验，说明农户的土地承包面积越多，其对土地预期的收入也就越高，就越依恋土地，其成为市民的意愿就越弱；反之，其市民化的意愿就会越强。"子女教育和医疗""城镇就业收入增长""城镇生活成本"和"农户土地转出意愿"对农民工市民化的意愿具有非常显著的影响，这四个变量的影响显著度是一样的（sig. = 0.000），且影响方式与命题 5、命题 6、命题 7 和命题 12 相符（幂值分别为 2.800、1.781、0.633 和 1.535），说明农村现在普遍比较重视子女教育和医疗，子女在城镇享受的教育和医疗越好，那么农民工成为市民的意愿就会越强。"城镇就业收入增长"和

"城镇生活成本"也是影响农民工是否成为市民的关键因素，如果农民工在城镇务工的收入超过了其在农村耕种土地的收入，而在城市生活成本又低于其在农村的生活成本，那么其成为市民的意愿必然变强。"城镇住房成本"对农民工市民化的影响显著度虽不及"城镇生活成本"那么显著，但是对农民工市民化的意愿依然具有很强的影响显著度。"农户土地转出意愿"对农民工市民化意愿的影响完全符合预期，说明农民工市民化的意愿与农户是否愿意转出土地有着密切的关系，农民工越愿意转出土地，其成为市民的意愿也就越强；反之，如果农民工越不愿意转出自己的土地，越不愿意离开农村而成为市民，那么其成为市民的意愿也就越弱。这恰恰从另一个方面说明了农民工市民化的意愿对农民工土地转出意愿也会产生同样的影响。

最后，关注与区域环境相关的因素。其中，"土地经营权流转市场"对农民工市民化的意愿影响非常显著（sig. = 0.000），且影响方式与命题 10 相符，幂值为 1.810，说明当地有土地经营权流转市场，有利于农户将土地放心转出去，而不用担心土地转给陌生人后收不回来的问题。"土地延包政策"虽然不如"土地经营权流转市场"对农民工市民化意愿的影响那么明显，但是影响的显著度为 0.047，小于 0.05，也符合预期，与命题 9 相符，说明党的十九大报告提出的第二轮土地到期后再延长 30 年不变、新通过的《中华人民共和国民法典》更加保障了农民的土地收益权益，所以土地承包期越长对农民工市民化意愿的影响就会越显著。而"城镇公共物品"（"交通便利性"）对农民工市民化意愿的影响显著度为 0.027，且影响方式与命题 11 相符，通过检验。这说明农民工在城镇生活越能够享受到交通带来的便利，其成为市民的意愿就会越强；反之，如果农民工在城镇务工由于住得比较偏远，虽然能够享受到城镇生活的交通便利，但是每天往返上班的路途遥远，不仅交通费用太高，而且又非常劳累，那么其成为市民的意愿就会变弱。

# 第六章 促进土地经营权流转推进
# 农民工市民化的对策建议

通过前面对农民工市民化与土地经营权流转的关系分析，特别是对农民工市民化的成本收益分析，我们可以清楚地看到，农民工市民化进程与农村土地制度改革密切相关，土地经营权流转能够降低农民工市民化成本，提高其市民化能力，从而促进农民工市民化进程；通过对土地经营权流转的主要问题及制约因素的研究，又使我们基本把握了土地经营权流转中诸多问题的主要成因。虽然近年来我国农村土地制度改革有了重大突破，但是中央政府的一些顶层设计还没有完全落实到位，农村土地经营权流转制度改革还处于试点阶段，试点过程中出现的一些问题还没有得到妥善解决。农民工群体土地权益的实现受到现有土地制度的制约，土地红利未能给农民和农民工群体带来相应的财产性收益。本章将针对土地经营权流转存在的问题及制约因素，进一步探讨促进土地经营权流转、增加农民工财产性收入、提高农民工市民化能力的政策建议。

## 第一节 完善法律法规，切实
## 保护农民的土地产权

### 一 制定土地经营权流转的专项法律法规

我国目前现有的相关法律《中华人民共和国农村土地承包法》和《农村土地承包经营权流转管理法》① 都没有具体明确规定有关土地经

---

① 2005 年 1 月 7 日经农业部第 2 次常务会议审议通过，2005 年 1 月 29 日公布，自 2005 年 3 月 1 日起施行，农业部令第 47 号。

营权流转的内容和程序，而《中华人民共和国民法典》也只是在宏观上对土地经营权流转做了一些基本规定，但是程序不够详尽，在保护农民土地经营权流转权益方面还是没有太具体的规定，缺乏可操作性。因此，土地经营权流转过程中首先要确保农民的合法权益，目前最重要的是应该制定土地经营权流转的专项法规，使土地拥有明晰的产权，使土地经营权长期而稳定，以保护农民的合法权益、推进土地规模化经营。

2018 年 12 月第十三届全国人民代表大会常务委员会第七次会议对《中华人民共和国土地承包法》进行了第二次修正，虽然基本明确了承包权专属于农村集体组织成员即农民，给土地承包经营权强烈的生命力和适用空间，但还是存在一些问题需要进一步完善。应制定专项土地经营权流转及与其配套的土地经营权流转登记法规，建立起详细的有操作性的农村土地承包经营权流转制度，运用法律手段保障农民在土地经营权流转中的合法权益。

各地应在土地承包权方面加大出台地方性法律法规的力度，对农村经营权流转的运作管理形成统一的政策性意见。土地经营权流转相关法律法规应该从主体、程序与合同文本规范等方面予以法律政策的硬性规定。土地经营权流转相关法律法规的制定应该以我国现行的《中华人民共和国农村土地承包法》为基础，进行程序与合同文本规定的法律规范细化。在制定土地经营权流转相关法律法规政策时，还可以参考《中华人民共和国物权法》《中华人民共和国土地管理法》等法律法规。在程序规范的相关法律法规制定时，应该对农民的土地经营权流转考虑周期有一定的期限规定，以地区的具体情况不同可以分为一个月内、三个月内或五个月内让该地农民不能以考虑期为借口拖延后续工程建设。法律内容也应该体现出对土地经营权流转工作者的监督，就补偿款流向来说，法律应将土地经营权流转工作者非法占有土地经营权流转补偿款的行为，根据其工作性质列为职务侵占罪或者贪污罪。与农村土地经营权流转相关的法律法规内容应该体现出权威性与威慑性，切实维护农村土地经营权流转秩序，切实保障农民合法权益，使农民在土地经营权流转过程中不被边缘化。

**二　完善农村土地经营权流转的法律体系**

制度的执行要有法律的保障，制度的科学有序运行必须建立与之相符的法律体系。法律是最好的规范指引，尤其是在建设社会主义法治国家的时代背景下，农村土地经营权流转更应该在法律的轨道上运行，而不是单纯地依靠政策推动。要通过立法的形式进行规范，必须建立科学完整的法律体系，对权利进行保护，对各方的行为进行管制，对纠纷进行调和。完善农村土地经营权流转的法律体系应该包括四部分。

第一，完善农村土地经营权流转的基本制度。通过对我国现行的《中华人民共和国物权法》《中华人民共和国土地管理法》等法律法规进行符合农村土地经营权流转实际和市场规律的修改与完善，为农村土地经营权流转奠定法律制度基础。第二，完善农村土地经营权流转促进制度。国家通过建立和完善农业税费制度、国家投资农业生产经营制度、农业补贴制度、农村金融信贷制度等，引导和激励农民通过土地经营权流转获得经济效益。第三，完善农村土地经营权流转保护制度。一项制度无论如何完善都会出现纠纷，出现纠纷不是问题，关键是如何公平、公正地解决纠纷。针对当前农村土地经营权流转中存在的问题，最好的对策就是完善涉及农村土地经营权流转的《中华人民共和国农村土地承包经营纠纷调解仲裁法》《中华人民共和国法律援助条例》和《农村土地经营权流转管理办法》等规定，以法律的形式强化农村土地承包、租赁、转包的法律框架，合理整合不同法律部门关于农村土地经营权流转的法律规定，进一步强化法律的可操作性。在这个基础上，配套农村土地经营权、承包权主体的法律监管制度，充分规范土地流转行为，保障交易时流转双方的利益公平，最大程度避免显失公平的交易，避免预期的纠纷发生。第四，充分发挥国家政策在土地经营权流转实践中对法律的补充作用。长期以来，国家政策一直在我国土地改革中扮演重要的角色，我国土地承包经营权制度的建立就经历了由政策到法律调整的发展过程。因此，在建立科学、完善的农村土地法律关系之前，要善于利用政策的灵活性及时对农村土地经营权流转的各个环节进行引导、规范和保障。

**三　落实新的《农村土地承包法》**

《农村土地承包法》于 2003 年 3 月 1 日起实行，2018 年 12 月 29 日第十三届全国人大常委会第七次会议进行了修订。新《农村土地承包法》的实施，对于进一步稳定农村土地承包关系、完善土地承包经营权权能、保持农村社会大局稳定具有重大意义。为了更好地促进土地经营权流转，今后各地方政府要落实新《农村土地承包法》，强化土地承包经营权的物权属性。土地承包经营权既然是用益物权，就应该享受物权在市场中自由流动的属性，形成所有权、承包权、经营权三权分置，经营权流转的格局，但我国法律却对此加以限制。因此，应重构其物权属性，要清晰界定承包地三权分置改革中所有权、承包权和经营权三者之间的责权利关系；要在承包权与经营权主体之间合理分割农地占有、使用、收益以及处分的各项权能，在稳定土地承包权的同时，放开法律对土地经营权流转主体的限制，让社会主体自由地参与经营权流转，参与农业经营；应该取消关于受让方必须有土地承包经营能力的限制，只要社会主体愿意从事农业经营，均可以通过土地承包经营权的流转获得对土地使用、收益和处置的权利；要从法律层面规范农村土地经营权流转程序，进一步界定和规范不同的流转模式，分类管理，制定与之相适应的程序，依法规范农村土地经营权流转行为。

**四　完善《基本农田保护条例》**

为了解决我国土地经营权流转中农业用地转变用途而导致的耕地数量减少问题，有必要提高《基本农田保护条例》的法律约束力，逐步将其上升为法律。根据基本农田保护的法律法规，既要做好土地经营权流转的规范管理工作，又要做好土地经营权流转后的监督管理工作，增加土地经营权流转过程中占用基本农田的制度成本，以保护耕地不被工业化、城市化过度侵蚀，从法律制度层面解决城市化、工业化与农业争地的矛盾，从根本上保护我国的粮食安全。

目前，我国耕地数量减少的问题日益突出，需要及时修订和完善《基本农田保护条例》。一是明确基本农田划定的相关规定。在严格按原则划定永久基本农田的基础上，统一基本农田占用审批、土地利用规划调整的规定，使法律法规相互衔接；明确基本农田调整的条件、程序、补划原则、审批权限；细化允许建设占用基本农田的项目类型，将防汛抢险、灾害移民等特殊用地项目视同国家重点建设项目，明确可以调整、占用基本农田的范围；在允许占用、补划基本农田的建设项目类型中，明确规定哪些必须先审批再占用，哪些可以先占用再报国家补办审批手续；允许农业结构调整占用基本农田发展林果业和挖塘养鱼，同时规定承包经营户保护耕作层土壤、恢复耕种的义务。

二是有必要进一步科学划分耕地的类别。对基本农田的划分应建立在对农用地等级评价的基础之上，要以自然质量等级为基础，以数量指标为限制，以等级高低为依据，采用由乡镇到县、区，再到市逐级确定方法，把质量高、条件优越的地块纳入基本农田保护范围，避免以劣充优、盲目划定。允许地方政府调出零星破碎、质量不高的基本农田，在城镇周边补划集中连片、质量高的耕地为基本农田，以达到土地利用更加优化的目的。

三是要做到对耕地保护的充分补偿。土地种植效益的相对低下是农民对耕地保护缺乏主动性与积极性的主要原因，在修订《基本农田保护条例》时，可以增加对农户保护农田的补贴，以提高土地种植的比较效益。应在充分考虑农民利用和保护耕地成本的基础上，着力于补偿农民利用保护耕地的社会价值与生态价值。要充分考虑各地自然、社会、经济条件的产业，采取科学的方法计算和制定耕地保护的补贴标准，实现对耕地保护的充分补偿。

四是建立基本农田保护弹性机制。既要做到划定的基本农田总体稳得住，还要适应社会经济发展需要调得动。在调整后的基本农田"总量不减少，质量有所提高，更加集中连片、低坡度耕地比重增加"的原则下，根据社会发展形势的需要，规定一定时期内可以占用基本农田的建设项目类型，作为法律规定的延伸；基本农田调整要采取微调、逐渐变更的方式，防止大范围、随意调整。每轮土地利用总体规划修编前，应先进行基本农田调整，在报国家审批后，再编制土地利用总体规划。国家审批的建设占用、补划的基本农田，应由国土资源部采取增量包的形式下发各地，每年年底通知各地变更基本农田数据库。

## 第二节　建立健全土地经营权流转市场，<br>规范土地经营权流转

### 一　建立健全土地经营权流转服务中心

国外的土地市场非常成熟，在推行土地经营权流转中起到了非常重要的作用，我国需要借鉴国外的做法，强化土地经营权流转服务，建立健全土地经营权流转市场机制。各地应根据自身的实际情况，在县、镇两级建立土地经营权流转服务中心，发挥土地经营权流转服务中心的管理和服务功能，包括建立土地经营权流转信息收集、发布的平台，政策

咨询、指导合同签订与开展合同鉴证、纠纷调解的机构。为规范农村土地经营权流转、保障土地经营权流转中农民的权益提供便捷、优质、高效的服务。

（一）建立土地经营权流转信息收集与发布平台

各地应建立区域土地经营权流转信息服务中心，建立由县级土地经营权流转综合服务中心、乡镇土地经营权流转服务中心和村级土地经营权流转服务站组成的县、乡、村三级土地经营权流转市场服务体系。各地县、镇的土地经营权流转服务中心应尽力通过多种渠道收集农村土地经营权流转的供求信息，及时发布土地经营权流转动态、信息交换、政策法规、操作规程等内容，形成上下通畅、资源共享、多方联动、同步运行的网络市场中心。采取电视、广播、报纸、服务中心的信息显示屏（栏）和土地经营权流转信息网站等多种形式发布土地经营权流转信息，以确保参与土地经营权流转的双方能够及时得到土地经营权流转的供求信息；要确保土地经营权流转供求信息及时更新，建立土地经营权流转管理系统和信息数据库，降低参与土地经营权流转双方的进入成本和搜寻成本，引导农户算好成本收益账，从而促进土地经营权流转。政府部门应加强土地经营权流转信息机制建设，适应农村发展要求，着眼于满足农民需要，积极为农民土地经营权流转提供信息服务指导。

（二）建立土地经营权流转政策咨询机制

农村土地经营权流转政策性强，直接关系农民生计，必须科学决策、民主决策。为此，要建立政策咨询机制，更好地发挥政策咨询在土地经营权流转中的作用。一是顶层设计与尊重群众意愿相结合。各县、镇的土地经营权流转服务中心，要开设土地经营权流转咨询窗口，服务中心的工作人员要耐心、全面、细致地解答参与土地经营权流转的双方提出的各种问题，尤其是关于流转合同的各种规定，流转的原则、期限等问题，要用浅显易懂的语言让土地经营权流转主体理解和把握土地经营权流转的政策法规，以利于农民根据国家土地经营权流转的相关规定，做出流转决策。要善于从土地经营权流转实践中总结提炼有特色、有价值的新做法、新经验，实现政策的顶层设计与群众首创的有机结合。二是构建政策咨询体系。建立土地经营权流转专家咨询机构，开展多元化、社会化的土地经营权流转政策研究；实现政策咨询制度化，以制度保证土地经营权流转决策的专业性、独立性；完善配套政策和制度，形成一个以政策主系统为核心，以信息、咨询和监督子系统为支撑的土地经营权流转政策咨询体系。

（三）指导合同签订，开展合同鉴证

各县、镇的土地经营权流转服务中心首先要为土地经营权流转双方提供统一标准的合同文本，指导双方签订、续签和变更土地经营权流转合同。加强对转出土地农户的服务，尤其是在双方确定流转价格时，要维护土地转出农民的长远利益，要根据土地经营权流转后的项目盈利与物价上涨情况分年段确定土地经营权流转价格的上涨幅度。由于农民的文化程度普遍比较低，所以在双方签订合同前，必须对土地经营权流转合同的期限、流转后土地的用途、流转双方的责任和义务等严格审核把关。通过提高农民组织化程度，增强农民的谈判能力，规范土地经营权流转，减少日后不必要的土地经营权流转纠纷。在双方签订合同后，政府相关部门要注重对合同执行监管，对农村土地承包经营权流转合同履行情况进行检查，监督双方履约情况，保障土地经营权流转正常进行。随着我国经济的发展和城市化水平的提高，土地经营权流转规模日益扩大，在农村地区土地经营权流转的过程中，需要建立明确的产权制度，明确认识到农民在土地经营权流转中的主体地位，加强对土地经营权流转的管理工作，调节流转中的纠纷问题，为土地经营权流转创造一个良好的社会环境，促进土地经营权流转的顺利进行。

（四）建立土地经营权流转纠纷调解机制

由于我国农村土地经营权流转多数是在农户之间私下进行，很少签订规范的土地经营权流转合同，多数是口头协议，难免为日后土地经营权流转纠纷埋下隐患；即使签订了土地经营权流转合同，由于合同的不完备性及未来的不确定性，在土地经营权流转的过程中也有可能会出现土地经营权流转双方事先难以预料的利益纠纷。解决这些纠纷，应按照《农村土地承包法》的要求，在县市和乡镇建立土地经营权流转纠纷调解机制，建立土地经营权流转合同纠纷仲裁机构。仲裁机构的主要职能应包括协商、调解、仲裁、诉讼等，及时依法处理土地经营权流转中出现的争议与纠纷。要采用规范化的管理手段，做到公正、公平、合理有效解决农户土地经营权流转纠纷的相关问题，积极有效防止因土地经营权流转纠纷而引发的群体性事件。建立村级协商、乡镇调解、县（区）仲裁的农村土地承包纠纷调处体系，县乡两级建立调解工作组，制定规范的纠纷调处仲裁的程序、方法和制度，确保流转纠纷的及时化解，切实维护流转双方的合法权益。

**二　建立土地经营权流转价格形成机制**

由于我国地区经济发展的不平衡性，土地经营权流转的地区差异性较大，土地经营权流转价格也不一样，从农村土地网提供的 2019 年全国各地旱地和水田土地经营权流转的价格看，旱地土地经营权流转价格普遍在 400 元/亩/年左右，少数地区土地经营权流转价格在 1000 元/亩/年左右；全国各地水田普遍流转价格在 800 元/亩/年左右，湖南高达 1373 元/亩/年，福建偏低，在 800—1200 元/亩/年，主要产粮大省在 700—1000 元/亩/年。从土地经营权流转的普遍价格中我们可以看出，水田、水浇地的流转价格一般高于旱地；沿海地区的土地经营权流转价格普遍较高，西部地区、云南地区土地经营权流转价格也相对较高，见表 6-1 和表 6-2。因此，应根据各地实际情况，建立健全农村土地经营权流转交易市场。

**表 6-1　　　　　2019 年全国各地旱地土地经营权流转价格**　单位：元/亩/年

| 地区 | 流转价格 | 地区 | 流转价格 | 地区 | 流转价格 |
|---|---|---|---|---|---|
| 云南省宣威市 | 698 | 辽宁省新民市 | 756 | 四川省泸县 | 499 |
| 云南省镇雄县 | 456 | 辽宁省阜新蒙古族自治县 | 475 | 四川省巴中市巴州区 | 370 |
| 云南省保山市隆阳区 | 462 | 辽宁省开原市 | 377 | 四川省宣汉县 | 480 |
| 安徽省濉溪县 | 445 | 贵州省遵义县 | 540 | 内蒙古自治区临河区 | 322 |
| 安徽省蒙城县 | 330 | 贵州省威宁彝族回族苗族自治县 | 278 | 青海省民和县 | 338 |
| 安徽省涡阳县 | 330 | 内蒙古自治区科尔沁左翼中旗 | 435 | 新疆维吾尔自治区伊宁县 | 370 |

资料来源：农村土地网。

**表 6-2　　　　　2019 年全国各地水田土地经营权流转平均价格**

单位：元/亩/年

| 地区 | 流转价格 | 地区 | 流转价格 | 地区 | 流转价格 |
|---|---|---|---|---|---|
| 江苏省兴化市 | 841 | 湖南省祁阳县 | 895 | 安徽省怀远县 | 882 |
| 江苏省东海县 | 1026 | 四川省南部县 | 874 | 安徽省霍邱县 | 536 |
| 江苏省睢宁县 | 1260 | 四川省资中县 | 876 | 安徽省凤台县 | 665 |

| 地区 | 流转价格 | 地区 | 流转价格 | 地区 | 流转价格 |
|---|---|---|---|---|---|
| 江苏省阜宁县 | 816 | 重庆市合川区 | 772 | 江西省南昌县 | 823 |
| 湖南省湘乡市 | 1120 | 广东省廉江市 | 778 | 江西省丰城市 | 514 |
| 湖南省宁乡县 | 1373 | 广东省台山市 | 765 | 江西省鄱阳县 | 500 |
| 湖南省汉寿县 | 878 | 广东省兴宁市 | 758 | 广西壮族自治区武鸣县 | 908 |

资料来源：农村土地网。

（一）构建科学的农村土地的等级体系

农村土地存在等级、肥力、位置等的差异，不仅存在绝对地租，也存在级差地租。应建立流转土地信息库，对流转土地评级定等，制定包括土地级差收入、区域差异、基础设施条件等因素在内的基准价格，形成市场化的土地经营权流转价格。根据经济学的基本理论，市场交易双方自主定价、自愿交易可以保障交易双方都能获得合作剩余，从而促进社会资源的合理配置。根据这一基本原理，在土地经营权流转中保障农民具有定价自主权，既可以有效保护土地转让双方的经济利益，又可促进土地资源的合理配置。在自主定价、自愿交易的条件下，农民可以根据家庭的实际情况自主决定是否参与土地经营权流转，当需要把土地转出去的时候，可以把自家土地的详细资料放入土地经营权流转服务中心的信息数据库进行挂牌交易。通常是转出方先根据自家土地的实际情况公布自己的转出要价和其他转让条件，当转入方有转入意愿时就会主动联系出让方，这样双方就可以就转让价格等转让条件开展博弈。双方可以根据流转土地的肥力、地理位置以及土地市场的供求状况讨价还价，按照市场供求关系合理确定土地经营权流转价格标准，通过土地经营权流转实现土地使用权的资本化。在自愿互利的基础上，就以转让价格为核心的转让条件签订流转合同，确立转让主体自主定价为核心的定价方式。

（二）建立完善土地经营权流转土地资产评估机构

所谓土地估价就是指专门从事土地估价的人员在充分掌握土地市场交易资料的基础上，充分考虑土地的等级、产量、地理位置等因素，依据土地估价的原则、理论和方法，计算出土地经营权流转价格的一种方法。制定完善流转土地估价指标体系，建立切合各地实际、具有较高精度的流转土地价格评估方法和最低保护价制度，确保流转土地估价有章可循。引入第三方土地评估机构和评估人员对流转交易价格进行估价，估算出来的土地经营权流转价格并不是土地经营权流转的实际成交价，而只是交易主体自主定价的参照物。为了避免或减少由于土地转让双方信息不对称或博弈力量不对等引起的定价偏差，各级政府要建立一套从省市到县区的农村土地地价评估体系，建立健全土地经营权流转评估价格信息收集、处理与公开发布制度，建立包括流转土地基准价格、评估价格和交易价格在内的流转土地价格信息登记册，反映流转价格变动态势，并通过电子信息网络及时公开发布。建立全国统一的流转土地价格动态监测体系，完善土地价格评估机制，为土地经营权流转双方自主定价提供参考。

（三）政府指导价应以评估的地价为基础

为了保护土地经营权流转过程中的农民土地权益，政府也有必要在科学评估土地价格的基础上制定土地经营权流转的政府指导价。一定要让农民了解政府的这种定价不具有强制性，属于行政指导行为，在土地经营权流转的过程中农民可以参考，但不一定必须按照这个指导价进行流转。政府指导价应以科学的土地评估价为基础，根据流转土地的不同用途、不同等级区别制定，比如流转的土地用于种植粮食作物和用于种植花卉、水果和蔬菜等的流转价格应该有所区分，尤其是对于改变农业用途的土地，流转时应制定一个相对比较高的价格。这样做的好处是，一是增加土地转让用途的成本，有利于保护粮食生产安全，二是有利于农民分享土地增值收益，保护农民的土地权益。

# 第三节　做好各项配套制度改革工作，促进土地经营权流转

## 一　完善土地经营权流转的各项配套制度

任何制度的效率不仅取决于制度自身的效果，还取决于周围辅助性制度实施的力度，完善土地经营权流转的各项保障制度有利于促进土地有序流转。我国目前农村社会保障体系还不完善，农户还要依靠土地解决子女上学、家庭成员生病和养老问题，所以轻易不会将手中的土地长

期转出去，这就严重制约了土地经营权流转市场的形成。随着城镇化和第二、第三产业的发展，很多农户的主要劳动力已经转入城镇非农产业，已经将农业生产作为一种副业。尽管现在农户耕作手段与传统相比进步很大，但是农户这种兼业式分散经营的方式不但投入大、成本高，土地产出率低，而且劳动生产率也非常低。目前，我国大部分农户依然坚持小规模、低效率的农业生产，甚至宁愿土地弃耕也不愿长期流转土地。其根本原因就是当前土地对于他们来说，依然是未来的生活保障。因此，必须建立起城乡统一的社会保障制度，逐步弱化农村土地的保障功能，以增加土地经营权流转的供给。

（一）优先解决农民工的社会保障问题

农民工能否融入城市是城乡经济发展的关键问题，我国当前社会保障制度改革的重点之一应放在保障和鼓励农民工在城市安居乐业上。大量农民工长期在城市打工，却无法真正融入城市，这种两栖模式一度既为中国经济发展提供了成本低廉的劳动力，同时又通过农村土地保障低成本规避了农民工的失业风险，避免了过于尖锐的社会矛盾。

在工业化积累初期，农民工两栖模式不失为一种社会制度成本较低的过渡方案。然而，随着经济发展和土地资源供求紧张，农民工两栖生活的弊端也日益凸显。无论从城乡经济发展还是从社会稳定的角度考虑，农民工脱离土地、落户城市都是必然的选择。为此，国家应该设计一套专门针对农民工的社会保障制度改革方案，既要保障农民工在城市打工的基本权利，又要从制度设计上解决农民工进入城市的就业、培训、医疗、养老、住房及其子女的义务教育等问题，给予进城农民工与城市居民平等的社会保障待遇。首先，改善农民工就业状况，切实保障农民工基本权益，促进农民工高质量就业，创造良好的就业环境。解决农民工收入低的问题，要打破城乡二元体制，实现城乡一体化，消除对农民工的歧视，确保同工同酬、同工同权，相关部门也要通力合作，维护农民工的合法权益。其次，企业要严格按照中国法律规定的每周平均工作时间44小时，为农民工安排适当的工作任务，确保农民工与其他劳动者享有每天8小时的同等工作时间和加班时的加班费。再次，降低农民工的劳动强度。要合理制定农民工劳动强度的规章制度，对违规用人单位进行一定程度的处罚。同时，要充分发挥社会各界的监督作用，为农民工创造良好的就业环境。最后，建立健全农民工社会保障法律。

政府部门应逐步建立和完善相关制度和政策。同时，政府有关部门要采取强硬态度和手段打击有关单位和企业扣留和拖欠农民工工资的现象，给予违法企业最严厉的处罚，以确保农民工的合法劳动收入。国家有关部门应充分结合各地区的实际情况，制定相对统一的农民工社会保障标准体系，避免各地区对相关标准的划分。

虽然现行土地制度已经允许农民工"带土"进城，通过盘活农村闲置土地获取农民工市民化的社会保障资金。但是由于土地的差异性和自然地位的不同，流转的价格和顺畅程度都不一样。对于一些在城市拥有固定工作、已经习惯城市生活的农民工，若他们的承包地在当地又不能顺利实现流转，可采用"以土地换社保"的方式，鼓励其退出农村的土地，由政府统一给予补偿，使其拥有相应的社会保障。但是，"土地换社保"在实行的时候一定要遵循农民自愿原则，让农民自己衡量"以土地换社保"的利弊得失；对农民退出宅基地和承包地，一定要按市场价格给予补偿，补偿的费用可以用于弥补农民工永久性迁移到城市定居的生活成本和其他社会保障支出。

（二）建立和完善农村最低生活保障制度

尽管从 2007 年起，我国已经开始实行农村最低生活保障制度，但是依然有很多地区尤其是一些落后的地区没有真正建立起农村最低生活保障制度。近年来，随着新农村建设和城乡一体化的发展，农村土地经营权流转速度不断加快，部分农民丧失了基本生活保障，面临较大的生活压力。传统农村养老保障体系已经不能满足农民的养老需要，建设新型农村养老保障体系迫在眉睫。

通过前面第五章的分析，我们已经知道目前农村土地经营权流转大多数是发生在农户之间，还形成不了规模效益。这主要是因为一部分人舍不得将赖以生存的土地经营权流转出去，怕老了没法生活，而现在的养老保障制度不能满足养老需求；另一部分人想流转出，但愿意承包的人少，一些政策等不健全，无法较好地保护农民自身的利益。现在虽然出现了一些种粮能手借助国家政策承包大片的土地，但简单的大户承包形式需要承包户前期投入大量资金和设备，想收回成本需要较长时间，有的甚至需要 10 多年。国家虽然给予种地补贴、大型机械补贴，但金额少，种地风险几乎全由大户自己承担。相关法律也不完善，转出土地的农户只能获得约定的租金，收入还是偏低。在一些地区，新型农业经营主体没有大规模推行起来，这与没有健全的农村最低生活保障制度有着直接的关系。

只有建立覆盖全国农村的最低生活保障制度，我国的社会保障体系才可能真正建立和完善，才能真正解除经济落后地区土地转出农户的后顾之忧，让广大农民主动参与农村土地经营权流转。随着我国经济发展水平的不断提高，物价指数不断上升，地方财政承受能力增强，应重新科学合理地制定农村低保户补助标准，以保障其基本生活。要加强落后地区农村的最低生活保障制度的建设，尽快形成覆盖全国农村的最低生活保障制度；农村最低生活保障制度应该打破过去的传统，不应该只针对某些特殊对象如五保户、灾民等，应规定只要无法达到农村最低生活标准的农村贫困户，无论其是否属于"三无"农民，均可以获得救助。严格按照民政部有关规定，坚持家庭户籍状况、家庭收入和家庭财产 3 个基本条件，对家庭成员认定、家庭收入核算、家庭财产核查等进行明确。乡镇人民政府（街道办事处）要切实履行最低生活保障职责职能。每个乡镇至少安排 1 名编制内在职人员专门负责最低生活保障工作，人口数量多的较大乡镇，应相应增加专职工作人员。

（三）建立和完善农村养老保障相关政策

长期的家庭养老、土地养老模式让农民养儿防老、土地最重要的思想观念根深蒂固，要消除这些观念，让农民愿意把自己的土地承包经营权转让出去，就要做好养老保障建设工作，让农民不用为养老担心。这就需要政府加大财政支持力度，创造条件争取社会资金资助，出台相关的法律法规，建立和完善农村养老保险制度。尽管从 2009 年开始国家在部分地区的县（市区）开展新型农村社会养老保险试点，开始实行农村养老保险制度，使农村养老保险的覆盖面有所扩大，但是相对于全国广大农村地区而言，相对于近 2 亿的农村空巢老人而言，依然有很多地区尤其是一些落后的农村地区还没有建立起农村养老保险制度。即便试点地区建立起的养老保险制度，保障水平也非常低，如果考虑到物价上涨的因素，农民所能领取的养老金根本无法解决实际问题。只有建立覆盖全国整个农村地区并与城镇统一的养老保险制度，才能真正解决农村养老问题，才能真正解除土地转出农户的后顾之忧，让广大农民主动参与农村土地经营权流转。

一是尽快落实农村养老保险新政策。随着工业化、城镇化进程的加快，我国传统的代际关系已经不复存在，传统的家庭养老模式也发生了动摇。国家也非常重视农村养老问题，无论是每年的中央一号文件，还是最新颁布实施修订的《土地管理法》，在涉农养老方面国家都做了重要调整。那接下来各地方政府应尽快按照国家要求落实农村养老保险新政策。立法机构应尽快出台专门针对农民的社会养老保险法律，并通过立法来保证农村养老保险制度的稳定性和持续性。我国社会保障政策多数是一些临时性的决定，这些决定稳定性较差，经常出现变动，也不具有权威性，在政策执行中经常存在不规范的问题。应该借鉴国外土地经营权流转的经验，依靠法律推行社会保障制度。我们应该加快专门针对农民及农民工社会保险法的制定，对基金管理、保障对象、缴费标准及费率、待遇标准、管理机构、法律责任等做出具体而明确的规定，加强政府相关部门的监督和规范管理，对用人单位缴纳社会保险进行监督，约束其行为，从而保障广大农民工享有养老保险的合法权益。

二是加大中央和地方财政的支持力度。计划经济体制下，农民不曾享受养老保险，政府给工人发退休金，农民却只能依靠自家的积蓄包括劳动力，一代一代地养老。如今国家虽然出台了农村养老政策，但由于农民收入不稳定，难以投入更多养老保险资金，而中央财政对待农村和城镇采取了不同的态度，在城乡养老保险支出上存在巨大差异。省级财政和市级财政对农村养老保险虽有投入，但比例很小，各地农村养老保险更多的是依靠县级财政投入。这导致县级财政财权和事权不匹配，使县级财政面临巨大的压力。中央财政、省级财政和市级财政应该做到财权与事权相匹配，分别承担农村养老保险的资金投入。

三是结合各地实际，建立多种形式的养老保险制度。我国地区广阔，各地区经济发展差异比较大，应结合各地区农村实际情况，灵活建立多种形式的社会养老保险的制度。首先，按照地区的经济发展水平建立不同的养老保险制度。在经济比较发达的东部地区，集体经济有一定的积累，可以采取国家、集体、个人三方筹资的模式。要依据各地的实际情况出台相关政策对农民加以支持和引导，使农村养老保险制度逐步完善。在经济比较落后的西部地区，政府更应引起足够的重视，加大政策和资金倾斜的扶持力度，必要时候还可以给予参保农民一定的补贴，以吸引农民参加社会养老保险。其次，对不同的农民应建立分类的养老保险制度。对于流动性比较强的农民工，应建立独立的社会养老保险制度，使其养老保险关系可以随其工作地域的变换在不同地域间转移；对于城郊失地农民，由于其在城市拥有稳定的住所，可以通过改变户籍制度让其成为市民，将其纳入城镇养老保险体系；对于长期在农村务农的农民，可以实行完全积累式的养老保险，其养老保险基金由参加养老保险的农民和政府补助金共同构成；对于没有耕地、又没有纳费经济能力的贫穷农民，国家应通过财政支出这一非纳费形式为其办理养老保险，使其能够按照最低生活保障的标准领取养老金。

四是努力提高农民参与社会养老保险的经济承受能力。通常情况下，一个国家县域经济的发展状况决定了该国农村社会养老保险水平的高低。历经 40 多年的改革，我国农村居民收入有了显著的提高，农村居民人均纯收入从 1978 年的 134 元上升到 2019 年的 14389 元[1]，对于部分农民来说已经具备了参加农村养老保险的经济承受能力。但由于我国区域经济发展的不平衡性，尤其是西部地区县域经济还比较落后，就全国而言，很多农民还无力承受即便目前不算高的个人缴纳的社会养老费用。因此，建立农村养老保险制度的关键支撑点应放在大力发展县域经济上，地方政府应不断积极探索促进县域经济发展的新模式，在此基础上，盘活农民的承包地和宅基地，通过土地经营权流转，使农民通过转租、加入股份合作社、转让等途径获得承包地和宅基地的资本化收益，大幅度提高农民的收入水平，进而提高农民参与农村社会养老保险的经济承受能力。

### （四）完善新型农村合作医疗制度

新型农村合作医疗制度作为我国农村地区社会保障体系之一，对农户土地经营权流转的影响不仅具有直接效应，还具有间接效应，间接效应主要通过改善健康状况这一途径发挥作用。长期以来，土地在我国农民生活中一直都作为基本生活保障的基础，由于农村大部分青年外出务工，土地的经营重担留在了老人和孩童肩上。农户长时间进行土地劳作经常会发生慢性疾病、意外伤害等事件，特别是在春种秋收的农忙时节。新型农村合作医疗制度作为我国农村地区社会保障体系之一，在一定程度上降低了土地对农户生活保障功能的重要性，随着医疗覆盖的深度和广度不断扩大，报销的比例也在逐年增加。通过调查发现 2015 年

---

[1]　http://www.stats.gov.cn/tjsj/zxfb/202001/t, 2020 年 1 月 17 日。

全国各省市的乡级住院补偿比例大部分都超过了 70%，有效缓解了农户看病贵的问题，中老年群体可能并不是特别需要使用在土地上所取得的微薄收入来保障医疗的支出，这有利于农户进行土地经营权流转。

现行制度下，农民工实现永久性迁移已经不需要交出承包地和农村宅基地为条件，所以更应该完善新型农村合作医疗制度，更好地促进农村土地经营权流转，提高农民工市民化的能力。由于经济基础薄弱、经验不足、农民认识偏差等原因，改善新型农村合作医疗制度还需要各级政府和相关职能部门认真做好以下工作。

一是不断完善各项制度，规范业务管理。在实践基础上，补充、完善各项规章制度，对新型合作医疗参保手续办理、基金筹集、账户管理、结算标准、结算补偿方式等方面做出更加科学、规范、具体的规定，做到有章可循，有制可依。建立信息公开、健全有效的监督机制。要提高工作的透明度，定期向社会、向群众公开合作医疗工作运行状况、基金使用状况等内容，主动接受各方面监督；要及时发现和纠正合作医疗运行中出现的问题，保证合作医疗基金规范、合理、有效地使用，保障收支平衡、专款专用，维护参与合作医疗的农民权益。

二是提高乡级住院补偿比例。新型农村合作医疗制度是政府惠及广大农民的医疗保险制度，政府是新农合政策的主要财政支持者和政策宣传者。在自身健康状况方面，分析表明农户对自身健康状况的评价过于乐观，倾向于忽视自身潜在疾病对健康状况的深远影响，因此政府在新型农村合作医疗制度的推行中应当担负起主要责任，尤其是需要不断提高乡级住院补偿报销比例，降低乡级住院起付线，只有这样才能最大限度保证新型农村合作医疗制度的实施效果。

三是增加重大疾病的报销种类。目前，新型农村合作医疗制度是以大病统筹为主、兼顾小病理赔，因此很多地区的新农合政策中医疗门诊、治疗跌打损伤等费用并不全包含在保险报销的范围内，同时重特大疾病目前最多包括肺癌、慢性粒细胞性白血病等 33 种疾病，对于一些特殊的大病如白血病、肿瘤等并没有完全覆盖，而真正对大部分农民的生活构成威胁和压力的是那些罕见的大病，在治疗大病上的花费轻易就上万元，大部分农民根本就负担不起。因此，需要逐步增加重特大疾病的报销种类，减少农民"因大病致贫"的状况。

四是改善农村就医条件，提高医疗保健服务水平。在广大农村地区，交通并不像城市那样便利和发达，大多数农民在身体不适时一般都会选择在距离较近的乡级医疗机构进行就医和治疗，在乡级医疗机构无法治疗时才会进入县级以上的医院治疗，然而大多数疾病的治疗效果与及时就医时间的长短有密切关系，如果能够及时医治，不仅能减少患者的疼痛时间，也能减少治疗费用的支出。同时，要加大定点医疗机构的设备配置、人员培训等工作；积极推行契约化、承诺化、规范化服务，引入竞争机制，提高服务质量。规范医疗服务行为，降低服务成本，控制医疗费用的过快增长，减轻农村居民的医疗费用负担。

五是以民为本，方便群众。一定要精简报销手续，尽力采取两级结算报销的便民措施。农民到定点医院看病后，凭医疗证和有关的医药费用凭证就地按有关规定一次性结算报销费用；实行网络管理，简化报销程序，在新型农村合作医疗定点医院配备专用计算机，安装新型农村合作医疗信息管理软件系统，对新型农村合作医疗报销医药费实时传输，医院工作人员通过网络审核报销手续、备案，定期与合作医疗办公室结算费用。这样做既免除了群众往返奔波劳累之苦和不必要的开支，也使医院自行承担违规操作的后果和风险，促使医院自觉规范医疗行为，切实维护参保农民的权益。

**二　深化户籍制度改革**

我国现行的户籍管理制度是特定社会历史条件的产物，对于实行以重工业为中心的经济发展战略，使我国在较短的时期内建立完整的工业体系和国民经济体系，起到了重要作用①。虽然改革开放以来，对我国城乡分割的二元户籍制度的改革取得了很大进展，户籍制度限制人口流动的功能已难以实现，但是依附于户籍上的城乡差别化公共服务，提高了农民工市民化的成本，强化了城镇居民与农民工间的利益矛盾，严重影响了农民工市民化进程。要想实现农民工实现永久性迁移，必须深化户籍制度改革，消除基于户籍身份的福利差别，使户籍不再与劳动就业、居住权利、子女教育、社会保障等公共服务相联系，使户籍真正成为表明城乡居民居住情况的证件，回归户籍制度本身的人口管理功能。

世界上绝大多数的国家，都没有通过户籍管理制度来限制人口迁

---

① 张桂文：《中国二元经济结构转换的政治经济学分析》，经济科学出版社 2011 年版，第 273—275 页。

移。计划经济体制下的户籍管理制度，在城市和农村之间逐渐"筑起一堵高墙"，对人口迁移的限制主要是通过以户籍管理制度为基础的城乡隔离体制来实现的。以此为基础，市民与农民在住宅制度、粮食副食品供应制度、就业制度、教育制度、医疗制度、养老保险、劳动保护制度等方面都存在着明显的差异。而这些差异把城乡居民划分为在权利、机会和风险方面存在极大差别的两大群体。因此，我国户籍制度改革的核心并不是单纯地取消劳动力与人口流动的城乡户籍限制，而是消除城乡户籍差别。

户籍制度改革的目的是建立城乡一体的人口自由有序流动的人口管理制度，打破行政限制，让市场引导劳动力与人口的自由流动。但鉴于我国目前城乡差别、地区差别较为悬殊，大城市、特大城市实际上都已经出现了资源承载能力饱和、交通拥挤、房价不断上涨、环境管理难度增大等"城市病"。户籍制度改革宜采取小城镇、中小城市、大城市、特大城市逐步推进的方式。各地政府应根据当地经济和城镇综合承载能力制定差别化落户政策。特大城市和大城市，要优化积分落户，逐步放开对各类落户群体的户籍限制；中小城市、小城镇要在全面开放落户限制，注重提高城镇的聚集效应，增强城镇的综合经济实力，特别是要大力发展特色产业和优势产业，在为农民工提供更多就业岗位的同时，为其提供与城镇居民均等的公共服务；积极探索城市群不同城市间统一户籍政策、实现人口自由迁移的实施办法，突破不同行政层级的城市户籍障碍，在促进城市群发展的同时，推进农民工市民化进程。

现阶段户籍制度改革的重点是解决失地农民与已在城市实现了稳定就业的农民工群体从农民到市民的角色转换问题，使他们和他们的家人真正具有"合法"城市人口身份，能与城市居民一样在城市安居乐业。对于失地的农民，政府的工作重点是要通过就业政策、技能培训、帮扶工程，解决其在城市的就业问题；对于已在城市实现了稳定就业的农民工群体，政府工作的重点是使他们平等地享有住房、医疗、养老等社会保障和公共服务。

### 三　建立和完善农村土地金融制度

土地经营权流转融资难，一个最主要的原因是银行担心流转过程中存在诸多不规范，一旦发生贷款违约，银行权益得不到落实。为了促进土地经营权流转，实现农业规模经营，我们可以借鉴国外的土地金融制度，政府要积极发挥好政策引导作用，做好如下工作。

一是设立土地银行。农村土地银行，是指相应政府机构建立的主要负责存贷农村土地及与经营土地有关的长期信用业务的金融机构。国外很多政府把土地银行作为土地开发利用的一种有效工具，我国也完全可以借鉴国外的经验尝试建立农村土地银行。土地银行的基本业务就是吸收和放贷农民承包期内的土地使用权，农民在外出打工或无力耕种土地之时，可以将土地使用权存入农村土地银行，土地银行根据土地的市场价值和年收益情况做出评估，支付给存入土地使用权的农户一定的土地利息。银行再把这些零碎的土地进行重新规划整理，根据市场情况再将土地使用权贷给土地需求者，可以是种植大户，也可以是农业企业法人。银行有权根据实际情况办理土地开发、改良、购买和抵押等贷款业务。

二是健全农村金融组织体系。目前，我国农村的金融组织体系以农村信用合作社为主，农业银行、邮政储蓄银行及农业发展银行等其他金融组织为辅。然而，在具体的实践过程中，农业银行和邮政储蓄银行，逐渐将网点撤离了效益较差的农村地区，农业发展银行发放贷款的条件比较严苛，且不支持个人贷款业务，农村信用合作社所提供的贷款大都金额小，期限短，利率高，很难满足规模化生产对资金多样化的需求。因此，要想推进农民工市民化，扩大土地经营权流转规模，必须健全农村金融组织体系，完善金融体系功能，才能更好地支持农村经济发展。农业银行和邮政储蓄银行应创新金融服务方式，设计不同农业信贷产品，积极发挥在农村信贷方面的主导作用，而不应随意撤并农村网点。农业银行应该在核心业务基础上，进一步拓宽业务范围，加强与其他涉农金融机构的合作，优化农村信贷政策，为农村土地经营权流转提供更多政策性资金支持。

三是创新金融产品。土地经营权流转后，流转主体经营范围不仅涉及农业多个领域，而且扩展到工业、旅游业等多个产业。传统农村金融模式不仅服务理念落后，信贷产品单一，抵押方式也比较固定，无法满足规模化经营主体的多样化金融需求。各地应根据实际情况，及时改革信贷管理制度，增加农业信贷投入。基层金融机构的单笔审批限额应根据各地区农户进行农业生产的需求、种植大户的农业生产资金需求和农业种植作物的生产周期做出适当调整，切实解决农民贷款难的问题。要根据实际需要不断完善贷款方式，扩大信用放款额度，降低利率水平，力争减轻农民负担。在经济发展前景良好的涉农中小企业，发行农业债券，鼓励各金融机构为这类农业债券提供信用评级、担保和承销服务，为涉农中小企业的融资拓宽渠道。同时，国家可以对农村金融机构在税收、融资等方面给予一定的优惠，间接降低农业贷款利率和农村金融机构的资金成本；建议有条件的农村信用合作社、农业银行等机构可以综合利用财政贴息、农业保险、农业担保等政策，探索建立专门针对土地规模经营的贷款品种，以加快培育农业规模经营主体，推进土地资源的合理利用和高效流转。

四是组建农业贷款担保机构。在当前农业担保相对不足的态势下，首先，政府要加强政策引导，推动专业性的农业担保公司的建立和正式运营，为农业生产和农户经营提供担保服务。其次，鼓励各类担保机构创新担保模式，积极拓展符合农村特点的担保业务。在担保模式上可借鉴实践中成功的模式，如安徽农担创建了"资源联手开发、信贷集合加工、风险共同管理、责任比例分担"的农业信贷担保模式；苏州农担联合市财政局、市农办、市农委和苏州银行推出的"农发通"，引导金融资本加大对农村新型合作经济组织、农业龙头企业发展的支持力度。最后，必须优化农村金融生态环境，只有良好的农村金融生态环境才能使农业信贷担保机构长期扎根农村，服务三农。因此，必须建立与农业信贷担保相匹配的农村信用信息征集机制和农村信用评价体系、建立交易当事人守信激励与失信惩戒机制，从根本上改善和优化农村金融生态环境，为农业担保再增一份保障。

五是完善农业保险体系。首先，应加大农业保险宣传力度，要充分利用电视、传单、短信、网络等媒介宣传农业保险的重要性和案例，使农户深入了解保险并熟悉投保程序和补贴政策，增强农民对农业保险的意识。其次，构建多层次农业保险体系，对于关系到农业现代化、粮食安全等的农业保险应加大政策性补贴力度，对于以实现区域经济发展等综合目标的保险应给予适度的政策补贴，对于一些市场主体愿意自缴保费来实现的目标则无须提供政策补贴。再次，创新农业保险品种与服务，鼓励保险公司开发适应不同农户需求的"基本险附加险产品"，积极探索适合农户生活、农业生产、当地特色优势的农产品保险。最后，要建立健全农业再保险体系和巨灾风险分散体系。建议政府通过增加再保险主体以及增加农业巨灾风险基金补贴，建立健全再保险机制。同时，应鼓励创建银保信息共享平台，提高保险公司与银行在客户开发、信息披露、贷后管理等方面的信息共享与合作水平，形成多方参与、风险共担的合作经营模式，从根源上规避风险。

# 第四节　转变政府职能，规范政府行为

## 一　营造良好的制度环境

在土地经营权流转过程中，经常出现基层政府利用行政职权过多干预农民的自主经营权、越权代替农户与工商企业签订土地经营权流转合同、侵害农民土地经营权流转的合法权益的情况，这无疑会增加土地经营权流转纠纷的概率。政府在土地经营权流转中的作用是引导、服务和监督，各级政府要转变职能，明确自己的服务对象和服务内容，正确定位好自己的导向作用，为促进土地经营权流转、推进农民工市民化营造良好的政策环境。

解决土地经营权流转中各种具体问题，必须有法律依据，有政策指导，否则土地经营权流转会呈现出无序状态，而且会侵害农民的合法权益，甚至引发更为严重的社会问题。所以首先要为土地经营权流转营造良好的制度环境，解决土地经营权流转中的政策、法律保障问题。我们应该借鉴国外的经验，发挥政府在土地经营权流转中的引导作用，及时制定与土地经营权流转有关的专项法律，前面我们已经详细分析过，这里不再累述。尽快建立合理的利益分配机制，使土地收益的主要部分归农民所有；充分发挥土地经营权流转的补偿金和安置费的社会保障功用，实行多样化的土地补偿安置办法，有效推进农民工市民化；对农民自主创业要给予优惠政策和适量的奖励；需要明确农业补贴的指向性，不能以农民承包土地的面积为发放农业补贴的依据，逐步实行以实际耕地面积和粮食产量等为标准的补贴方式，使实际耕种土地的农业生产经营者成为农业补贴对象。进一步完善农业产业化支持补贴政策，降低对流转规模和流转年限的限制，对小规模经营主体给予更多的扶持，避免将小规模农业生产经营者挤出政府提供补贴的范围，不断降低农户与合作社进入市场的成本，激发农户和经营主体农业生产积极性。

无论是制定相关法律还是出台相关政策，都要以农业产业化和规模化经营为基本指向，以保护土地经营权流转中农民权益为宗旨，依法支持、引导、规范土地经营权流转。要不断完善土地经营权流转制度，坚决杜绝通过行政干预的方式参与土地经营权流转过程，切实建立起农户自愿、平等、互惠的土地经营权流转机制，使土地经营权流转尽早走上市场化、规范化、法制化的轨道。

**二 严格做好监督管理工作**

在土地经营权流转中，政府要严格做好监督管理工作。相关职能部门必须加强对土地经营权流转工作的监管，要严格执行耕地保护制度，确保土地经营权流转不突破 18 亿亩耕地的红线，以保障国家粮食安全。应落实最严格的耕地保护制度，任何个人、企业或其他组织都不得以土地经营权流转的名义改变土地的农业用途，针对土地经营权流转过程中擅自改变土地农业用途的做法要制定出明确的严厉惩罚措施。

一方面，随着我国工业化、城镇化进程的加快，大量基本农田被占用，耕地面积迅速减少，而我国耕地质量平均等级偏低。农业农村部 2020 年 5 月 13 日发布了《2019 年全国耕地质量等级情况》，将全国 20.2 亿亩耕地质量等级由高到低依次划分为一至十等，平均等级为 4.76 等，一至三等的耕地面积为 6.32 亿亩，占耕地总面积的 31.24%[①]，可见我国目前耕地 60% 以上是质量差、生态脆弱的土地，这些土地多分布在西北干旱、半干旱地区。而且，新开垦的耕地多数没有形成新的耕作层，土地肥力低，耕作难度大，以致无法耕种，这严重威胁我国粮食安全问题。另一方面，我国没有专项土地经营权流转法律，现行法律缺少对转入土地的工商企业改变农业用途的具体惩罚措施，只能依照《土地管理法》的相关规定进行处罚，但法律的执行力度不够，往往法律的执行效果偏离了国家法律设计的初衷。

所以，基层政府要与农业部门齐抓共管、明晰权责。积极利用土地整理平台，既要对前期工作主动介入和规划管理，又要对土地经营权流转后进行严格监管，尽快设计适合我国国情的限制和规范工商企业和种植大户租赁农地的制度，若想租赁和经营土地必须符合一定的条件，否则禁止其租赁任何农用土地。同时，要加大巡查力度，对土地经营权流

---

① https://www.sohu.com/a/394815195_255783，2020 年 5 月 13 日。

转中的违法行为应做到及时发现、制止有效、查处到位。当然，有条件的地方也可以通过举报奖励等方式或尝试聘用村里的一些专职人员协同管理部门工作等方式，调动广大农民的监管积极性。对于土地经营权流转后违背流转合同，擅自改变农业用途，进行非农化活动如搞"观光农业"、占用耕地搞非农业建设的要严格监管，一经发现必须及时依法查处。除对其罚款以外，还要取消其以后租用土地的资格。坚决制止工商企业进入农业后直接或间接改变土地农业用途，坚持农地农用、农地农有。

因此，在土地经营权流转过程中，基层政府要严格规范自己的行为，不能因为工商企业的贿赂等违法行为而违反法定程序越权批地，而应该本着保护土地经营权流转中农民权益的原则，严格做好土地经营权流转中的监督管理工作，发挥政府在土地经营权流转过程中的引导作用。同时，也要加大对土地经营权流转项目的监管力度，坚决打消盲目招商引资的不良动机，加强对土地经营权流转项目的监管力度，严格监控并防止业主在土地经营中的短期行为，杜绝损害农民利益和土地质量的产业化项目。

### 三　积极履行程序性义务

第五章我们已经分析过，目前土地经营权流转大多数是在农户之间自发进行的，基层政府也没有履行规范程序性义务，这就给某些村干部的寻租行为提供了空间，为以后的土地经营权流转纠纷埋下隐患。因此，为了保护土地经营权流转中农民的合法权益，基层政府除严格做好监督管理工作外，还要积极履行程序性义务。

政府职能的履行关系到农村土地经营权流转是否规范有序进行，土地经营权流转的规模关乎国家整体农业的发展，保障农业用地和优化土地资源配置需要政府的支持。应根据各地的实际情况，成立专门为土地经营权流转服务的相关机构，明确这些机构的主要职责，主要履行土地经营权流转中的程序性义务。政府要为参与土地经营权流转的农户提供正式合同，不管是种植大户、龙头企业还是个人或组织，进行土地经营权流转时必须签订流转合同，流转合同内容要全面，在权属关系发生变更时，要实事求是地向公众公布流转合同规定的权属信息，规范土地经营权流转市场。政府要加强对土地经营权流转程序的审查，农民在自愿的前提下进行土地经营权流转，政府基层干部不允许干预农户自发进行的土地经营权流转，给予农户充足的自由转让权，减少土地纠纷的发生。参与土地经营权流转的农户，首先要向集体申请，通过行政性审批，审批合格之后，双方需要签订规范的土地经营权流转合同。在这一过程中，由基层政府成立的专门机构应提供土地经营权流转供求信息、提供土地经营权流转参考价格、指导签订土地经营权流转规范书面合同、对土地经营权流转合同进行备案服务等，同时还要履行监控土地经营权流转双方履约、调解和仲裁土地经营权流转后的纠纷义务等，及时解决土地经营权流转双方的纠纷，若出现违约的情况，扣除违约方的保证金并补偿另一方，维护双方土地经营权流转中的合法权益。政府要建立农村土地经营权流转档案台账，对土地经营权流转合同进行备份保存，定期核查交易档案，保证其规范性。只有政府在土地经营权流转过程中定位好自己的角色，既不越位也不缺位管理，积极履行土地经营权流转过程中的各项程序性义务，才能使农村土地经营权流转朝着规范、有序、健康的方向发展，才能形成土地集约化、规模化经营，最终通过土地经营权流转促进农民工市民化。

**四　积极维护农民的流转主体地位**

农户是土地承包经营权流转的主体，国家有关法律法规和政策明文规定农村土地承包经营权属于农户。但很多农户对土地经营权流转政策不太熟悉，对土地经营权流转的认知程度也影响着农户土地经营权流转的意愿。基于这种情况，政府需要采取多种形式对有关农村土地产权制度和土地经营权流转的相关政策进行宣传。通过针对性的政策宣传，农民可以详细了解土地经营权流转具体流程和对农民权益的保障措施，使农民转变思想，消除顾虑，充分认识到土地经营权流转是促进农民增收、促进农村经济繁荣和发展现代化农业的关键举措，从而积极参与土地经营权流转。政府可以采取多种形式的宣传方式，而不仅仅依赖于传统的报纸、村委会或社区告示，要充分利用新兴的多媒体宣传方式，使农户充分了解土地经营权流转政策和利弊，在进行土地经营权流转时可以通过法律方式切实维护自己的权益不受侵犯。

因此，在任何时候农地承包经营权流转的主体都是农户，要充分尊重农民意愿，坚决杜绝以集体组织是土地所有者身份或农业产业化为借口去强迫农民参与土地经营权流转。土地经营权流转要坚持农民自愿的原则，以保护农民合法权益，确实增加农民收入。在推行土地经营权流转的过程中，禁止政府过多干预，杜绝不尊重农民的意愿、强制收回农民承包地情况的发生。要保障农民自主地参与土地经营权流转的权利，防止基层政府以行政力量强迫农民进行土地经营权流转，人为扭曲土地经营权流转的价格信号，切实保障农民土地经营权流转的主体地位。政府还要加强对农民进行知识和工作技能的培训，由村集体或农村合作社根据当地需要，根据农民文化层次，针对流转土地后的农民，组织不同类型的知识和工作技能培训，以保障农民在流转土地后可以从事其他行业。

## 第五节　建设现代农业产业基地，培育新型农业经营主体

### 一　发展不同特色的农业产业基地

特色农业产业是解决"小生产与大市场"矛盾和农业比较效益低等问题的关键，是传统农业向现代农业转变发展的结果，对国家和区域经济的发展具有重要意义。为强化现代农业发展，国家农业综合开发办公室相继出台了系列文件，《特色农产品区域布局规划（2013—2020年）》给出了10类144种特色农产品，从强化特色农产品发展的关键薄弱环节入手，确定了产供销过程应该重点建设的6大领域。《农业综合开发扶持农业优势特色产业规划（2016—2018年）》更加严格给出了特色农业产业的确立标准，将我国特色农业产业的发展推向了新的高度。进入21世纪以来，中国农业和农村经济面临一个新的发展环境。农业增长方式从传统的劳动密集型转向资金、技术密集型。农民增收途径，由主要依靠农业产业带动转向了非农业产业协调带动。

发展特色产业无疑已成为当前农业和农村经济发展的关键一环，各地要以农产品生产基地项目为载体，以利益为纽带，将农产品加工企业、原料供应企业、农户、金融机构、担保机构、保险机构等利益主体紧密串联起来，共同促进土地经营权流转和规模化、集约化、标准化经营，这是现代农业产业基地建设的重要内容和途径。利用高效农业的规模化示范和特色产业集聚特点，带动农民增收，展示现代农业的作用，促进高效农业园区化、规模化。大力发展农业服务组织，通过全程或某

个作业环节的社会化集约,为实行土地规模经营创造便利条件。利用互联网构建集群内信息服务群,实现网络化产供销,提高农产品附加值,积极探索"互联网+农业"的发展模式具有重要的现实意义。随着城市化进程的加快,人们更加向往返璞归真的生活状态,对休闲旅游的需求与日俱增。因此,可结合各地区的实际情况,将服务业、旅游业等产业和文化、生态等元素融入特色农业产业建设中,打造一站式农业旅游综合体。

## 二 充分发挥农业科技示范区的现代农业作用

农业部和财政部于 2007 年年底联合启动了现代农业产业技术体系建设,以农产品为单元,以产业为主线,按照产业链布局创新链、资金链。农业产业技术体系通过 10 年的运行,有效整合了农业科技资源,围绕产业需求确定研究课题,开展全国性大联合大协作,促进了农业科技与产业的紧密结合,对我国农业发展起到了巨大推动作用。示范区是促进农业科技与农业产业紧密融合的重要纽带,是体系建设中的重要一环,所以要充分发挥农业科技示范区的现代农业作用。

一是发挥示范区展示研发成果的重要窗口作用。示范区依托各综合试验站,让产业技术体系研发中心各研究室和岗位的研发成果走出实验室,与生产经验集成,在不同区域展示适应当地产业发展和生产管理特点的高产抗性新品种、节本增效技术,宣传科学管理、绿色发展的理念,成为体系研发成果的重要展示窗口和科技先导的示范区。

二是发挥示范区科技培训最佳阵地作用。现代农业产业技术体系将产业技术人员、技术推广人员和科技示范户的培训列为重要工作内容。科技培训除系统传授当地适用和主推技术的要点外,还通过实地参观和操作学习,增强感性认识并学以致用,可大大提高接受度和培训效果。示范基地作为产业技术体系培育优质品种和研发先进技术的集成地,是最佳的参观和操作实习基地,是科技培训的主阵地。

三是发挥示范区促进成果转化的应用平台作用。示范区集成优良品种和先进技术,可同时开展技术的配套性和适应性评价,熟化技术体系,成为农业科技成果转化应用的中转站。通过平台展示和培训,发挥本区域产业结果调整的导向作用,将创新成果传导到周边广大地区,促进农业及农村经济的可持续发展,提高农产品市场竞争力,为农业生产和结构调整服务。

### 三 大力培育新型农业经营主体

随着城镇化进程的加快，大量青壮年由农村流向城镇，从事农业生产的劳动力主体逐渐老龄化，农业生产效率降低，严重制约经济发展水平，因此，发展农村经济变得越来越重要。2004 年起，政府每年都发布中央一号文件，2013 年中央一号文件首次提出了新型农业经营主体的概念，鼓励农户进行规模化生产，通过土地经营权流转方式将细碎化的农地集中化，并利用现代化的生产工具进行机械化生产，提高生产率。国内目前几种成功典型的土地经营权流转模式都离不开新型农业经营主体的参与，因此，解决"三农"问题的重中之重就是要培育好新型农业经营主体，提高经营主体的生产活力。

（一）加大新型农业经营主体的人才培训

1. 加大专业人才引进

随着当前城镇化的发展，农村人口不断流向城镇，高等院校毕业生也会选择进入大城市发展，农村人才缺失空前严重，新型农业经营主体中大部分文化程度偏低，对新技术的接受能力较弱，创新性较差，为改变这种状况，人才引进政策尤为重要。首先，要注重职业教育的发展，不断完善职业教育体系，建设高水平的高等职业院校，开设一些与新兴农业发展相对口的专业，培养专业型农业人才。其次，建设产教相结合的实训基地，经常开展一些社会实践活动，鼓励高校学生进入农村体验现代农业的发展，大力宣传农村建设的新风貌，鼓励毕业生深入农村基层工作，为新农村建设提供服务。此外，政府、企业部门应对基层服务的高校生给予政策扶持，采取一些奖励措施，比如提高基层服务人员的薪资待遇、提高生活补贴、提供有前景的晋升空间等具体措施，吸引大量优秀人才。

2. 加强新型职业农民教育

系统化的农业职业技术培训与教育是培养新型职业农民的必要条件，政府应该制定健全新型农民培训制度，科学规范培训制度。如果培训制度缺乏科学性和规范性，会淡化农民对教育培训的重视程度，从而使其培训所得成效不显著。所以，各级地方政府应加快建立新型农民培训制度，健全培训机制。合理制定新型农民培训计划，向农村推广各种媒体资源，并通过互联网、广播、电视等各种形式广泛进行宣传，使广大农民认识到培训的重要性及实际意义从而真正受益于培训，使农民真正加深对培训工作的印象，积极参与。新型农民的培训计划应具体细化，加速成立农民培训机构，优化学习环境，强化师资力量，加强机构的监督与管理。同时，要根据农业发展实际情况，每年对培训实践进行合理规划，不断丰富创新内容，创新培训形式，有效地引导农民积极参与新型农业的教育培训。做好农业专业人员的教育培训，一般来说，农业技术人员往往具有丰富的实践经验，他们还可以直接培训和指导农民，提高农民知识技术水平，增强农民实践性，加强农民对农业风险的应对能力，从而为我国农村发展增添活力。

3. 加强农业生产经营能力培训

农民是现代农业发展的主体，在促进农业现代化的过程中，生产方式发生了深刻的变化，在科学技术的广泛应用、装备物质的正确使用和产业化的过程中，生产方式发生了深刻的变化，市场的扩大和市场竞争的日益激烈，对整体提高农民文化素质、技术技能和管理提出了明确要求。特别是农民或新型主体通过土地经营权流转扩大了规模之后，对其生产和经营管理水平提出了更高的要求。此外，经济和农村社会的整体发展、农业功能的不断扩大、农民群众的不断分化，都影响农民对教育和培训的需求。近年来，由于城乡收入差距扩大和农业利益低下，农村劳动力向城市和非农产业的流动加速，高素质和高质量的人才流失加剧，导致农村劳动力素质结构恶化。一些农村剩余劳动力素质偏低，这就对如何协调农民和农民工的培训以及创新培训的内容、方法和手段提出了新的要求。

据农业部调查结果显示，农民中有99.5%希望能够获得新的农业技术，来促进农业生产，有很多调查都显示农民希望获得农业生产经营培训。农民需求的这些变化对农民教育和培训提出了新要求，在这种情况下，我们必须在适应新时期要求和新形势的基础上，对农民进行多层次和多形式的教育和培训，不断调整教育目标和内容。培训内容不能脱离生活，必须贴近农民的生活。我们必须深入了解农民的实际需求，还要对农村经济发展的客观需要进行研究。只有这样才能使专业培训跟上社会的需求。通过对农民开展教育与培训，尽力满足农民的要求，激发他们的主动性和创造性，为农村建设和现代农业的发展提供强有力的支持，最终实现培训的目标。

（二）做强农业企业

一是政府提供健全的惠农政策，促进资源要素向农村配置。龙头企业在经营过程中往往会遇到资金、技术和经营风险的问题，政府应该做好相应的公共服务，为农业企业家精神的发育创造良好的政策和市场环境。各省市两级政府应成立专业的农业发展投资平台，联动县级政府，对域内农业龙头企业进行系统的风险评级，对于新成立的农业企业实行减免税优惠和提供管理咨询服务，对于符合标准评级的企业给予贷款担保或直接投资，解决银行贷款抵押物不足的难题。针对农业经营风险高的问题，中央财政应扩大农业经营风险保障基金投入，在完善农业灾害救济机制的基础上，通过税收优惠引导社会资本大力发展农业保险行业，为农业龙头企业扩大再生产保驾护航。政府还可以定期召开富有地区特色的农产品交易会和展览会，吸引工商业群体及农业科研院校广泛参与，为产学研商深度融合提供稳定的交流平台。同时，在传统农业科技推广的基础上，通过公开招标、政府购买公共服务等方式鼓励农业企业积极参与农业科技的应用与推广，树立农业龙头企业在农业科技成果转化方面的主体地位。

二是加强品牌建设，提高企业的市场竞争力。优选区域特色农业龙头企业，对其农产品安全进行常态化检测，并通过产地标识、条形码等方式确保农产品质量和生产源头可查、流通过程可控，为农业产业化龙头企业的品牌建设创造有序竞争的市场环境。引导农业产业化龙头企业走品牌化经营道路，鼓励农业龙头企业通过标准加工、统一包装、商标注册等方式提高特色农产品的市场知名度，如新疆和田大枣、宁夏枸杞。对于已经认定的企业知名品牌，地方政府应加强宣传力度，通过农产品名优推介、地方农产品电商平台搭建、出口补贴等方式拓宽销售市场，形成农业产业龙头企业的品牌示范和行业引领效应。与此同时，农业龙头企业要构建更加灵活多样的经营机制，降低自身的经营风险和成本。农业龙头企业的优势在于市场敏锐度、现代化的管理方式和较高的科技水平，农户的优势则在于土地和劳动力使用成本的低廉性，农业龙头企业可以通过技术定点下乡、产品质量专员把控的方式带动农户合作经营。

（三）规范农民合作社

鼓励农村大户、普通农户创办农民专业合作社或土地股份合作社。

一方面，发挥合作社在农业产业化过程中的积极作用，逐步将土地经营权流转过程中村组集体的代理人作用交给合作社，使其成为连接农户和龙头公司的有效平台，与其他业主进行谈判协商。另一方面，进一步完善农业产业化支持补贴政策，以农民和合作社作为补贴主体，对农产品的生产、流通和加工环节进行综合补贴，不断降低农户与合作社进入市场的成本，支持合作社壮大经济实力，成为土地经营权流转载体，承担农业发展项目，主动扩大生产经营规模，带动当地农民增收致富。在避免直接干预合作社内部事务的前提下，政府通过典型示范带动和强化外部监管来推动农民专业合作社健全内部治理机制。

一是尊重市场竞争规律，增强示范合作社的内涵建设。政府的培育政策应该改变单纯以土地面积为标准进行现金直接补的普惠补贴办法，结合农民专业合作社的财务及经营管理状况，通过遴选评优确立扶持和补贴重点，更加侧重技术帮扶和服务补贴，如对于鲜活农产品所需的仓库设施给予帮助、对社员进行农业职业技能培训，通过展销会和新闻媒体加强宣传推介，发挥区域示范引领效应。

二是发挥市场监管职能，倒逼合作社健全内部治理机制。地方监管是影响农民专业合作社经营状况的重要外部因素。首先，在农地"三权分置"下，承包权与经营权的分离削弱了社会资本参与农民专业合作社的意愿，深度合作的难点在于如何对土地经营权进行定价入股。因此，政府应以农村土地的地理区位、地块情况、气候条件、经营用途、承包期限、相关配套等维度，建立系统化的土地评测数据库。其次，为了避免合作社内部少数社员滥用权力和组织"空壳"经营现象，农业主管部门需要定期对农民专业合作社的经营状态、账务公开、农民参与情况进行摸底排查，确立精准扶持重点并给予合理指导。最后，实行农民专业合作社专业资格认定。从知识技能、生产经验、管理能力等多个维度对农民专业合作社的主要负责人进行系统化专业化的培训与考核，设立农民专业合作社管理者从业资格标准，实行农业组织负责人从业资格认证，这也是发达国家的普遍做法。

（四）大力扶持家庭农场

土地大量流入农户不仅是"三权分置"改革带来的客观结果，更是新时期培育新型农业经营主体的现实基础。然而，在耕地大量流入农户后，种植大户大多并未同步转变经营方式进而升级为现代家庭农场。

思路决定出路，培育家庭农场要解决的核心问题便在于通过人力资本投入变革传统小农经营思维，使种植大户在扩大土地规模后向知识型农民和现代农场主转变。

一是提高专业大户和家庭农场主的专业知识技能和市场经营理念，盘活农村人力资源存量。地方政府可以将职业农民的培育纳入扶贫工作，依托农业院校，选择部分青壮年养殖大户和家庭农场主进行农业生产及管理方面的知识技能培训，毕竟"扶贫先扶智"。对于域内家庭农场进行全面的登记造册，统计所涉及的经济作物类别，统筹相关农业院校和科研院所通过定点联系、技术下乡、知识讲座等方式进行精准化的培训指导。

二是加大并落实农村创业扶持政策，确保农业人才数量。农业发展的难点之一在于土地适度规模化后扩大土地的资金和技术投入，而农村现有的生产要素无法满足需求。为此，必须大力鼓励和支持农业院校毕业生、返乡创业农民工、"三支"人员等涉农人才在农村发展现代农业，尤其应把前两种人才作为重点吸引和培育对象。外部人员的优势在于历经城市工业文明洗礼后，其综合素养、劳动技能和市场竞争意识均得到较大提高。为此，地方政府应努力优化农业经营环境。针对办事难，县镇地方政府应成立专门服务于新型农业经营主体的综合服务窗口；针对用地难，必须统筹开展土地整合工作，如借鉴河南省推行的"万亩示范方"的经验，耕地匮乏区域可以通过"百亩示范方""地块置换"等方式整合土地，避免土地零碎分割与家庭农场连片成块用地要求不匹配的情况；针对融资难，除了通过熟人、社区等非正式渠道获取信贷以外，提高农村商业银行对返乡创业人员的贷款份额。

（五）培育专业大户

随着我国城市化进程的不断加深，传统的农业生产收入又过低，很多人都选择放弃务农而进城务工，农业劳动力转移到其他行业，农业生产发展受挫，农村发展与农业发展脱节，农村发展主要依靠外生性力量来推动，造成农村发展滞后的局面。但是部分选择留在农村继续从事农业生产活动的传统农户，其资金和生产经验的积累达到一定程度时，会不断要求扩大经营土地的规模。培育专业大户能够实现土地资源的合理配置，增加农民收入，促进农业的发展，提升农村发展水平，缓解城市发展的压力，这也是现实发展的要求。

一是在社会上树立专业大户的典型人物，做好宣传工作。政府通过对农村环境的改造，延长农业生产的产业链，提高农产品附加值，增加农民收入，让农民的钱袋子鼓起来，然后在社会上树立专业大户的典型人物，做好宣传工作，提高专业大户的社会地位，让农民的腰杆子挺起来，破除人们传统上对农民的偏见，增加人们对农民这一身份的认同感。

二是加快培训新型职业农民，推动农民职业化。据《2017年全国新型职业农民发展报告》提供的数据，截至2017年，我国新型职业农民总量突破1500万人，占第三次全国农业普查农业生产经营人员总量的4.78%，这个比重虽然很小，但是发挥的作用十分明显。68.79%的新型职业农民对周边农户起到辐射带动作用，平均每个新型职业农民带动30户农民。他们大力推广运用新理念、新技术、新装备，积极创办、壮大新型农业经营主体，创新发展新产业、新业态、新模式，主动联系、对接小农户，引领、带动贫困农民脱贫致富，已经成为农业农村经济发展和乡村人才振兴的亮点。

三是建立完善的农业服务体系。培育专业大户必须建立相应的农业社会化服务体系。在2013年中央一号文件中就提到"要坚持主体多元化、服务专业化、运行市场化的方向，充分发挥公共服务机构作用，加快构建公益性服务与经营性服务相结合、专项服务与综合服务相协调的新型农业社会化服务体系"[①]。根据文件精神，可以尝试以专业大户为主体，以政府为主导，以农业服务组织为补充。在三元互动模式中，政府有关部门应当成立专门的机构负责统筹协调专业大户在发展过程中遇到的问题和困难，通过购买社会服务了解专业大户在发展过程中遇到的问题，对症下药，制定合理的政策。一方面，服务组织需要及时跟踪专业大户的发展动态，向专业大户传递正确的市场信息和政策导向；另一方面，服务组织还要为政府相关农业政策的制定提供第一手资料，构建全方位的服务体系。

---

① 参见《中共中央　国务院关于加快发展现代农业进一步增强农村发展活力的若干意见》。

# 附录　调查问卷

结合调研目的和实地走访时农民反映的问题，笔者精心设计了一份便于农民回答的调查问卷，共涉及 27 个问题。具体内容如下。

农户所在的地址：＿＿省＿＿市＿＿县（区）＿＿乡（镇）＿＿村

1. 被调查农户基本信息

1.1　性别

A. 男　　B. 女

1.2　年龄

A. 18—25 岁　　　　B. 26—35 岁　　　　C. 36—45 岁

D. 46—55 岁　　　　E. 55 岁以上

1.3　家庭人口数

A. 2 人　　　　　　B. 3 人　　　　　　C. 4 人

D. 5 人　　　　　　E. 5 人以上

1.4　家庭劳动力人数：

A. 2 人　　　　　　B. 3 人　　　　　　C. 4 人

D. 5 人　　　　　　E. 5 人以上

1.5　在外打工人口数

A. 无　　　　　　　B. 1 人　　　　　　C. 2 人

D. 3 人　　　　　　E. 3 人以上

1.6　您的文化程度

A. 小学及以下　　　B. 初中　　　　　　C. 高中（中专）

D. 大学（大专）及以上

1.7　您距离省会城市的距离大约

A. 不到 50 千米　　 B. 50—200 千米　　 C. 201—500 千米

D. 500 千米以上

1.8　您目前的职业类型

A. 农业　　　　　　　　　B. 以农业为主兼非农业

C. 以非农业为主兼农业D. 非农业

2. 家庭主要收入来源

A. 土地耕作　　　　　B. 养殖业　　　　　C. 在外打工

D. 自己经营小本生意　E. 在本地企业打工　F. 其他

3. 2018 年您家农业收入占总收入比重大约

A. 30%以下　　　　　　B. 30%—50%　　　　C. 51%—80%

D. 80%以上

4. 您家里承包地面积有

A. 0—5 亩　　　　　　B. 6—10 亩　　　　　C. 11—15 亩

D. 16—20 亩　　　　　E. 21—40 亩　　　　　F. 40 亩以上

5. 您家目前每亩地收入：

A. 100—500 元　　　　B. 501—1000 元　　　C. 1001—1500 元

D. 1501—2000 元　　　E. 2000 元以上

6. 您家有土地承包经营权证吗？

A. 有　　　　　　　　　B. 没有

7. 在未来您是否愿意有偿转出自家的土地承包经营权？

A. 同意　　　　　　　　B. 不同意

8. 您是否愿意在城市永久性居住，成为市民？

A. 是　　　　　　　　　B. 否　　　　　　　　C. 无所谓

9. 您对 2018 年新修正的《农村土地承包法》了解多少？

A. 了解　　　　　　　　B. 不完全了解　　　　C. 不了解

10. 您是否愿意进行承包地的流转？

A. 愿意转入　　　　　　B. 愿意转出　　　　　C. 不愿意转入

D. 不愿意转出　　　　　E. 既不愿意转入也不愿意转出

11. 您现在是否正在进行土地经营权流转？

A. 是，正在转出　　　　B. 是，正在转入　　　C. 否

12. 如果您在进行土地转出，其原因是

A. 务农的收入低

B. 土地转出的收入高于自己务农收入

C. 集体要求将土地出让

D. 年老、儿女到城里打工，家中劳动力不足

E. 打算到城里打工

F. 其他

13. 如果您正在进行土地转出，那么转出的土地占所承包土地的比例是

A. 1%—25%          B. 26%—50%          C. 51%—75%

D. 76%—99%         E. 100%

14. 如果您正在进行土地转出，您家承包地转出租期为

A. 1—2 年          B. 3—4 年          C. 5—6 年

D. 7—8 年          E. 9-10 年          G. 10 年以上

15. 土地出让后您打算从事的工作

A. 在当地企业当工人   B. 什么都不做      C. 做小本生意

D. 外出打工          E. 其他

16. 您的土地转出给哪些人或组织？

A. 种植大户          B. 农业企业        C. 亲戚朋友

D. 土地股份合作社     E. 农业合作社      G. 其他

17. 当地每亩地流转价格大约是

A. 100—300 元        B. 301—500 元      C. 501—700 元

D. 701—900 元        E. 901—1200 元     F. 1201—1500 元

G. 1500 元以上

18. 您进行土地转入或转出的渠道是

A. 土地承包经营权市场直接交易

B. 熟人介绍

C. 中介组织

E. 乡村集体组织

D. 其他

19. 您是否签订了土地经营权流转合同？

A. 是                B. 否

20. 如果您转入了土地，其原因是

A. 家庭劳动力充足，土地不够种

B. 大规模种植收入较高

C. 国家农业政策有利于提高务农收益

D. 找不到合适的非农就业岗位

E. 看好农业投资的前景

F. 喜欢种地

G. 其他

21. 您转入的土地面积

A. 5 亩以内　　　　　　B. 5—10 亩　　　　　　C. 11—20 亩

D. 21—30 亩　　　　　　E. 31—50 亩　　　　　　F. 51—80 亩

G. 81—100 亩　　　　　　H. 100 亩以上

22. 如您转入了土地，所经营的土地由谁来种？

A. 家庭成员

B. 以家庭成员为主，辅以雇工

C. 雇人种

23. 您转入的土地主要用于种植

A. 粮食作物　　　　　　B. 经济作物

24. 您转入土地的租金是

A. 100—300 元　　　　　　B. 301—500 元　　　　　　C. 501—700 元

D. 701—900 元　　　　　　E. 901—1200 元　　　　　　F. 1201—1500 元

G. 1500 元以上

25. 如果您没有转出土地，原因是

A. 转出土地的租金太低

B. 家庭劳动力充足，有人种地

C. 怕土地转出去后收不回来

D. 怕难以获得土地租金

26. 在当地有没有土地承包经营权市场？

A. 有　　　　　　　　B. 没有　　　　　　　　C. 不知道

27. 您是否参加了除新农村合作医疗和农村养老保险以外的其他社会保险（多选）？

A. 是，其他商业养老保险

B. 是，其他商业医疗保险

C. 是，农村低保

D. 否

# 参考文献

蔡昉：《拨开迷雾，读懂中国经济》，《新理财》2017 年第 11 期。

蔡昉：《读懂中国经济》，《财经界》2017 年第 11 期。

蔡昉：《改革时期农业劳动力转移与重新配置》，《中国农村经济》2017 年第 10 期。

蔡昉：《中国经济增长的必要条件与改革路径》，《中国经济学人》（英文版）2018 年第 1 期。

蔡昉：《中国奇迹岂是"意外结果"——剖析国外经济学家对中国奇迹的三种误读》，《北京日报》2018 年 1 月 29 日。

蔡昉：《转向高质量发展"三谈"》，《经济日报》2018 年 2 月 8 日。

蔡昉：《走出一条以人为核心的城镇化道路》，《决策探索》（下半月）2017 年第 2 期。

曹海云：《改革开放以来中国共产党完善农村土地制度的经济历程和经验探索》，《人力资源管理》2015 年第 9 期。

车文斌、张红宇、郭晓鸣：《创新推进农村改革 确保中国粮食安全——本刊对话中国农业问题专家》，《当代县域经济》2016 年第 1 期。

陈伯庚：《深化农村土地制度改革的理论和实践创新》，《上海房地》2015 年第 4 期。

陈昊、夏方舟、严金明：《新型城镇化背景下农村土地制度创新研究评述》，《中国土地科学》2013 年第 11 期。

陈锡文：《坚持和完善农村基本经营制度把握好四个基本要点》，《农村工作通讯》2017 年第 24 期。

陈锡文：《"三权分置"让农民心里更踏实》，《湖北日报》2017 年 1 月 25 日。

陈锡文：《深化农村土地制度改革与"三权分置"》，《公民与法》

（综合版）2017 年第 7 期。

陈锡文：《提出城乡一体化发展战略》，《农村工作通讯》2017 年第 14 期。

陈锡文：《我国农村改革的历程（一）》，《百年潮》2017 年第 1 期。

陈锡文：《我国农村改革的历程（二）》，《百年潮》2017 年第 2 期。

陈锡文：《我国农村改革历程》，《企业家日报》2017 年 5 月 5 日。

陈锡文：《乡村振兴是关系中国全面发展，并最终建成现代化强国的大事》，《中国农业文摘·农业工程》2018 年第 1 期。

翟峰：《十九大中的土地制度与"三权分置"》，《农经》2017 年第 11 期。

董欢、郭晓鸣：《新型城镇化与农业现代化：第一代农民工的转移取向及其多元影响——四川省调研数据的实证》，《人口与发展》2013 年第 6 期。

董峻：《谋划新时代乡村振兴的顶层设计——中央农办主任韩俊解读 2018 年中央一号文件》，新华社，2018 年。

董祚继：《农村土地制度改革的难点与出路》，《土地经济研究》2017 年第 1 期。

杜伟、黄敏：《关于乡村振兴战略背景下农村土地制度改革的思考》，《四川师范大学学报》（社会科学版）2018 年第 1 期。

冯双生、张桂文：《农民工落户城市的经济能力约束及破解路径》，《广西社会科学》2017 年第 8 期。

冯双生、张桂文：《中国农村土地承包经营权流转障碍及破解路径——基于农地产权制度视角》，《广西社会科学》2016 年第 2 期。

付海莲、许亚男：《我国农村土地产权制度改革历程及启示》，《农村经济与科技》2013 年第 1 期。

高强：《农村土地承包经营权退出机制研究》，《南京农业大学学报》（社会科学版）2017 年第 4 期。

谷素华：《中国农村土地流转的必要性及策略分析》，《商业时代》2011 年第 10 期。

郭文华：《巴西的土地问题与土地审批》，《国土资源情报》2006

年第 7 期。

郭翔宇：《实施乡村振兴战略加快推进农业农村现代化》，《农业经济与管理》2017 年第 5 期。

郭晓鸣、高杰：《深化农村改革：态势研判、矛盾分析与政策突破——以四川省为例》，《农村经济》2017 年第 2 期。

郭晓鸣、高杰：《我国农村土地承包权退出的地方探索与基本判断——基于四川省内江市的改革实践》，《国土资源科技管理》2017 年第 2 期。

郭晓鸣：《农村土地产权制度改革若干问题思考》，《当代县域经济》2017 年第 3 期。

郭晓鸣：《"三权分置"改革必须构建的三大制度支撑》，《中国合作经济》2016 年第 11 期。

郭晓鸣：《新农人 未来中国农业发展的新常态》，《西部大开发》2016 年第 11 期。

郭晓鸣、虞洪：《建立农村宅基地自愿有偿退出机制的现实分析与政策构想——基于四川省的实证研究》，《农村经济》2016 年第 5 期。

郭晓鸣、张克俊：《让农民带着"土地财产权"进城》，《农业经济问题》2013 年第 7 期。

郭晓鸣：《中国农村土地制度改革：需求、困境与发展态势》，《中国农村经济》2011 年第 4 期。

郭晓鸣、周小娟：《老一代农民工：返乡之后的生存与发展——基于四川省 309 位返乡老一代农民工的问卷分析》，《中国农村经济》2013 年第 10 期。

韩长赋：《大力实施乡村振兴战略》，《中国农技推广》2017 年第 12 期。

韩长赋：《农村改革要下"绣花功夫"》，《当代县域经济》2017 年第 12 期。

韩长赋：《认真学习宣传贯彻党的十九大精神大力实施乡村振兴战略》，《中国农业会计》2017 年第 12 期。

韩长赋：《实施乡村振兴战略深化改革》，《现代农业装备》2017 年第 6 期。

郝春业：《农村土地经营权流转政策对农村经济改革与发展的影

响：河南漯河市实证研究》，《金融理论与实践》2010 年第 9 期。

侯艳：《新制度经济学视角下的农村土地流转问题研究》，硕士学位论文，吉林大学，2015 年。

胡晓红：《农村土地承包经营权流转制度变迁及其完善建议——以家庭承包经营权为中心》，《绍兴文理学院学报》（哲学社会科学）2010 年第 2 期。

华彦玲、施国庆、刘爱文：《国外农地流转理论与实践研究综述》，《世界农业》2006 年第 9 期。

黄进：《立足实际大力实施乡村振兴战略》，《政策》2018 年第 1 期。

黄锟：《中国农民工市民化制度分析》，中国人民大学出版社 2011 年版。

纪灿离、刘广场：《浅谈如何建立健全土地承包经营权流转市场》，《河南农业》2011 年第 13 期。

简新华、黄锟：《中国工业化和城市化进程中的农民工问题研究》，人民出版社 2008 年版。

蒋永穆、周宇晗：《着力破解经济发展不平衡不充分的问题》，《四川大学学报》（哲学社会科学版）2018 年第 1 期。

晋伟：《中国特色农村土地流转问题研究》，博士学位论文，吉林大学，2017 年。

李春香：《基于农村人口退出视角的中国农村土地制度改革研究》，博士学位论文，武汉大学，2015 年。

李敢、周伟国：《"乡村振兴战略"一个着力点探讨：农村"土地上人的改革"向何处去》，《农村经营管理》2017 年第 12 期。

李世兰：《新型城镇化与经济转型：反思与借鉴》，《城市观察》2013 年第 4 期。

李文杰、赵春雨：《对农村土地流转问题的几点建议》，《现代农业》2012 年第 4 期。

李长安：《需要完善金融支持农地流转的相关制度》，《中国城乡金融报》2012 年 12 月 26 日。

李志启：《关于农村土地"三权分置"改革》，《中国工程咨询》2016 年第 8 期。

梁万泉：《对农村土地流转中金融支持的思考》，《区域金融研究》2010 年第 5 期。

廖彩荣、陈美球：《乡村振兴战略的理论逻辑、科学内涵与实现路径》，《农林经济管理学报》2017 年第 6 期。

廖祖君、郭晓鸣：《中国农业经营组织体系演变的逻辑与方向：一个产业链整合的分析框架》，《中国农村经济》2015 年第 2 期。

林远：《中央农村工作会议前瞻——乡村振兴战略将实质性推进》，《农村·农业·农民》（A 版）2017 年第 12 期。

刘传江、徐建玲等：《中国农民工市民化进程研究》，人民出版社 2008 年版。

刘怀谦：《中国农民工问题》，人民出版社 2005 年版。

刘力伟：《黑龙江省农村土地流转模式及其优化对策研究》，博士学位论文，东北农业大学，2019 年。

刘莉君：《农村土地流转模式的绩效比较研究》，中国经济出版社 2011 年版。

刘默：《乡村仍是中国现代化主战场——访中国人民大学经济学院刘守英教授》，《中国经济报告》2017 年第 12 期。

刘润秋：《中国农村土地流转制度研究——基于利益协调的视角》，经济管理出版社 2012 年版。

刘守英：《改革土地制度提高农民收益》，《时事报告》2012 年第 2 期。

刘小年：《农民工市民化的政策研究——主体的视角》，湖南人民出版社 2010 年版。

刘新卫：《土地整治为乡村振兴注入新活力》，《资源导刊》2017 年第 12 期。

刘艳：《深化农村土地制度改革是乡村振兴的重要支撑》，《安徽日报》2018 年 1 月 2 日。

卢为民：《供给侧结构性改革背景下土地制度的创新路径》，《上海房地》2017 年第 6 期。

卢为民：《推动供给侧结构性改革的土地制度创新路径》，《城市发展研究》2016 年第 6 期。

陆雷：《深化农村土地制度改革的思考与建议》，《中国发展观察》

2017 年第 22 期。

马嫚：《我国农村土地流转的社会效应分析》，硕士学位论文，山东师范大学，2011 年。

茆荣华：《我国农村集体土地流转制度研究》，北京大学出版社 2010 年版。

［美］R. 科斯、A. 阿尔钦、D. 诺斯等：《财产权利与制度变迁》，刘守英等译，上海人民出版社 1994 年版。

［美］道格拉斯·C. 诺斯：《制度、制度变迁与经济绩效》，刘守英译，上海三联书店、上海人民出版社 1994 年版。

孟凡强：《马克思土地产权理论在我国农村的应用和发展》，硕士学位论文，西南政法大学，2010 年。

蒲实、郭晓鸣：《拓宽增加农民财产性收入的渠道》，《农村经营管理》2017 年第 1 期。

乔金亮：《乡村振兴战略：新时代农业农村经济工作总抓手——访农业部部长韩长赋》，《农村经营管理》2018 年第 1 期。

全国农村固定观察点办公室：《农村发展：25 年的村户观察》，中国农业出版社 2012 年版。

阮斌：《马克思恩格斯土地公有制思想及其在我国的运用与发展研究》，硕士学位论文，西南大学，2017 年。

申延平：《实施乡村振兴战略推进农业农村现代化》，《农村·农业·农民》（A 版）2017 年第 12 期。

沈刚：《农村留守儿童已超过 6000 万》，《工人日报》2013 年 5 月 11 日。

盛洪：《现代制度经济学》（下卷），北京大学出版社 2003 年版。

［日］关谷俊作：《日本的农地制度》，金洪云译，生活·读书·新知三联书店 2004 年版。

孙邦群、周嵘：《确实权　颁铁证　夯基础　促振兴——全国农村承包地确权登记颁证工作步入新阶段》，《农村经营管理》2018 年第 1 期。

孙博、刘守英、宋洪远：《新土改如何盘活农村"沉睡的资本"——专访宋洪远、刘守英两位农村经济专家》，《国土资源》2015 年第 3 期。

孙亚南、张桂文:《二元经济转型的一般规律研究——基于跨期国际比较分析的视角》,《天津社会科学》2017 年第 2 期。

唐黎标:《我国新农村建设中土地流转问题探讨》,《上海农村经济》2012 年第 6 期。

唐永贵:《农村土地流转过程中存在的问题及其对策——以贵州省毕节地区为调查对象》,《贵阳学院学报》(社会科学版)2012 年第 3 期。

唐忠:《农村土地制度比较》,中国农业科技出版社 1999 年版。

唐忠、王晓睿:《深化农村土地制度改革 完善承包地"三权"分置制度》,《农业经济与管理》2017 年第 5 期。

田富强:《土地制度创新促进农村女性劳动力转移》,《唐都学刊》2018 年第 34 期。

汪阳红:《农民工市民化进程中的土地问题研究》,《宏观经济管理》2011 年第 5 期。

王春超、荆琛:《中国城市化进程中农民工对经济产出的贡献与收益分享》,《经济社会体制比较》2012 年第 2 期。

王海燕:《农村土地流转影响因素探析》,《农业科技管理》2010 年第 1 期。

王培刚:《当前农地征用中的利益主体博弈路径分析》,《农业经济问题》2007 年第 10 期。

王思博:《现阶段我国乡村发展中的若干问题及振兴建议——2017—2018 年度中央一号文件地方贯彻落实情况第三方评估调研思考》,《西部论坛》2018 年第 1 期。

王桃桃:《建国以来我国农村土地制度变迁研究》,硕士学位论文,首都经济贸易大学,2015 年。

王学通:《土地流转方式的差异性分析》,《重庆科技学院学报》(社会科学版)2011 年第 15 期。

吴丽容:《基于制度创新视角的我国农民财产性收入研究》,硕士学位论文,福建师范大学,2013 年。

武剑:《巴西土地分配改革的政治经济学探究》,《当代世界》2009 年第 10 期。

肖卫东、梁春梅:《农村土地"三权分置"的内涵、基本要义及权利关系》,《中国农村经济》2016 年第 11 期。

熊万胜、刘炳辉:《乡村振兴视野下的"李昌平—贺雪峰争论"》,《探索与争鸣》2017 年第 12 期。

熊小林:《聚焦乡村振兴战略 探究农业农村现代化方略——"乡村振兴战略研讨会"会议综述》,《中国农村经济》2018 年第 1 期。

闫志刚:《社会建构论视角下的社会问题研究:农民工问题的社会建构过程》,中国社会科学出版社 2010 年版。

燕玉杰:《农地承包经营权流转与农村社会保障制度建设研究》,硕士学位论文,南京大学,2011 年。

杨磊:《农民进城务工对城市发展的影响》,《现代企业教育》2012 年第 11 期。

杨婷、叶琪:《土地流转中农村金融制度的缺失与创新》,《山西农业大学学报》(社会科学版)2010 年第 1 期。

杨玉珍:《需求诱致和体制约束下我国土地制度创新路径——兼论试点市的土地制度创新行为》,《现代经济探讨》2015 年第 4 期。

易小燕:《典型地区耕地流转的模式与农户行为研究》,中国农业科学技术出版社 2010 年版。

尹希果、马大来、陈彪、张杰:《我国农村土地流转四种典型运作模式及评析》,《福建论坛》(人文社会科学版)2012 年第 2 期。

[英]亚当·斯密:《国民财富的性质和原因的研究》(上卷),郭大力、王亚南译,商务印书馆 1972 年版。

禹四明:《基于历史演变的农村土地制度改革刍探》,《农业考古》2015 年第 6 期。

张岑晟:《我国农村土地流转中的主要问题与政府作为》,《安徽农业科学》2011 年第 23 期。

张桂文:《二元经济转型视角下的中国粮食安全》,《经济学动态》2011 年第 6 期。

张桂文:《农业转移人口市民化的困境与出路》,《光明日报》2013 年 2 月 22 日。

张桂文、任成好:《中国城市化进程中的城市病:过程、表现及原因》,《贵州师范大学学报》(社会科学版)2016 年第 3 期。

张桂文、孙亚南:《二元经济转型视角下中国潜在经济增长率分析》，《当代经济研究》2015 年第 2 期。

张桂文：《中国二元经济结构转换的政治经济学分析》，经济科学出版社 2011 年版。

张桂文：《中国二元经济转型的特殊性及其对城市化的影响》，《河北经贸大学学报》2013 年第 5 期。

张红宇：《充分发挥规模经营在现代农业中的引领作用》，《农村经营管理》2016 年第 1 期。

张红宇：《创新制度供给构建中国农业大格局》，《农村经营管理》2018 年第 1 期。

张红宇：《从"两权分离"到"三权分置"——中国农地制度的绩效分析》，《农民日报》2017 年 7 月 29 日。

张红宇：《大力发展多种形式适度规模经营》，《农村实用技术》2016 年第 2 期。

张红宇：《发挥新型农业经营主体对改革的引领作用》，《经济日报》2017 年 2 月 10 日。

张红宇：《发展现代农业更需体制机制创新》，《中国农村金融》2015 年第 5 期。

张红宇：《关于农村集体产权制度改革的若干问题》，《农村经营管理》2015 年第 8 期。

张红宇：《关于深化农村改革的四个问题》，《农业经济问题》2016 年第 7 期。

张红宇：《积极引导支持农民合作社持续健康发展》，《黑龙江粮食》2016 年第 9 期。

张红宇：《建立土地确权登记颁证　稳定农村土地承包关系》，《甘肃农业》2015 年第 6 期。

张红宇：《健全完善农村土地制度的若干建议》，《南方农业》2014 年第 14 期。

张红宇：《聚焦供给侧，关注农村改革三事》，《营销界》2017 年第 6 期。

张红宇：《落实"三权分置"引导多种形式适度规模经营健康发展》，《农民日报》2016 年 12 月 27 日。

张红宇：《农村集体产权制度改革要聚焦于三个关键领域》，《中国经济时报》2016 年 3 月 18 日。

张红宇：《农村土地"三权分置"政策解读》，《领导科学论坛》2017 年第 8 期。

张红宇：《三权分离、多元经营与制度创新——我国农地制度创新的一个基本框架与现实关注》，《南方农业》2014 年第 2 期。

张红宇：《深化改革，处理好农民和土地的关系》，《农村经营管理》2017 年第 12 期。

张红宇：《深化农村集体产权制度改革的方向》，《学习时报》2017 年 4 月 19 日。

张红宇：《深入学习习近平总书记系列重要讲话精神　积极引导支持农民合作社持续健康发展》，《中国农民合作社》2016 年第 7 期。

张红宇：《"十三五"时期如何把握好农业现代化的道路》，《中国经济时报》2016 年 2 月 19 日。

张红宇：《实施乡村振兴战略需进一步深化农村改革》，《农村经营管理》2017 年第 11 期。

张红宇：《实现小农户和现代农业发展有机衔接》，《农民日报》2017 年 11 月 21 日。

张红宇：《完善农村土地承包政策要坚持"稳"和"活"》，《上海农村经济》2014 年第 3 期。

张红宇、王刚：《关于农村集体产权制度改革相关问题的思考》，《农村工作通讯》2014 年第 15 期。

张红宇：《我国家庭农场的功能定位与发展方向》，《农业经济问题》2017 年第 10 期。

张红宇：《我国农民合作社的发展方向》，《农村工作通讯》2016 年第 19 期。

张红宇：《我国农业规模经营的两种路径选择》，《农村经营管理》2015 年第 10 期。

张红宇：《我国农业生产关系变化的新趋势》，《农机科技推广》2014 年第 3 期。

张红宇、吴晓佳：《让规模经营引领现代农业发展》，《人民日报》2016 年 2 月 21 日。

张红宇：《新常态下的农民收入问题》，《决策探索》（下半月）

2015 年第 4 期。

张红宇：《新型农业经营主体发展趋势研究》，《农业经济研究》2015 年第 1 期。

张红宇：《在变革中发展的欧洲家庭农场与合作社——瑞典、丹麦农业考察报告》，《世界农业》2016 年第 10 期。

张红宇、张海阳、李伟毅、李冠佑：《中国特色农业现代化：目标定位与改革创新》，《中国农村经济》2015 年第 1 期。

张红宇、张涛：《农业规模经营的两种路径选择》，《农村实用技术》2015 年第 12 期。

张红宇、张涛：《农业规模经营的路径选择和政策创设》，《唯实》（现代管理）2016 年第 2 期。

张红宇：《着力推进产权制度改革赋予农民更充分权能》，《农村实用技术》2016 年第 9 期。

张红宇：《中国现代农业经营体系的制度特征与发展取向》，《中国农村经济》2018 年第 1 期。

张红宇：《抓紧培育新型农业经营主体》，《农村经营管理》2017 年第 5 期。

张红宇：《抓紧抓实农村土地承包经营权确权登记颁证工作》，《农村经营管理》2015 年第 2 期。

张红宇：《准确把握农地"三权分置"办法的深刻内涵》，《农村经营管理》2017 年第 8 期。

张红宇：《准确把握农地"三权分置"的深刻内涵》，《学习时报》2017 年第 3 期。

张红宇：《纵深推进土地承包经营权确权登记颁证试点》，《农民日报》2016 年 1 月 12 日。

张红宇：《走中国特色社会主义乡村振兴道路》，《学习时报》2018 年 1 月 15 日。

张建华：《失地农民安置"嘉兴模式"的问题与应对策略》，《嘉兴学院学报》2012 年第 1 期。

张金明：《农民土地财产权研究》，博士学位论文，南京农业大学，2011 年。

张荣、张桂文：《经济新常态下中国跨越"中等收入陷阱"影响因素分析及跨越路径探寻》,《经济问题探索》2017年第7期。

张霞、严飞:《乡村振兴战略实施中农村土地流转问题研究——以思南县农村土地为视角》,《河南农业》2017年第35期。

张晓山:《实施乡村振兴战略的几个抓手》,《人民论坛》2017年第33期。

张宇:《城乡统筹发展背景下的土地管制制度选择与优化研究——以深圳市为例》,博士学位论文,南京农业大学,2015年。

张悦:《中国农村土地制度变迁——基于意识形态的视角》,经济管理出版社2011年版。

张云华等:《中国农地流转问题调查》,上海远东出版社2012年版。

长子中:《农民工市民化进程中的土地问题》,《北方经济》2010年第4期。

赵锦凤:《农村土地流转与政府行为问题研究》,《山西农业大学学报》(社会科学版)2011年第3期。

赵文新:《"三权分置"下深化农地承包权制度改革研究——基于农地承包权制度变迁的视角》,硕士学位论文,河北师范大学,2017年。

赵显州:《中国农业剩余劳动力转移问题研究——以产业结构变动为主线》,经济科学出版社2010年版。

赵晖:《乡村振兴战略与深化土地制度改革》,《中国县域经济报》2017年11月27日。

赵忠璇:《从农民增收的角度谈土地制度的缺陷及对策》,《贵州财经学院学报》2010年第1期。

郑鹏程:《新农村建设中农民土地流转的问题与对策研究》,《安徽农业科学》2012年第3期。

郑雄飞:《中国农村"土地换保障"的实践反思与理性建构》,上海三联书店2012年版。

中共中央编译局:《马克思恩格斯全集》(第26卷第2册),人民出版社1973年版。

钟德友、陈银容:《破解农民工市民化障碍的制度创新——以重庆为例证的分析》,《农村经济》2012年第1期。

仲济香、张远索:《农村土地"三权分置"下的农民利益保护研究》,《改革与开放》2015年第15期。

周红利:《巴西土地分配研究》,《中国集体经济》2010年第27期。

周叔莲、郭克莎:《中国城乡经济及社会协调发展研究》,经济管理出版社1996年版。

周尤正:《中国特色农业现代化道路论》,博士学位论文,武汉大学,2014年。

邹伟、孙良媛:《土地流转、农民生产效率与福利关系研究》,《江汉论坛》2011年第3期。

Agesa, Richard U., "Migration and the Urban to Rural Earnings Difference: A Sample Selection Approach", *Economic Development and Cultural Change*, 2001, 49 (4): 847-865.

Benjamin, Dwayne and Brandt, Loren, "Property Rights, Labor Markets, and Efficiency in a Transition Economy: The Case of Rural China", *Canadian Journal of Economics*, 2002, 35 (4): 689-716.

Besley, Timothy, "Property Rights and Investment Incentives: Theory and Evidence from Ghana", *Jouranl of Political Economy*, 1995, 103 (5): 903-907.

Brabec, Elizabeth and Smith, Chip, "Agricultural Land Fragmentation: The Spatialeffects of Three Land Protection Strategies in the Eastern United States", *Landscape and Urban Planning*, 2002, 58 (2 - 4): 255-268.

Carter, Michael R. and Yao Yang, "Local versus Global Separability in Agricultural Household Models: The Factor Price Equalization Effect of Land Transfer Rights", *American Journal of Agricultural Economics*, 2002, 84 (3): 702-715.

Chang, Gene H. and Brada, Josef C., "The Paradox of China's Growing Under-Urbanization", *Economic Systems*, 2006, 30 (1): 24-40.

Chen, Kong-Pin, Chiang, Shin-Hwan, and Leung, Siu Fai, "Migration, Family, and Risk Diversification", *Labor Economics*, 2003, 21 (4): 353-380.

De Brauw, Alan, et al. , "The Evolution of China's Rural Labor Markets during the Reforms", *Journal of Comparative Economics*, 2002, 30 (2): 329-353.

Deininger, Klaus and Jin, Songqing, "The Potential of Land Rental Markets in the Process of Economic Development: Evidence from China", *Journal of Development Economics*, 2005, 78 (1): 241-270.

Deininger, Klaus, Zegarra, Eduardo and Lavadenz, Isabel, "Determinants and Impacts of Rural Land Market Activity: Evidence from Nicaragua", *World Development*, 2003, 31 (8): 1385-1404.

Duke, Joshua M., Eleonóra Marišová, Anna Bandlerová and Jana Slovinska, "Price Repression in the Slovak Agricultural Land Market", *Land Use Policy*, 2004, 21 (1): 59-69.

Ezaki, Mitsuo and Sun Lin, "Growth Accounting in China for National, Regional, and Provincial Economies: 1981-1995", *Asian Economic Journal*, 1999, 13 (1): 39-71.

Feder, Gershon, and Feeny, David, "Land Tenure and Property Rights: Theory and Implications for Development Policy", *The World Bank Economic Review*, 1991, 5 (1): 135-153.

Gelan, Ayele, "Trade Liberalization and Urban-Rural Linkages: A CGE Analysis for Ethiopia", *Journal of Policy Modeling*, 2002, 24 (7-8): 707-738.

Graeml, Karin Sylvia and Graeml Alexandre Reis, "Urbanization Solutions of a Third World Country's Metropolis to Its Social-Environment Challenges", *Journal of Urban Economics*, 2004 (8).

Kung, James Kai-Sing, "Off-Farm Labor Markets and the Emergence of Land Rental Markets in Rural China", *Journal of Comparative Economics*, 2002, 30 (2): 395-414.

Loh, Samantha, "Revocation of Land Use Rights in China", *China Law&Practice*, 2004, 12: 70-72.

Macmillan, Douglas C., "An Economic Case for Land Reform", *Land Use Policy*, 2000, 17 (1): 49-57.

Phipps, Tim, "Discussion of Agricultural Land Values, Government

Payments, and Production", *American Journal of Agricultural Economics*, 2003, 85 (3): 770-771.

Place, Frank and Otsuka, Keijiro, "Tenure, Agricultural Investment, and Productivity in the Customary Tenure Sector of Malawi", *Economic Development and Cultural Change*, 2001, 50 (1): 77-99.

Rawal, Vikas, "Agrarian Reform and Land Markets: A Study of Land Transactions in Two Villages of West Bengal, 1977-1995", *Economic Development and Cultural Change*, 2001, 49 (3): 611-629.

Rozelle, Scott, Brandt, Loren, Guo, Li, and Huang, Jikun, "Land Rights in China: Facts, Fictions, and Issues", *China Journal*, 2002 (47): 67-97.

Snyder, Steve and Chern, Wen S., "The Impact of Remittance Income on Rural Households in China", *China Agricultural Economic Review*, 2009, 1 (1): 38-57.

Todaro, Michael P., "A Model of Labor Migration and Urban Unemployment in Less Developed Countries", *The American Economic Review*, 1969, 59 (1): 138-148.

Van Dijk, Terry, "Scenarios of Central European Land Fragmentation", *Land Use Policy*, 2003, 20 (2): 149-158.

Wegren, Stephen K., "Why Rural Russians Participate in the Land Market: Socio-Economic Factors", *Post-Communist Economies*, 2003, 15 (4): 483-501.

# 后　记

　　本书是在辽宁省教育厅 2021 年度科学研究面上项目（项目编号：
LJKR0349）、2021 年沈阳市哲学社会科学规划课题（项目编号：
SY202113L）、沈阳师范大学学术文库出版基金、沈阳师范大学博士科
研项目启动基金和沈阳师范大学马克思主义学院的共同资助下完成的。
非常感谢它们对本书的资助，使我能够有条件从事这项非常有意义的研
究，使我能够在博士论文的基础上就农民工市民化视角下的农村土地经
营权流转问题进行深入的探索。希望这一研究成果能够为解决我国工业
化、城市化过程中农民工市民化和农村土地经营权流转问题提供理论参
考和对策借鉴。

　　本书的基础是我的博士毕业论文，2006 年我攻读博士学位时，在
选题的时候正赶上党的十七届三中全会召开，国家允许农民自愿以多种
形式进行土地经营权流转。我对这一问题非常感兴趣，故博士论文选题
于此。这可能与我自小是在农村长大有很大关系，我来自辽宁西部的一
个小山村，祖祖辈辈都是农民，家里只有我一个人通过读书留在了城市
工作，其他几个兄弟姐妹都在家务农。为了补贴家用，两个姐夫和弟弟
常年在城市务工，农忙时候会回家里帮忙，他们常年像候鸟一样往返于
城市与农村，生活很辛苦，村子里几乎所有的农户都是跟家里的姐夫和
弟弟一样的生活方式。每到春节回家，兄弟姐妹几个谈起各自生活的时
候，我都很心疼他们，我也常想怎么样才能让他们的收入更多一些、生
活更轻松一些呢？如今姐姐、姐夫也都是奔五的人了，家里的孩子也都
陆续到城市读书，将来他们这一代"00"后是绝不可能再像我的兄弟
姐妹一样在农村经营土地，他们可能跟我一样大学毕业后留在城市就
业，之后在城市成家立业。多年来，农民工市民化问题和土地经营权流
转问题一直萦绕在我心里，加上导师的影响，我又一次沉下心来对农民
工市民化视角下的农村土地经营权流转问题进行了深入研究。

读博士期间我被查出甲状腺癌,必须进行甲状腺全部切除手术,当时孩子只有9个月大,手术使我元气大伤,而且精神压力也特别大,当时一心只想着顺利毕业就好,别无他求。我的博士论文是在导师张桂文教授的精心指导和多次修改下完成的,导师倾注了大量的心血。在做博士论文时导师指导我时常说我没有沉下去研究,当时并未真正理解导师的话,还觉得自己已经很努力了。现如今重新再看当年的博士论文,的确如导师所说。博士毕业后由于各种压力,我身体状况每况愈下,甚至很长一段时间出现中度贫血,已经严重影响了我的工作和生活,更无暇顾及自己的科学研究。但是,我的内心深处一直想着在博士论文的基础上继续深入研究这一问题,这些年也从未间断过对农村土地经营权流转问题的关注。2018年我申请了学校的学术文库出版基金项目,学院领导也大力支持我继续研究下去,将成果出版,这才使我有勇气继续研究下去。这次研究对于我来说既有压力又有动力,自2013年我博士毕业以来,农村已经发生了很大的变化,这一点从我的家乡就能看出来。在这一期间,我也深入农村跟很多老乡进行交流,他们感恩于国家的各项支农惠农政策,感恩于中国特色社会主义这个美好的新时代。国家为了提高农民经济收入和生活水平、推动农村土地经营权流转、提高农民工市民化能力,提出了一系列支农惠农政策,对农村和农民给予了很多政策倾斜和优惠。经过多年的土地经营权流转实践探索,农村已经呈现出很多成功的典型模式,也涌现出很多新型农业经营主体。农村的这些变化让我们更加有信心在党的领导下一定能够实现乡村振兴,实现中华民族的伟大复兴。

本书能够得以顺利出版,感谢沈阳师范大学马克思主义学院领导班子赵美艳院长、周军书记、李馨宇副院长、王英伟副院长、袁俊茹副书记,是他们为青年教师创造了积极向上的科研氛围,为青年教师搭建了广阔的科研平台,鼓励青年教师在科研上不断探索;感谢我的导师张桂文教授从博士论文到书稿给予我的无私帮助;感谢大师兄徐世江教授、师姐冯双生教授、师妹张颖在书稿论证中给予的帮助;感谢与我共事多年的同事刘力红老师、孙洪波老师、付爽老师、李照老师,在本书的撰写过程中他们都不遗余力地从不同的角度给予支持和帮助;感谢我的学生在书稿撰写中从数据查询、问卷发放与整理、文献资料的收集、书稿的校对中所给予的帮助,他们是赵颖师、梁霜雪、刘成凤、冯硕、曹馨月、刘昱、周雪、陶然；也特别感谢家人给予我的支持和帮助。

　　本书在写作过程中参阅了大量的国内外有关文献，从中受到了许多启示，在此特向这些文献的作者表示感谢。

　　本书在改革开放多年后，农村发生了深刻变化的历史条件下，从农民工市民化视角对农村土地经营权流转问题进行了一次尝试性探索。受到数据收集困难与本人学识和水平的限制，本书稿中必定会有所疏漏甚至错误，敬请各位专家和学术同仁不吝赐教。

　　此外，还要特别感谢中国社会科学出版社的工作人员，他们付出了辛勤劳动，使本书得以顺利出版。

　　谨以此书献给如同我农村老家兄弟姐妹一样的农民和农民工朋友，献给我从小生活的家乡，献给我热爱的祖国。

李淑妍

2020 年 11 月 13 日